히브리서의 이해
(Hebrews)

히브리서의 이해

2017년 9월 1일 초 판 1쇄 인쇄
2017년 9월 5일 초 판 1쇄 발행

저 자 • 양 창 삼
발행인 • 조 경 혜
발행처 • 도서출판 그리심
07030 서울시 동작구 사당로2길 72 인정 인정 B동 (B01)

등록번호 • 제 7-258호(1998. 4. 23)
출 판 사 • 전화 523-7589 팩스 523-7590
홈페이지 • http://grisim.biz
전자우편 • grisimcho@hanmail.net

값: 표지 뒷면에

ISBN 978-89-5799-390-3 93230

양 창 삼

서울대학교 정치학과(학사, 석사)
서울대학교 대학원(경영학석사)
웨스턴일리노이대학교(MBA)
연세대학교 대학원(경영학박사)
총신대학교 대학원(M.Div., Th.M.)
한양대학교 경상대학 학장
한양대학교 산업경영대학원 원장
연변과기대 부총장, 챈슬러
현) 한양대학교 경상대학 경영학부 명예교수, 목사

머리말

히브리서(Hebrews)는 예수 그리스도의 위대하심과 뛰어나심, 구원의 창시자 되심, 우리의 대제사장 되심을 천사, 모세, 구약의 대제사장 등 여러 비교를 통해 확실하게 깨닫게 한다. 이런 점에서 히브리서는 예수 그리스도 변증서다. 나아가 주님이 주신 새 언약을 붙잡고 힘차게 믿음 생활을 하도록 권면하고 있다. 흔들리지 말고 견고히 서라는 말이다.

히브리서 저자는 "믿음이란 무엇인가"를 새롭게 정의하고, 정의된 그 믿음에 확고히 서도록 했다. 우리가 사는 시대는 히브리서 저자의 시대와는 시간적으로 차이가 있다. 하지만 그 시대와 같은 핍박은 아닐지라도 그리스도인에 대한 핍박은 여러 형태로 가중되고 있고 믿음을 방해하는 요소도 더 많아지고 있다. 믿음 생활하기 어려울수록 저자는 "의인은 오직 믿음으로 말미암아 살리라"고 외친다. 그리고 세상이 감당하지 못할 믿음의 선진들을 생각하며 그리스도를 더 붙잡으라 한다. 이런 점에서 히브리서는 오늘을 살아가는 성도들에게 꼭 필요한 말씀이다.

히브리서의 저자는 알 수 없다. 동방교회나 제롬, 그리고 아우구스티누스 등은 바울이 저자라고 주장했다. 대부분의 번역본에서는 저자를 밝히지 않고 'Hebrews,' 'The Letter to the Hebrews'라 했지만 흠정역(KJV)에서는 '히브리인에게 보내는 사도 바울의 서신(The Epistle of Paul The Apostle to the Hebrews)'라 했다. 바울을 저자로 본 것이다.

하지만 바울이 저자가 아니라는 주장도 강하다. 무엇보다 히브리서의 문체가 바울의 그것과 다르다. 히브리 저자는 헬라 스타일에 논리적이며 수사학적 구조를 가지고 있다. 특히 히브리서의 종말론은 바울의 종말론과 차이가 있다.

히브리서의 종말론은 삼각구조를 가지고 있어 삼각형 종말론(triangular eschatology)이라 한다. 삼각형의 정점(A)에는 실체(reality)가 있고, 좌편 정점(B)에는 그림자로 반영된 것이 자리하고 있으며, 우편 정점(C)에는 실체 그 자체가 반영된 것이 자리하고 있다. 예를 들어 A에 창조의 안식이 있다면 B에는 그 그림자로 반영된 가나안 안식이 있고, C에는 앞으로 있을 영원한 구원의 안식이 자리하고 있다. 이것은 구약과 깊은 연대성을 강조한 것으로 바울에서는 찾아볼 수 없다.

바울은 알파와 오메가라는 시점을 두고 이 땅에서 십자가까지는 옛 시대요 부활 이후는 새 시대로 구분된다. 우리는 새 시대에 살고 있고, 하나님의 나라는 이미(already) 임했지만 아직 완성된 것은 아닌(not yet) 상태에 있다. '이미'와 '아직은 아닌' 이 두 가지가 균형 있게 강조되고 있다는 것이 바울 종말론의 특징이다. 원칙적으로는 실현되었지만 완전한 실현은 미래에 있다. 이것은 하늘에 속한 것으로 미래에 다시 오실 주님의 재림과 함께 완성된다. 바울의 종말론은 수평적 종말론(horizontal eschatology)이라 한다.

히브리서 저자로 거론된 인물로는 바울 외에 아볼로, 누가, 바나바, 실라, 브리스길라 등이 있다. 아볼로라 주장한 사람은 루터다. 그는 아볼로가 구약 학자였고 고린도교회에 있었다는 점을 들었다. 그러나 성령론이 약해 아볼로로 보기 어렵다. 누가라 한 학자는 이거(Eager)와 모펫(Moffatt)으로 히브리서가 역사성을 강조했다는 점을 높이 샀다. 바나바로 본 학자는 웨스트콧(Westcott)이다. 바나바는 레위인으로 성전의식에 조예가 깊다는 것이다. 실라로 본 학자는, 실라가 바울이 가진 기독론을 구약의 이해로 재정립했다고 주장한다. 교부 오리겐은 브리스길라에 주목했다. 여러 추측에도 불구하고 현재까지 히브리서의 저자는 알 수 없어, 익명의 저자로 본다.

이 익명의 히브리서 저자는 어느 지방에 있는 히브리 그리스도인(Hebrew Christians)을 대상으로 이 글을 썼다. 특히 2세대 그리스도인(히 2:3 참조)이 그 대상이었을 것으로 보는 학자도 있다. 유대교에서 개종한 히브리 형제들이다. 히브리서 저자는 당시 기독교인들은 박해를 받아 신앙과 그리스도를 버려야 하는 심각한 위험 상황에 처해 있었고(히 2:1, 10:32-39), 그들에게 그리스도의 우월성을 강조함은 물론 믿는 도리(신앙고백)를 굳게 잡도록 함으로써 변절하지 않도록 한 것이다. 히브리서는 '천상에서' 우리 죄를 위해 중보 기도한다는 내용으로 보아 예루살렘 성전이 있었던 때, 곧 70년 이전(직전)에 기록된 것으로 보고 있다.

당시 히브리 그리스도인들은 영적인 미성숙함과 성경적 진리에 대한 이해의 부족, 그리고 그리스도 안에서 믿음 생활을 하는 모든 그리스도인들이 무엇을 해야 하는가에 대한 부족 때문에 다시 유대교로 돌아가려는 마음을 가지고 있었던 것으로 보인다. 이런 면을 잘 파악한 저자는 이에 대해 명확한 설명을 통해 주님을 향한 믿음을 철저하게 가지도록 권면하고 있다.

히브리서의 내용은 주로 그리스도와 구약종교를 비교하고, 그리스도의 탁월성을 증명하는 데 초점을 맞췄다. 예수 그리스도는 모든 영적 존재보다 탁월하고, 모세(율법, 구약종교)보다 탁월하며, 그리스도가 영원한 속죄 제사를 드렸으므로 아론(제사제도)보다 탁월하다. 예수 그리스도는 하나님께서 세상에 대하여 하시는 마지막 말씀이며, 구약의 모든 것을 완성시켰고, 그리스도 외에는 더 이상 따를 것이 없다. 히브리서는 그리스도의 제사장직과 희생, 계약의 영원한 우월성을 강조하고 있다.

[그리스도의 제사장직]

그리스도의 제사장 직이 아론의 그것보다 우월하다는 것이 요지다. 그리스도는 하나님 영광의 광채시며(신성보증) 그 본체의 형상이시다(인성보증). 예수는 예언자(히 1:1-3), 천사(히 1:4-2:18), 모세(히 3-4장), 아론(히 5-7장)보다 우월하신 분이다.

예수 그리스도는 멜기세덱의 반차를 좇는 제사장이다. 멜기세덱은 예루살렘의 고대 왕으로, 지극히 높으신 하나님의 제사장(창 14:18)이었다. 멜기세덱의 인격은 예수의 제사장직을 상징한다. 멜기세덱이 아론보다 위대한 이유는 아브라함에게 복을 빌었고, 아브라함으로부터 노략물의 10분의 1을 받았기 때문이다.

[예수의 희생]

예수의 희생이 모든 레위의 제물보다 우월하다는 것이 히브리서의 요지다. 그리스도는 제사장일 뿐 아니라 예수님 자신이 산 제물(히 9:12,14, 10:10)이 되셨다. 아론의 예물은 예수의 희생을 상징한다. 염소와 송아지의 피로 아니 하고 오직 자기 피로 영원한 속죄를 이루고 단번에 성소에 들어가셨다(히 9:12). 예수는 백성의 죄를 위해 돌아가셨다. 그의 희생으로 영원한 속죄를 받은 것이다. 육체가 아니라 양심을 깨끗하게 하신다는 점에서 그의 희생은 의식적인 것이 아니라 도덕적이다(희생의 영역).

예수는 영원하신 성령으로 말미암아 자신을 제물로 드렸다(희생의 본질). 우리의 죄를 없게 한 것은 황소의 피가 아니라 예수의 피다. 그 피는 죽음이 아니라 생명이며, 다른 것을 가능케 하는 인간생활의 에너지다. 그 효과는 영원하다. 십자가는 많은 자녀들을 영광에 들어가게 한다. 그의 희생은 모든 이를 위해 '단번에(once for all)' 드렸다는 점에서 독특하다.

대제사장은 속죄의 날에 해마다 반복하여 성소에 제물의 피를 드렸으나 그리스도는 단 한번으로 영원히 속죄하셨다. 그의 희생으로 예수는 우리보다 앞서 가서 하늘 성소에 들어가셔 영광의 관을 쓰셨다(희생의 성과). 대표로 간 것 아니다. 율법의 대제사장은 백성을 대표해서 성소에 들어갔고, 다른 누구도 가까이 갈 수 없었다. 그러나 이제는 예수에 의해 어떤 죄인도 은혜의 보좌에 가까이 가게 되었다.

[새 언약]

그리스도는 새 언약의 중보로 다른 중재가 필요 없고, 조건이 옛 것보다 더 좋다는 것이 요지다. '더 좋은' (better) 언약이라 했는데, 이는 결코 대신

되어 질 수 없는 가장 좋은 마지막 언약이라는 뜻이다.

새 언약에는 그의 법을 그의 백성의 마음에 기록하고(내적인 신성의 약속), 그 자신을 각 개인에게 나타내시고(인간적 지식의 약속), 그들의 죄를 용서하신다(완전한 용서의 약속)는 3중의 약속이 담겨있다. 이 모든 것이 그리스도의 죽음을 통해 충족된다.

새 언약에는 3가지 접근방법이 사용되었다. 첫째, 인간적인 예증이다. 언약(covenant)을 유언(will, testament)으로 보았다. 유언은 유언자가 죽어야 효력이 발생하는 것과 같이 새 언약도 예수께서 죽으셨을 때 힘을 발휘한다. 둘째, 언약은 피에 의해 시작된다는 성경적 분석방법을 사용한 것이다. 언약 첫 번째인 모세 언약은 피로서 실증했고, 새 언약도 예수의 피로 실증했다. 셋째, 신학적 논증방법이다. 피 흘림은 새 언약을 확립한 그리스도의 속죄의 죽음이다. 피 흘림이 없이는 사함이 없다. 다시 죄를 위하여 제사드릴 것도 없다.

[권면]

히브리서는 끝으로, 우리가 예수의 피를 힘입어 성소에 들어갈 담력을 얻었으므로 더욱 믿음으로 나아가고, 소망을 굳게 잡아 서로 돌아보아 사랑하고 격려하도록 권면하고 있다(히 10:19-25). 하늘에는 하나님의 집을 다스리는 큰 제사장 예수님이 계신다. 그러므로 이 땅에서 우리가 할 일은 믿음, 소망, 사랑을 가지고 살아가는 것이다.

믿음에 대해서는 11장에서, 소망은 12장에서, 그리고 사랑은 13장에서 더 깊이 다루고 있다. 믿음으로 말미암아 살리라(히 10:38), 온전한 믿음으로 하나님께 나아가자, 인내로서 경주하자는 것은 믿음에 관한 권면이다. 소망을 움직이지 말고 굳게 잡자, 구약의 영웅들은 믿음뿐 아니라 소망을 가진 자들이었다, 피곤하여 낙심치 말라 언약의 무릎을 강하게 하자는 것은 소망을 굳게 붙잡으라는 권면이다. 그리고 서로 돌아보아 사랑과 선행으로 격려하며 형제사랑(히 13:1), 손님 대접(히 13:2), 갇힌 자(히 13:3), 결혼을 귀하게 여김(히 13:4), 탐심보다 있는 바를 족히 여김(히 13:5), 영적 지도자 존경(히 13:7-9,17,24), 가진 것을 서로 나눔(히 13:16), 서로를 위해 기도하는 것(히 13:18-19) 등은 사랑의 권면이다.

히브리서 저자는 우리의 믿음 생활에 변화가 일어나기를 기대한다. 정체된 믿음이 아니라 살아 움직이는 믿음이다. 그것은 "믿음의 주요 온전케 하시는 예수를 바라보자"는 구호로 구체화된다. 우리가 날마다 주를 바라보며 그 말씀에 따라 살면 달라진다는 것이다.

우리는 이 땅에서 믿음의 경주를 하는 사람들이다. 그것이 우리의 정체성이다. 이 정체성을 잃지 않고 날마다 하나님을 기쁘시게 하는 삶을 살 때 하늘에선 더 큰 기쁨이 있을 것이다. 이 하늘의 기쁨과 소망을 오늘의 삶에 담으며 살아가는 독자 되기를 기도한다.

양창삼

목 차

제 1편 히브리서 장별 연구

제 2편 히브리서의 주요 개념

제 3편 히브리서 단편 묵상

제 1 편
히브리서 장별 연구

제1장

예수 그리스도의 위대하심과 뛰어나심

요약

1. 하나님의 아들 예수 그리스도는 위대하시다: 그리스도의 신성(1-3절)

1) 옛적에 선지자들을 통하여 여러 부분과 여러 모양으로 우리 조상들에게 말씀하신 하나님이 이 모든 날 마지막에는 아들을 통하여 우리에게 말씀하심.

2) 이 아들을 만유의 상속자로 세우시고 또 그로 말미암아 모든 세계를 지으셨음.

3) 이는 하나님의 영광의 광채시요 그 본체의 형상이시라 그의 능력의 말씀으로 만물을 붙드시며 죄를 정결하게 하는 일을 하시고 높은 곳에 계신 지극히 크신 이의 우편에 앉으셨음.

2. 하나님의 아들 예수 그리스도는 천사보다 뛰어나시다: 예수와 천사의 비교(4-14절)

1) 그가 천사보다 훨씬 뛰어남은 그들보다 더욱 아름다운 이름을 기업으로 얻으심임.

2) 하나님께서 어느 때에 천사 중 누구에게 너는 내 아들이라 오늘 내가 너를 낳았다 하셨으며 또 다시 나는 그에게 아버지가 되고 그는 내게 아들이 되리라 하셨느냐

3) 또 그가 맏아들을 이끌어 세상에 다시 들어오게 하실 때에 하나님의 모든 천사들은 그에게 경배할지어다 말씀하심.

4) 또 천사들에 관하여는 그는 그의 천사들을 바람으로, 그의 사역자들을 불꽃으로 삼으시느니라 하셨음.
5) 아들에 관하여는 하나님이여 주의 보좌는 영영하며 주의 나라의 규는 공평한 규이니이다 주께서 의를 사랑하시고 불법을 미워하셨으니 그러므로 하나님 곧 주의 하나님이 즐거움의 기름을 주께 부어 주를 동류들보다 뛰어나게 하셨도다 하였음.
6) 태초에 주께서 땅의 기초를 두셨으며 하늘도 주의 손으로 지으신 바라 그것들은 멸망할 것이나 오직 주는 영존할 것이요 그것들은 다 옷과 같이 낡아지리니 의복처럼 갈아입을 것이요 그것들은 옷과 같이 변할 것이나 주는 여전하여 연대가 다함이 없으리라 하였음.
7) 그러나 어느 때에 천사 중 누구에게 내가 네 원수로 네 발등상이 되게 하기까지 너는 내 우편에 앉아 있으라 하셨느냐 모든 천사들은 섬기는 영으로서 구원 받을 상속자들을 위하여 섬기라고 보내심.

---

1. 하나님의 아들 예수 그리스도는 위대하시다(1-3절)

1) 하나님이 마지막 시대에 예수 그리스도를 통해 우리에게 말씀하셨다

“옛적에 선지자들을 통하여 여러 부분과 여러 모양으로 우리 조상들에게 말씀하신 하나님이(1절).” 하나님은 옛적, 곧 예수 그리스도가 오시기 이전에는 선지자들, 곧 예언자들을 통해 메시야, 곧 그리스도 예수가 오실 것을 여러 부분과 여러 모양으로, 곧 여러 방법으로 수없이 우리 조상들에게 말씀하셨다. 구약 계시의 핵심은 그리스도다.

‘옛적에’ 는 ‘과거에(in the past)’ 다. 문맥상 구약 시대를 특정하고 있다. 여기서 하나님은 ‘우리 조상들에게 말씀하신 하나님’ 이다. ‘우리 조상(our forefathers)’ 은 좁게는 구약의 족장들을 가리키는 말로 사용해왔다. 그러나 여기서는 넓게 구약의 모든 성도를 가리킨다.

조상들에게 하나님의 말씀을 그대로 전하고 예언한 사람들이 선지자들(the prophets)이다. 그들은 죽음을 각오하고, 하나님의 말씀을 그대로 전했다. 특히 예수 그리스도가 메시아로 오실 것을 예언했다. 예수 그리스도의 오심을 예비한 것이다.

'여러 부분(polumeros, in many portions, parts)' 은 모세 오경을 비롯해 역사서, 시가서, 예언서 등을 통해 천여 년 동안 '여러 시간대를 통해(at many times, at sundry times)' 불규칙적으로 말씀을 주셨음을 의미한다.

'여러 모양으로(in various ways)' 는 하나님의 계시가 꿈, 천사의 계시, 예언의 말씀, 예언의 사건 등으로 다양하게(in divers manners) 주어졌다는 것이다. 계시의 다양성을 말한다.

2) 예수님은 만유의 상속자이자 우리를 지으신 분이다.

"이 모든 날 마지막에는 아들을 통하여 우리에게 말씀하셨으니 이 아들을 만유의 상속자로 세우시고 또 그로 말미암아 모든 세계를 지으셨느니라(2절)." 그러나 이 마지막 때에는 아들이신 예수 그리스도를 통해 우리에게 말씀해 주셨다. 하나님은 그 아들을 모든 것의 상속자로 삼으시고 또 아들을 통해 우주를 창조하셨다.

'이 모든 날 마지막에는(in these last days)' 은 문자적으로 '이 날들의 마지막에(in last the days)' 다. 예수님이 오심으로 우리가 살고 있는 현 시대를 마지막 때로 본 것이다. 예수님이 오심으로 마지막 때, 곧 말세가 도래했다고 본 것이다.

이 때는 하나님의 아들이신 예수 그리스도를 통해 우리에게 직접 말씀해 주셨다. 구약시대에는 선지자들을 통해 말씀하셨지만 신약시대에 와서는 하나님이 그리스도이신 아들, 곧 독생자 예수를 보내어 우리에게 말씀하셨다는 말이다. 구약시대에는 선지자들을 통해 조상들에게 말씀하셨지만 신약시대에서는 하나님 아들 예수께서 직접 오셔서 우리에게 말씀하셨다. 과거의 조상과 현재의 우리가 다르다. 과거에는 '여러 부분과 여러 모양으로' 메시야가 오실 것임을 계시했다. 다시 말해 완전한 계시가 아니라 불완전 계시의 모습으로 다양하게 전해졌다. 하지만 신약시대에 와서는 오실 것이라는 그리스도가 우리를 구원하기 위해 이 땅에 오심으로 완전하게 전해졌다. 애매하던 것이 명확해지고, 그동안 풀리지 않던 퍼즐도 풀렸다.

그 아들은 '만유의 상속자(heir of all things),' 곧 모든 것의 상속자시다. '아들을 만유의 상속자로 세우셨다'는 것은 사람뿐 아니라 온 세상에 있는 모든 것을 생육하고 번성하고 다스리고 충만하고 정복할 수 있도록 그 권한을 사용할 수 있도록 상속하셨다는 것이다. 그리스도가 온 세상의 상속자이시란 말씀이다.

육신의 몸을 입으신 하나님의 아들 예수는 십자가의 보혈로 구속의 일을 완전히 성취하시어 하나님의 첫 상속자가 되셨다. 이것을 믿는 사람은 그 아들 안에서 하나님의 상속자가 된다(롬 8:17). 주님이 부활하심으로 우리도 부활의 소망을 갖게 되었다. 예수님은 우리를 '영생의 상속자'라 하셨다. "내 이름을 위하여 집이나 형제나 자매나 부모나 자식이나 전토를 버린 자마다 여러 배를 받고 또 영생을 상속하리라(마 19:29)." 나아가 예수 이름으로 하나님의 예비 된 나라를 상속하라 하심으로 우리를 '예비 된 하나님 나라의 상속자'라 하셨다. 이것은 '죽어서 영원히 살 천국을 상속받을 자'라는 뜻이다.

하나님은 그 아들을 통해 '모든 세계'를 지으셨다. 창조사역에 성자 예수님도 주도적 역할을 하셨음을 의미한다. 여기서 히브리서 저자는 '세계'를 '우주'라는 단어 '코스모스(kosmos)'를 사용하지 않고 '세대'를 뜻하는 '아이온(aion)' 을 사용했다. 공간적 의미의 세계보다 시간적 의미의 세계(space of time, age)다. 온 세대의 사람들을 창조하셨다는 말씀이다. 우리의 조상들뿐 아니라 우리를 지으셨다. 그러나 여러 역본에서는 '우주(universe),' '온 세상(the world)' 등 공간적인 의미로 번역하였다. 우주를 창조하셨다는 것이다. 그렇게 번역을 했다 해도 틀린 것은 아니다. 10절의 말씀처럼 하나님은 모든 것을 지으셨기 때문이다.

3) 예수님은 하나님의 영광의 광채시고 그 본체의 형상으로 하나님 우편에 앉아 계신다

"이는 하나님의 영광의 광채시요 그 본체의 형상이시라 그의 능력의 말씀으로 만물을 붙드시며 죄를 정결하게 하는 일을 하시고 높은 곳에 계신 지극히 크신 이의 우편에 앉으셨느니라(3절)." 3절은 예수님이 어떤 분이신가를 다양하게 묘사하고 있다.

첫째, 예수님은 하나님의 영광의 광채(radiance of God's glory)시다. 하나님의 영광을 드러내는 찬란한 빛이란 말씀이다. 태양의 광채가 태양 자체로부터 분리될 수 없는 것처럼 성자 하나님은 성부 하나님과 분리될 수 없다. 아들은 하나님이시고, 3위 중 제2위이기 때문이다. 아들, 곧 성자 하나님은 언제나 하나님의 영광을 밝히 드러내신다.

둘째, 예수님은 그 본체의 형상(the exact representation of his being, the very stamp of his nature)이시다. 하나님의 본질을 그대로 간직하신 분이란 말이다. 본체(hupostasis)는 문자적으로 '아래에 서 있는 것,' '근거가 되는 것,' 곧 본질(substance)을 말한다. 형상(charakter)은 무엇을 새기는 도구(a tool for engraving)를 뜻한다. 따라서 이 구절은 하나님의 본질이 마치 판에 새기듯 그대로 그리스도에게 나타났다는 말이다. 따라서 예수님은 본질적으로 하나님이시고 절대적 존재이심을 나타내신다. 그리스도가 하나님의 형상이라는 사실은 고전 4:4, 골 1:15에 나타나 있다.

셋째, 능력의 말씀(powerful word)으로 만물을 붙드시는(sustaining all things) 분이다. 그리스도는 말씀으로 만물을 지으신 창조자이실 뿐 아니라 그의 능력의 말씀으로 만물을 보존하시는 분, 곧 붙들고 유지하는 분이시다. 주의 말씀은 그만큼 힘이 있다. "만물이 그 안에 함께 섰느니라(골 1:17)"는 말씀은 그리스도가 만물의 유지자, 곧 보존자이심을 말해주고 있다.

넷째, 우리의 죄를 정결하게 하신(provided purification for sins) 분이시다. 주님은 우리의 죄를 속죄하기 위해 십자가 위에서 보혈의 피를 흘리심으로 우리가 갚아야 할 죄의 값을 단번에 그리고 모두(once for all) 갚으셨다. 주님은 우리의 죄 문제까지 깨끗케 하셨다.

끝으로 하나님 우편(the right hand of the Majesty in heaven)에 앉으신 분이시다. 개역한글에서는 '위엄의 우편' 이라 하였다. 하나님 우편에 앉으셨다는 것은 그리스도께서 구속 사업을 완성하시고 모든 것의 주님으로서 성부 하나님과 함께 실제로 다스리고 계신다는 뜻이다(히 1:13, 8:1;엡 1:20;골 3:1).

2. 하나님의 아들 예수 그리스도는 천사보다 뛰어나시다(4-14절)

1) 예수님은 천사보다 뛰어난 하나님의 '아들' 이시다.

"그가 천사보다 훨씬 뛰어남은 그들보다 더욱 아름다운 이름을 기업으로 얻으심이니(4절)." 이 단락은 예수 그리스도의 우월성에 대해 언급하고 있다. 인간은 천사를 특이한 존재로 본다. 하지만 천사도 예수와 비교할 수 없다. 예수님이 천사보다 훨씬 뛰어난 것(superior)은 그 이름에서도 찾아볼 수 있다. 주님은 '아름다운 이름을 기업으로 얻으셨다(inherited).' 아름다운 이름은 주님이 그들보다 더 뛰어난 이름(the excellent name)을 받으셨다는 것이다. 그 이름을 받으심으로 그들과는 비교할 수 없을 만큼 위대한 분이 되셨다. 그 뛰어난 이름은 바로 하나님의 '아들(Son)' 이라는 것이다.

"하나님께서 어느 때에 천사 중 누구에게 너는 내 아들이라 오늘 내가 너를 낳았다 하셨으며 또 다시 나는 그에게 아버지가 되고 그는 내게 아들이 되리라 하셨느냐(5절)." 하나님께서는 어느 천사에게도 '너는 내 아들(my Son)이다. 오늘 내가 너를 낳았다.' 라고 말씀하시거나 '나는 그의 아버지(his Father)가 되고 그는 내 아들이 될 것이다. 라고 말씀하신 적이 없다. 이 말씀은 예수님은 하나님의 아들이시기 때문에 천사보다 뛰어나시다는 뜻이다.

' 너는 내 아들이라 오늘 내가 너를 낳았다 '는 말씀은 시 2:7을 인용한 것이고, ' 나는 그에게 아버지가 되고 그는 내게 아들이 되리라 '는 말씀은 사무엘하 7:14와 시편 89:26, 27을 인용한 것이다. 이 말씀은 하나님의 부성(父性)과 예수님의 아들 됨을 말해준다. 성경을 보면 천사를 하나님의 아들로 불린 적이 있다(창 6;2;욥 1:6, 38:7). 그러나 이것은 천사가 하나님의 피조물이라는 점에서 천사 전체를 집합적으로 가리킨 것이지 개별적인 칭호는 아니다. 예수님은 하나님의 피조물이 아니라 하나님 그 자신이다. 예수님을 하나님의 아들이라 함은 성자 하나님이 하나님이심을 말해준다. 그만큼 차원이 다르다.

2) 천사는 예수님을 경배하는 피조물일 뿐이다

"또 그가 맏아들을 이끌어 세상에 다시 들어오게 하실 때에 하나님의 모든 천사들은 그에게 경배할지어다 말씀하시며(6절)." 하나님은 자신의 맏아들(his firstborn), 곧 예수 그리스도를 세상에 보내실 때 '하나님의 모든 천사들은 그에게 경배하여라.' 하셨다. 이 구절은 신명기 32:43과 시편 97:7에 담긴 사상을 인용한 것이다. '맏아들' 은 그리스도의 뛰어나심을 설명하기 위해 사용되었다. 천사들은 바로 그 예수를 경배하도록 태어났다. 천사는 피조물으로서 숭배의 대상이 아니다. 하나님을 찬양하며 영화롭게 한다. 하나님의 거룩함을 지키고 하나님의 영광을 드러낸다. 이것은 그리스도의 우월성을 나타내는 또 다른 면이다. 나아가 천사는 하나님의 백성을 돕고 성도를 격려한다.

"또 천사들에 관하여는 그는 그의 천사들을 바람으로, 그의 사역자들을 불꽃으로 삼으시느니라 하셨으되(7절)." 천사들에 대해서는 '하나님이 그의 천사들을 바람으로 쓰시고 그의 종들을 불꽃으로 삼으신다. 라고 하셨다. 이 말씀은 시 104:4을 인용한 것이다. 천사는 주님을 위해 일하는 하나님의 군대이다. 천사는 주의 사자로서 하나님의 메시지를 전한다. 예수 그리스도가 하나님이 지으신 천사들을 사역자, 곧 일꾼으로 삼는다는 사실에서 예수의 우월성을 찾을 수 있다.

3) 주의 보좌는 영원하고 주는 정의로 통치하신다

"아들에 관하여는 하나님이여 주의 보좌는 영영하며 주의 나라의 규는 공평한 규이니이다(8절)." 이 말씀은 시편 45:6을 그대로 인용한 것이다. 여기에서 '아들에 관하여' 는 앞서 언급한 '천사들에 관하여' 와 대조를 이룬다. 아들과 천사를 비교하여 말씀하겠다는 것이다. 이 절에서는 하나님의 아들에 대해 두 가지를 말하고 있다.

첫째, 주의 보좌(throne)는 영원하다는 것이다. 여기서 주는 예수 그리스도를 가리키는 말이다. 당신은 하나님이시며 당신의 왕권은 영원무궁하시다는 것이다. 금방 없어질 세상의 왕권과는 다르다.

둘째, 주의 나라의 규는 공평하다는 것이다. 규(圭)는 홀(笏, scepter), 곧 통치권자가 가지고 있는 절대 주권적 지팡이를 말한다. 왕이 공식적으로 사용하는 지휘봉으로 왕권을 상징한다. 주님이 잡으신 통치의 지팡이는 공평한 지팡이, 곧 정의의 지팡이라는 말씀이다. 주님은 그의 나라를 공평과 정의로 통치하시고, 자기 백성을 다스리신다.

4) 주님은 의를 사랑하고 불법을 미워하신다

"주께서 의를 사랑하시고 불법을 미워하셨으니 그러므로 하나님 곧 주의 하나님이 즐거움의 기름을 주께 부어 주를 동류들보다 뛰어나게 하셨도다 하였고(9절)." 9절은 시편 45:6, 7절의 말을 그대로 인용하였다. 이 절에서는 8절에 이어 한 가지 특성을 덧붙였다. 바로 주님은 의(righteousness)를 사랑하고 불법(wickedness)을 미워하신다는 것이다. 주님은 정의를 사랑하고 불의를 미워하신다는 말씀이다. 이것은 그리스도의 도덕적 우월성을 나타낸 것으로 천사와 비교할 수 없는 성질의 것이다.

이로 인해 성부 하나님께서 '즐거움의 기름(the oil of joy, gladness)' 을 주께 부어 당신의 동료들보다 더 기쁘게 해 주셨다. '즐거움의 기름' 에서 기름은 그에게 기름을 부어 왕으로 삼으시는 것을 말하고, 즐거움은 그 축제에서의 기쁨을 나타낸 것이다. 기름부음과 기쁨이 함께 있다. 이 즐거움(agalliasis)은 강한 즐거움(exuberant joy)을 나타낼 때 사용되는 말이다. 여기서 '동류들(companions)' 이란 함께 자리한 사람들을 말한다. 시편 45:7에서는 축하하러 온 다른 왕들을 말한다. 그 왕들보다 뛰어나게 하셨다는 것이다. 하지만 여기서 동류는 어린 양 혼인잔치에 초대될 성도로 보기도 하고 천사들로 보기도 한다. 지금 여기에서는 주님을 천사와 비교하고 있기 때문에 천사들로 보는 것이 합당하다. 어느 누구를 비교하기 어려울 만큼 아들, 곧 주님이 뛰어나다는 것을 강조하고 있다. 비교불가다.

5) 주는 창조주시다

"또 주여 태초에 주께서 땅의 기초를 두셨으며 하늘도 주의 손으로 지으신 바라(10절)." 나아가 성경에 이런 말씀도 있다. '주님, 처음 땅을 만드신 이도 주님이시요 하늘을 손수 만드신 이도 주님이시다.' 이 말씀은 시편 102:25-27을 인용한 것이다. 주님은 능력의 말씀으로 천지를 창조하셨다.

6) 하늘과 땅은 없어질지라도 오직 주는 영원하시다

"그것들은 멸망할 것이나 오직 주는 영존할 것이요 그것들은 다 옷과 같이 낡아지리니(11절)." 하늘과 땅은 없어질지라도 주님은 영원히 살아 계신다. 만물은 옷처럼 낡아지고 변할 것이다. 모든 피조물은 가변성을 가지고 있지만 그리스도는 불변하시다. "의복처럼 갈아입을 것이요 그것들은 옷과 같이 변할 것이나 주는 여전하여 연대가 다함이 없으리라 하였으나(12절)." 주님이 그 모든 것을 겉옷(a robe)처럼 갈아입으시면 그것들은 말아 치우게(roll them up) 되는 운명을 맞게 된다. 만물은 옷처럼 변할지라도 주님은 언제나 한결 같으시고 주님의 연대(thy years)는 끝이 없다(never end).

7) 천사는 섬기는 영일뿐이다

"어느 때에 천사 중 누구에게 내가 네 원수로 네 발등상이 되게 하기까지 너는 내 우편에 앉아 있으라 하셨느냐(13절)." 이 말씀은 시편 110:1을 인용한 것이다. 이 시편은 그리스도의 최후의 승리를 예언하고 있다. 그리스도께서 하나님의 보좌 우편에 앉아계시다가 장차 심판주로 재림하셔서 사단을 정복하여 그의 발아래 두실 것을 표현하고 있다. 히브리서 기자는 이 말씀을 인용하며 하나님께서 어느 천사에게 "내가 네 원수들을 네 발 앞에 굴복시킬 때까지 너는 내 오른편에 앉아 있어라." 고 말씀하신 적이 있었는가 묻는다. 하나님께서 이런 예언을 어떤 천사에게라도 말씀하신 적이 없다는 것이다. 시편 예언은 그리스도에 해당되지 천사에게 해당되는 것이 결코 아니다.

"모든 천사들은 섬기는 영으로서 구원 받을 상속자들을 위하여 섬기라고 보내심이 아니냐(14절)." 그렇다면 천사는 무엇인가? 그들은 모두 하나님을 섬기는 영적인 존재들(ministering spirits)이다. 천사는 모두 아들과 달리 영원히 섬기는 위치에 있는 자들이요 섬기도록 보냄을 받았다는 것이다. 앞으로 구원 받을 상속자들, 곧 구원받을 사람들을 섬기라고 하나님이 보내신 일꾼에 불과하다. 그리스도는 우리를 구원하기 위해 일시적으로 종의 위치에 있었다(빌 2:7). 그러나 천사들은 그리스도와는 달리 영원히 섬김을 위해 존재하는 자들이다. 하나님의 아들 예수 그리스도를 천사와 비교할 수 없다. 주님은 절대적으로 뛰어나시다.

그렇다면 천사는 인간과 어떻게 비교될까? 다음은 인간과 비교해 천사의 성격을 명확하게 해주는 주장들이다. 인간을 천사보다 우위에 놓고 있다.

- 인간은 천사보다 창조의 지위가 높다.
- 인간의 영과 천사는 같지 않다.
- 우리가 죽으면 천사가 되지 않는다.
- 천사는 지금이나 하늘에서나 우리의 종이다.
- 천사는 우리처럼 그리스도를 경배한다.

천사를 숭배하는 사람도 있지만 천사는 우리의 숭배의 대상이 아니다. 천사는 성도들을 섬기고, 성도를 위해 심부름을 하는 역할을 한다. 천사는 우리를 돌보고, 돕는 자이지 숭배대상이 아니다.

성경에서 천사는 여호와의 이름과 연관하여 언급되고 있다. '만군의 여호와' 에서 만군은 천사들을 의미한다(삼상 4:4;삼하 6:2;사 37:16;호 12:4,5;시 80:1,4;89:6-8). 하나님의 보좌를 둘러서 있는 만군의 모습을 보여주고 있다

(창 28:12; 32:2; 수 5:14; 왕상 22:19; 시 68:17; 103:21; 148:2; 사 6:2). 천사는 왕이신 하나님의 영광을 나타내실 때 언급되고 있다(신 33:2; 왕상 22:19; 시 24:10; 사 6:3; 24:23; 슥 14:16). 천사는 영(바람)으로 묘사되기도 한다. "그는 그의 천사들을 바람(영들)으로 그의 사역자들을 불꽃으로 삼으시느니라(히 1:7, 시 104:4)."

천사는 하나님의 거룩하심을 지키고 찬송한다. 천사는 하나님의 거룩을 지키는 임무를 가지고 노래하는 자들이다. 계시록에 따르면 천사들은 "거룩 거룩 거룩하시고 전능하신 주 여호와 하나님"을 찬송하며 거룩하심을 증거 한다.

천사들은 여러 디비젼(divisions)으로 갈라져 있어(창 32:2; 신 33:2;시 68:17) 천사에도 위계가 있음을 알 수 있다. 에스겔서는 사람, 사자, 황소, 독수리 등 네 개의 얼굴을 가진 생물로 언급하고 있다. 일부 성경학자들은 이것을 그리스도 인격의 4중적 특성을 상징한다고 주장한다. 즉, 사람얼굴은 그리스도의 인성을, 사자얼굴은 그분의 왕권과 권능을, 황소얼굴은 희생과 봉사를, 그리고 독수리 얼굴은 원거리에서도 볼 수 있는 능력과 전지성을 나타낸다는 것이다.

성경에서 자주 언급되는 그룹과 스랍도 천사와 연관되어 있다. 그룹(Cherub)은 히브리어로 K'rub 또는 Kerubh으로 사용된다. 이것은 단수명칭이며 복수는 Cherubim이다. 그룹은 단수, 복수 또는 집합개념으로 사용된다. 그룹은 손발과 날개를 가진 모습으로 표현된다. 구약에서는 에덴동산을 지키는 자, 하나님의 보좌를 지키는 자, 그리고 법궤(속죄소)를 수호하는 자로 묘사되고 있다. 에덴동산을 지키는 자의 모습은 창세기 3:24에 나타나 있다. "이같이 하나님이 그 사람을 쫓아내시고 에덴동산 동편에 그룹들과 두루 도는 화염검을 두어 생명나무의 길을 지키게 하시니라." 법궤를 지키는 모습은 출애굽기 25장에 있다. 19절과 20절은 "한 그룹은 이 끝에, 한 그룹은 저 끝에 곧 속죄소(mercy seat) 두 끝에 속죄소와 한 덩이로 연하게 할찌며 그룹들은 그 날개를 높이 펴서 그 날개로 속죄소를 덮으며 그 얼굴을 서로 대하여 속죄소를 향하게 하고" 라고 적고 있다. 성막의 그룹은 제사장의 일거일동을 지켜보고 있다. 하나님의 보좌를 지키는 모습은 에스겔 10장에 있다.

20절과 21절은 "그것은 내가 그발 강가에서 본바 이스라엘 하나님의 아래 있던 생물이라 그들이 그룹들인 줄을 내가 아니라 각기 네 얼굴과 네 날개가 있으며 날개 밑에는 사람의 손 형상이 있으니" 라고 기록하고 있다. 로마교회에서는 그룹을 지(智)천사라 한다. 지천사는 천사의 위계 가운데 하나로 스랍보다 급이 낮은 단계의 천사이다. 이 천사는 날개를 가진 아이로 상징되고 지식을 관장하는 것으로 인식하고 있다.

스랍(Seraph)은 단수이며 복수는 스라핌(Seraphim)으로 표현된다. 로마교회에서는 치품(熾品)천사라 한다. 천사의 위계중 하나로 신분이 높은 천사(exalted ones)에 속한다. 구약에 따르면 스랍은 보좌에 앉으신 하나님을 모시고, 하나님께 찬송과 영광을 돌리는 역할을 맡고 있다. 이사야 6장은 스랍의 모습과 역할에 대해 자세히 기록되어 있다. 이사야 6장은 웃시야 왕이 죽던 해 이사야가 성전에서 본 환상을 기록한 것으로 이에 따르면 주께서 높이 들린 보좌에 앉으셨다(1절).

주위에 스랍들이 있는데 스랍들은 각기 여섯 날개가 있었다. 그중 두 날개는 얼굴을 가리었고, 둘은 그 발을 가리었고, 그 둘은 나는데 사용되었다(2절). 이 스랍들이 서로 "거룩하다 거룩하다 거룩하다 만군의 여호와여 그 영광이 온 땅에 충만하도다." 며 찬송했다. 이사야는 입술이 부정한 사람이 하나님을 뵈었으니 "화로다. 망하게 되었도다." 라고 하자 그 스랍 가운데 하나가 화저의 핀 숯을 이사야의 입에 대며 "이것이 네 입에 닿았으니 네 악이 제하여졌고 네 죄가 사하여 졌느니라." 고 말했다.

제2장

구원의 창시자 예수 그리스도

요약

1. 큰 구원을 등한히 여기지 말라(1-4절)

1) 우리는 들은 것에 더욱 유념함으로 우리가 흘러 떠내려가지 않도록 함이 마땅함.
2) 천사들을 통하여 하신 말씀이 견고하게 되어 모든 범죄함과 순종하지 아니함이 공정한 보응을 받았거든 우리가 이같이 큰 구원을 등한히 여기면 어찌 그 보응을 피하겠는가.
3) 이 구원은 처음에 주로 말씀하신 바요 들은 자들이 우리에게 확증한 바니 하나님도 표적들과 기사들과 여러 가지 능력과 및 자기의 뜻을 따라 성령이 나누어 주신 것으로써 그들과 함께 증언하셨음.

2. 구원의 창시자는 예수 그리스도다(5-18절)

1) 하나님이 우리가 말하는바 장차 올 세상을 천사들에게 복종하게 하심이 아님.
2) 누구인가가 어디에서 증언하여 이르되 사람이 무엇이기에 주께서 그를 생각하시며 인자가 무엇이기에 주께서 그를 돌보시나이까 그를 잠시 동안 천사보다 못하게 하시며 영광과 존귀로 관을 씌우시며 만물을 그 발아래에 복종하게 하셨느니라 하였음.
3) 만물로 그에게 복종하게 하셨은즉 복종하지 않은 것이 하나도 없어야 하겠

으나 지금 우리가 만물이 아직 그에게 복종하고 있는 것을 보지 못하고 오직 우리가 천사들보다 잠시 동안 못하게 하심을 입은 자 곧 죽음의 고난 받으심으로 말미암아 영광과 존귀로 관을 쓰신 예수를 보니 이를 행하심은 하나님의 은혜로 말미암아 모든 사람을 위하여 죽음을 맛보려 하심임.

4) 그러므로 만물이 그를 위하고 또한 그로 말미암은 이가 많은 아들들을 이끌어 영광에 들어가게 하시는 일에 그들의 구원의 창시자를 고난을 통하여 온전하게 하심이 합당함.
5) (그리스도와 하나 된 인간) 거룩하게 하시는 이와 거룩하게 함을 입은 자들이 다 한 근원에서 난지라 그러므로 형제라 부르시기를 부끄러워하지 아니하시고 이르시되 내가 주의 이름을 내 형제들에게 선포하고 내가 주를 교회 중에서 찬송하리라 하셨음. 또 다시 내가 그를 의지하리라 하시고 또 다시 볼지어다 나와 및 하나님께서 내게 주신 자녀라 하셨음.
6) 자녀들은 혈과 육에 속하였으매 그도 또한 같은 모양으로 혈과 육을 함께 지니심은 죽음을 통하여 죽음의 세력을 잡은 자 곧 마귀를 멸하시며 또 죽기를 무서워하므로 한평생 매여 종노릇 하는 모든 자들을 놓아 주려 하심임.
7) 이는 천사들을 붙들어 주려 하심이 아니요 오직 아브라함의 자손을 붙들어 주려 하심임.
8) 그러므로 그가 범사에 형제들과 같이 되심이 마땅하도다 이는 하나님의 일에 자비하고 신실한 대제사장이 되어 백성의 죄를 속량하려 하심이라 그가 시험을 받아 고난을 당하셨은즉 시험 받는 자들을 능히 도우실 수 있느니라.

---

1. 큰 구원을 등한히 여기지 말라(1-4절)

1-4절에는 큰 구원을 등한히 여기는 태도에 대해 경고하는 말씀이 담겨있다. "그러므로 우리는 들은 것에 더욱 유념함으로 우리가 흘러 떠내려가지 않도록 함이 마땅하니라(1절)." '그러므로' 는 '이 때문에(dia touto)' 이다. 1장

전체의 내용, 곧 그리스도는 천사보다 뛰어나신 참 하나님이시기 때문이라는 것이다. 1장의 내용을 살펴본바 주님은 위대하시고 모든 것 위에 뛰어나시기 때문에 우리는 들은 바를 더욱 더 굳게 간직하여 바른 길에서 벗어나지 않도록 하는 것이 마땅하다는 것이다.

'흘려 떠내려가지(pararreo, drift away) 않도록' 은 반지가 손가락에서 슬그머니 빠져나가거나 음식물이 식도로 들어가는 것처럼 하지 않고, 주신 것을 고이 간직하고 우리가 곁길로 빠져나가지 않도록 항상 더 주의해야(pay more careful attention, closer attention) 한다는 것이다. 아들을 통해 주신 큰 구원, 곧 고귀한 구원을 잊지 말고, 불순종해서는 안 된다는 뜻을 담은 간곡한 말씀이다.

"천사들을 통하여 하신 말씀이 견고하게 되어 모든 범죄함과 순종하지 아니함이 공정한 보응을 받았거든(2절)." 이 절은 이해하기 어려운 절이다. 더 쉽게 풀이하자면 '천사들을 통해 주신 말씀도 효력이 있어서(valid) 그것을 어기거나 따르지 않는 자들은 모두 응분의 징벌(just retribution)을 받았는데' 라는 뜻이다. 천사의 말을 듣지 않아도 위험한데 예수님의 말씀을 무시하면 더 위험하다는 경고다.

'천사들을 통하여 하신 말씀' 은 문자적으로 천사들을 통해 주신 말씀, 곧 천사들을 시켜서 하신 말씀을 말한다. 하나님은 필요하실 때 천사를 보내 자신의 메시지를 보내신다. 그러나 이 말씀은 이것만을 의미하지 않는다.

갈라디아서에 따르면 천사들로 하신 말씀은 율법을 가리킨다. "그런즉 율법은 무엇이냐 범법하므로 더하여진 것이라 천사들을 통하여 한 중보자의 손으로 베푸신 것인데 약속하신 자손이 오시기까지 있을 것이라(갈 3:19)." 이 율법이 천사들, 곧 하나님의 사자를 매개로 주어졌다는 것이다. 이것은 하나님이 직접 주신 언약과 구별된다. 율법은 그리스도가 오실 때까지만 잠정적으로 효력이 있다. 그리스도가 오시면 율법에 더 매여 있을 필요가 없다. 그리스도는 율법의 완성자이시기 때문이다.

이 율법도 '견고하게 되어(binding, valid),' 즉 구속력이 있다. 이 율법의 구속력, 곧 그 권위와 효력 때문에 '모든 범죄함과 순종하지 아니함(every violation and disobedience),' 즉 그 법을 어기거나 순종치 않았을 때 모두 '공정한 보응(just punishment),' 곧 공정한 처벌, 응분의 처분을 받았다.

"우리가 이같이 큰 구원을 등한히 여기면 어찌 그 보응을 피하리요 이 구원은 처음에 주로 말씀하신 바요 들은 자들이 우리에게 확증한 바니(3절)." 천사들을 통해 주신 율법을 어기고 순종하지 않을 경우 이에 상응하는 보응을 받았는데 만일 우리가 이토록 값진 구원의 말씀을 소홀히 한다면 어떻게 징벌을 피할 수 있겠는가? '이같이 큰 구원(such a great salvation)'은 아들을 통해 주시는 성도의 구원을 가리킨다. 이 구원은 구약의 율법을 통한 구원과는 대조된다.

이 구원의 소식은 주님께서 맨 먼저 전해 주신(first announced, declared by the Lord) 것이며 그 말씀을 들은 사람들, 곧 사도와 제자들이 우리에게 확증, 곧 증거 해 준(attested, confirmed to us) 것이다. 여기서 '우리'는 제자들의 말씀을 듣고 개종했던 자들, 곧 제2세대 그리스도인임을 알 수 있다. 그런 우리가 이 고귀한 구원을 등한시할 수 없다는 것이다.

"하나님도 표적들과 기사들과 여러 가지 능력과 및 자기의 뜻을 따라 성령이 나누어 주신 것으로써 그들과 함께 증언하셨느니라(4절)." 나아가 하나님께서도 표징과 놀라운 일과 여러 가지 기적을 나타내시고 또한 당신의 뜻을 따라 성령을 선물로 나누어 주심으로써 그들의 증언을 뒷받침해 주셨다.

사도들의 증거와 더불어 하나님 자신도 여러 가지 방법으로 구원을 증거해 주셨다. 특히 네 가지 방법이 언급되었다. 표적들(signs), 기사들(wonders),

여러 가지 능력들(various miracles), 그리고 성령이 나누어 주신 것들(gifts of the Holy Spirit)이다. 원문엔 각 방법 모두 복수로 되어 있다. 한번뿐 아니라 여러 번이고, 하나가 아니라 여러 가지란 말씀이다. 표적과 기사들과 여러 가지 능력은 하나님이 병을 낫게 하시는 것 등 초자연적인 방법을 통해 복음의 메시지를 더 확실하게 입증시켜 주셨다는 것이다. 성령이 나누어주신 것들은 성령의 각종 선물, 곧 은사들을 말한다. 하나님께서 성령을 통해 이 은사들을 주신다는 것은 하나님께서 복음 선포를 인정하신다는 것을 증거 해주고 있다는 것이다.

2. 구원의 창시자는 예수 그리스도다(5-18절)

5-18절을 통해 히브리서 기자는 예수님의 낮아지심과 영광(5-9절), 사람을 위한 그분의 사역(10-18절)을 통해 예수님이 천사보다 뛰어나신 분이심을 계속 논증하고 있다.

"하나님이 우리가 말하는바 장차 올 세상을 천사들에게 복종하게 하심이 아니니라(5절)." 이 말씀은 하나님께서는 우리가 지금 말하고 있는 장차 올 세상을 천사들의 지배 아래 두시지는 않는다는 것이다.

'세상(the world)' 에 관해서는 여러 해석이 있다. 첫째, 내세를 가리킨다는 주장이다. '장차 올(to come)' 이란 단어가 이 주장을 가능케 한다. 둘째는 예수 그리스도에 의해 시작되는 새로운 질서라는 주장이다. 끝으로는 현 세상의 마지막이라는 주장이다. 원문은 '오이쿠메네(oikoumene)' 다. 이것은 사람들이 거주하는 땅(the inhabited earth)을 의미한다. 이 땅에 예수가 새로운 질서를 가져오는 2번째 주장이 문맥상 합당한 것으로 보인다. 따라서 이 세상은 천사들이 지배하는 땅이 아니라 예수 그리스도의 질서가 지배하는 땅,

예수의 통치가 있는 땅이다. 하나님은 장차 올 이 세상을 천사들이 통치하도록 맡기지 않으셨다.

"그러나 누구인가가 어디에서 증언하여 이르되 사람이 무엇이기에 주께서 그를 생각하시며 인자가 무엇이기에 주께서 그를 돌보시나이까(6절)." 히브리서 저자는 시편 8:4-6을 인용한다. 그것이 6절에서 8절 상반부에 소개되어 있다. 6절은 그 첫 부분이다. "인간(man)이 무엇이기에 주님께서 그를 잊지 않으시고 신경을 써 주십니까? 사람의 아들(the son of man)이 무엇이기에 주님께서 돌보아 주십니까?" 이 문구는 평행법을 사용한 것으로 둘 다 의미는 같다. 같은 말을 반복한 것이다. 여기서 인간은 단순히 인간을 의미하는 것이 아니라 그리스도 안에서 회복될 인간을 가리킨다. 예수 그리스도 안에 있으면 이런 영광스러운 인간의 지위가 회복된다. 예수 그리스도도 인간의 몸을 입고 이 땅에 오셨다.

"그를 잠시 동안 천사보다 못하게 하시며 영광과 존귀로 관을 씌우시며(7절)." 주님은 그(인간, 사람)를 잠시 동안 천사들보다 못하게 하셨으나 영광(glory)과 존귀(honor)의 면류관을 그에게 씌워주셨다는 것이다.

이것은 시편 8:5를 인용한 것으로 개역개정과 새번역, NASB 등에는 '그를 하나님보다 조금 못하게 하시고 영화와 존귀로 관을 씌우셨나이다' 로 되어 있다. '천사들' 이 '하나님' 으로 바뀐 것이다. 그러나 다른 성경번역들에는 천사들(angels, KJV, 현대인의 성경), 하늘의 영적 존재들(the heavenly beings, NIV)로 되어 있다. 이것은 구원받은 인간의 궁극적인 위대성을 간접적으로 표현한 것이다.

"만물을 그 발아래에 복종하게 하셨느니라 하였으니 만물로 그에게 복종하게 하셨은즉 복종하지 않은 것이 하나도 없어야 하겠으나 지금 우리가 만물이 아직 그에게 복종하고 있는 것을 보지 못하고(8절)." 그리고 '만물을 그의 발아래에 복종시키셨다.' 이것은 "주의 손으로 만드신 것을 다스리게 하시고 만물을 그의 발아래 두셨으니(시 8:6)"을 인용한 것이다. 하나님께서 만물을 사람에게 복종시키셨다는 것은 인간의 지배아래 있지 않는 것은 하나도 없다는 말이다. 모두 복종케 했다는 것이다. 예수의 죽음, 부활의 승리를 볼 때 죽음까지도 예수께 복종했음을 알 수 있다. 그런데 지금 우리가 보기로는, 아직도 만물이 다 그(인간)에게 복종하고 있지는 않다.

"오직 우리가 천사들보다 잠시 동안 못하게 하심을 입은 자 곧 죽음의 고난 받으심으로 말미암아 영광과 존귀로 관을 쓰신 예수를 보니 이를 행하심은 하나님의 은혜로 말미암아 모든 사람을 위하여 죽음을 맛보려 하심이라(9절)." 그러나 우리는 예수 그리스도를 본다(but we see Jesus). 예수께서는 죽음의 고통을 당하심으로써 잠시 동안 천사들보다 못하게 되셨다. 예수의 죽음만을 본다면 천사보다 뛰어나지 못한 분으로 보일 수 있다. 그러나 이 죽음은 모든 사람을 위한 대속의 죽음이었다. 그의 죽으심은 모든 사람의 권위를 회복시키기 위한 것이었다. 그분이 육신, 곧 사람의 몸을 입어 이 땅에 오신 것은 죄를 범함으로 인해 상실된 인간의 위엄을 회복시키기 위한 것이었다. 그러다가 부활, 승천하심으로 마침내 영광과 존귀의 면류관을 받아 쓰셨다. 예수께서 모든 사람을 위하여 죽음의 고통을 겪으신 것은 하나님의 은혜 때문이다.

9절은 그리스도의 비하와 높임을 언급하고 있다. 천사들은 하나님을 섬기는 자들이지만 하나님의 뜻을 위하여 수치와 죽음의 고통당하는 일을 경험하지 못했다. 그러나 하나님의 아들 예수는 다르다. 죽음의 고통을 당하심으로 자기를 철저히 낮추셨다. 이것은 하나님의 뜻을 이루기 위한 것이다. 이를 통해 그 뜻을 이루었기에 그 아들에게 영광과 존귀의 면류관이 부여되었다. 이것은 천사와 아주 다른 점이다.

“그러므로 만물이 그를 위하고 또한 그로 말미암은 이가 많은 아들들을 이끌어 영광에 들어가게 하시는 일에 그들의 구원의 창시자를 고난을 통하여 온전하게 하심이 합당하도다(10절).” 하나님은 만물을 창조하고 보존하는 분이시고 만물은 그분을 위해 존재해 있다. 하나님은 당신의 많은 자녀들이 영광에 참여할 수 있도록 구원의 창시자이신 예수님으로 하여금 고난을 겪게 해서 완전하게 하신 것은 당연한 일이었다. 이것은 인간을 구원하기 위한 예수님의 고난이 어떤 의미를 가지고 있는가를 명확히 보여준다.

‘만물이 그를 위하고 또한 그로 말미암은 이’ 는 하나님을 가리킨다. 원문은 ‘만물이 그를 위해서(for him) 그리고 만물이 그로 말미암아(by him, through him)’ 다. 만물이 하나님을 위해 존재하고, 그를 통해 존재한다(창조되었다)는 말이다. 많은 아들들(many sons)을 영광에 들어가게 하시는 일은 구원사역을 가리킨다. 아담의 후손들이 죄에서 구원을 받아야 하기 때문이다. ‘구원의 창시자(author, pioneer of their salvation)’ 는 예수 그리스도이다. ‘창시자(archegos)’ 는 ‘기초를 세운 리더(founder, leader)’ 라는 뜻을 가지고 있다. 예수의 십자가 고난을 통해 우리를 온전케 하신다. 구원을 완전히 이루신다. 주님은 이 죽음의 고난을 통해 대제사장의 직분을 온전히 이루셨다.

“거룩하게 하시는 이와 거룩하게 함을 입은 자들이 다 한 근원에서 난지라 그러므로 형제라 부르시기를 부끄러워하지 아니하시고(11절).” 사람을 거룩하게 해 주시는 분, 곧 예수와 거룩하게 된 사람들, 곧 성도들은 모두 같은 근원에서 나왔다. ‘한 근원(ho, the One, one origin)’ 은 하나님을 가리킨다. 그래서 예수께서는 거리낌 없이 그들을 ‘형제들(adelphous, brothers)’ 이라고 부르셨다. 예수님과 그를 믿는 성도들이 하나님 안에서 이런 친밀한 관계를 가지고 있기 때문에 예수님은 그들을 형제라고 부르는 것을 조금도 부끄러워하지 않으셨다. 다음의 12절과 13절은 11절에서 ‘형제들’ 이라 한 것에 대해 성경적인 근거를 가지고 있는가를 밝히고 있다.

"이르시되 내가 주의 이름을 내 형제들에게 선포하고 내가 주를 교회 중에서 찬송하리라 하셨으며(12절)." 하나님께 이렇게 말씀하셨다. "내가 주의 이름을 형제에게 선포하고 회중 가운데에서 주를 찬송하리이다." 이 말씀은 시편 22:22을 인용한 것이다. '주의 이름' 은 원래 '당신의 이름(onoma, name)' 으로 하나님을 말한다. 그리스도께서 그의 형제들에게 주의 이름을 선포하고 교회 중에서 주를 찬송하리라는 말이다. 교회는 '에클레시아(ekklesia)' 로 합법적인 집단이나 무리(assembly), 이스라엘의 회중(a religious congregation)을 뜻한다. 그리스도인의 모임을 지칭하기도 한다. 여기서는 하나님의 백성이라는 의미가 크다.

"또 다시 내가 그를 의지하리라 하시고 또 다시 볼지어다 나와 및 하나님께서 내게 주신 자녀라 하셨으니(13절)." 또 "나는 그분을 신뢰하겠습니다" 하고 말씀하셨다. 이 말씀은 히브리서 저자가 "여호와를 나는 기다리며 그를 바라보리라(사 8:17)" 한 말씀과 "내가 주를 의뢰하고 적진으로 달리며 내 하나님을 의지하고 성벽을 뛰어넘나이다(삼하 22:30)" 한 말씀을 원용한 것이다.

또한 "'나와 및 하나님이 나에게 주신 자녀들을 보라' 고 말씀하셨다. 이 말씀은 "보라 나와 및 여호와께서 내게 주신 자녀들이 이스라엘 중에 징조와 예표가 되었나니 이는 시온 산에 계신 만군의 여호와께로 말미암은 것이니라(사 8:18)" 한 말씀을 인용한 것이다. 이사야는 이사야 자신인 '나' 와 '네게 주신 자녀' 를 하나님을 섬긴다는 점에서 동일 선상에 놓았다. 그는 자녀들을 하나님이 주신 징조로 인정했기 때문이다. 히브리서 저자는 이사야가 자기 자녀들과 동일시한 점을 인용하여 그리스도와 그의 백성 사이의 친밀한 관계를 보여주고 있다.

"자녀들은 혈과 육에 속하였으매 그도 또한 같은 모양으로 혈과 육을 함께 지니심은 죽음을 통하여 죽음의 세력을 잡은 자 곧 마귀를 멸하시며 또 죽기를 무서워하므로 한평생 매여 종노릇 하는 모든 자들을 놓아 주려 하심이니(14, 15절).” 자녀들은 다 같이 살과 피를 가졌다. 따라서 예수님도 그들과 마찬가지로 살과 피를 가지고 오셨다. 그들의 인간성(humanity)을 공유한 것이다(partake same nature). 하나님이시지만 인간으로 오신 것이다. 이것은 자신의 죽음을 통해서 죽음의 권세를 잡은 마귀를 멸망시키시고 한 평생 죽음의 공포에서 종살이하는 모든 사람들을 해방시키기 위한 것이다.

이 말씀은 그리스도가 성육신하시고 그들을 위해 죽으심으로 성도들과 한 형제가 되었다는 사실을 밝혀주고 있다. 예수께서 육신을 입은 것은 죽기 위함이다. 그의 죽으심은 다시 부활하시어 죽음의 권세로 사람들을 억누르는 마귀를 없애고, 일평생 죽음의 공포에서 벗어나지 못하는 사람들에게 자유를 주기 위함이다. 성육신의 목적이 사망의 권세를 잡고 있는 마귀를 멸망시키고 죽음의 두려움에 사로 잡혀있는 모든 사람들을 해방시키기 위함이라는 것이다.

하나님이신 예수님이 사람의 몸을 입고 이 땅에 오신 것은 초월적 신비를 담고 있다. 한평생 죽기 두려워 사람을 주안에서 놓아주기 위함이다. 그러니 주님의 사람은 죽음을 두려워하지 말라는 것이다. 주님은 죽음을 하나님의 영광으로 들어가는 길로 만들어 주셨다. 죽음이 영원한 치유가 되고, 대승리의 서사시가 된 것이다.

“이는 확실히 천사들을 붙들어 주려 하심이 아니요 오직 아브라함의 자손을 붙들어 주려 하심이라(16절).” 이것은 예수님이 천사들을 도우려고 이 땅에 오신 것이 아니라 오직 아브라함의 후손들을 도우려고(help) 오셨다는 것이다. 이사야는 “나의 종 너 이스라엘아 내가 택한 야곱아 나의 벗 아브라함의 자손아 내가 땅 끝에서부터 너를 붙들며 땅 모퉁이에서부터 너를 부르고 네게 이르기를 너는 나의 종이라 내가 너를 택하고 싫어하여 버리지 아니하였다 하였노라(사 41:8-9).” 하였다. 땅 끝에서부터 너를 붙드시는 분이 바로 주님이시다. 주님은 천사가 아니라 아브라함의 자손을 붙들어주시기 위해 이 땅에 오셨다.

“그러므로 그가 범사에 형제들과 같이 되심이 마땅하도다 이는 하나님의 일에 자비하고 신실한 대제사장이 되어 백성의 죄를 속량하려 하심이라(17절).” 그러므로 예수님은 모든 점에서 당신의 형제들과 같아지셔야만 했다. 이것은 하나님을 섬기는 일에 있어서 자비롭고(merciful) 신실한(faithful) 대제사장(high priest)이 되어 백성들의 죄가 용서받도록 하기 위한 것이다. 죄의 속량이다. 속량(atonement)은 ‘힐라스코마이(hilaskomai)’로, 이 말은 속죄소(hilesterion, mercy seat)에서 왔다. 속죄소에는 대제사장만이 들어갈 수 있다. 구약의 제사는 한 번의 제사로 한번만 효력이 있었다. 그러나 예수의 제사는 한 영원한 제사로 모든 사람을 위해 단번에(once for all)에 드리신 것이다. 영원히 죄의 문제를 해결하시고 무죄를 선언하신 것이다. 그리스도는 양을 대신하여(huper) 목숨을 버리셨다.

성육신은 예수님의 대제사장 직과 직결된다. 죄를 구속하는 대제사장이 되기 위해서는 인간으로 오셔서 형제들과 같이 되셔야 했기 때문이다. 그러므로 주님께서 죽음의 고난을 당하셨다고 해서 천사보다 못하다 말할 수 없다. 천사는 이 구속 사역의 창시자가 되지 못한다는 점에서 그리스도와 크게 다르다.

“그가 시험을 받아 고난을 당하셨은 즉 시험 받는 자들을 능히 도우실 수 있느니라(18절).” 그리스도는 몸소 시험을 받고(peirazo, tempted) 고난을 당하셨기(pascho, suffered) 때문에 시험당하는 모든 사람들을 넉넉히 도우실 수 있다. 시험도 고난도 당하지 않은 천사와는 근본적으로 차이가 있다.

예수님은 시험과 고난을 받으셨지만 죄가 없는 분이시다. 하나님이 우리를 위해 고난을 당하신 것이다. 우리가 고난당할 때 우리를 도우시기 위해 가장 가까이 계신다. 가까이 계시는 하나님이다. 이로 인해 우리는 은혜의 보좌 앞에 담대히 나아갈 수 있게(히 2:15,16) 되었다. 우리가 품어야 할 마음은 바로 예수의 마음이다(빌 2:5-8). 예수님은 자기를 낮추고 죽기까지 복종하셨다. 겸손이다. 우리는 바로 이 예수의 겸손한 인격을 배우고 따라가야 한다.

제3장

모세보다 존귀하신 예수 그리스도와 완고한 불신앙의 결과

요약

1. 모세보다 존귀하신 예수 그리스도(1-6절)

1) (모세보다 위대한 그리스도) 함께 하늘의 부르심을 받은 거룩한 형제들아 우리가 믿는 도리의 사도이시며 대제사장이신 예수를 깊이 생각하라

2) 그는 자기를 세우신 이에게 신실하시기를 모세가 하나님의 온 집에서 한 것과 같이 하셨으니 그는 모세보다 더욱 영광을 받을 만한 것이 마치 집 지은 자가 그 집보다 더욱 존귀함 같으니라. 집마다 지은 이가 있으니 만물을 지으신 이는 하나님이심.

3) 모세는 장래에 말할 것을 증언하기 위하여 하나님의 온 집에서 종으로서 신실하였고 그리스도는 하나님의 집을 맡은 아들로서 그와 같이 하셨으니 우리가 소망의 확신과 자랑을 끝까지 굳게 잡고 있으면 우리는 그의 집이라.

2. 완고한 불신앙의 결과: 너희 마음을 완고하게 하지 말라(7-19절)

1) (불신에 대한 경고) 성령이 이르신 바와 같이 오늘 너희가 그의 음성을 듣거든 광야에서 시험하던 날에 거역하던 것 같이 너희 마음을 완고하게 하지 말라

2) 거기서 너희 열조가 나를 시험하여 증험하고 사십 년 동안 나의 행사를 보았느니라 그러므로 내가 이 세대에게 노하여 이르기를 그들이 항상 마음이 미혹되어 내 길을 알지 못하는도다 하였고 내가 노하여 맹세한 바와 같이

그들은 내 안식에 들어오지 못하리라 하였다 하였느니라

3) 너희는 삼가 혹 너희 중에 누가 믿지 아니하는 악한 마음을 품고 살아 계신 하나님에게서 떨어질까 조심할 것이요 매일 피차 권면하여 너희 중에 누구든지 죄의 유혹으로 완고하게 되지 않도록 하라
4) 우리가 시작할 때에 확신한 것을 끝까지 견고히 잡고 있으면 그리스도와 함께 참여한 자가 되리라
5) (안식에 들어갈 수 없었던 이유) 성경에 일렀으되 오늘 너희가 그의 음성을 듣거든 격노하시게 하던 것 같이 너희 마음을 완고하게 하지 말라 하였으니 듣고 격노하시게 하던 자가 누구냐 모세를 따라 애굽에서 나온 모든 사람이 아니냐
6) 하나님이 사십 년 동안 누구에게 노하셨느냐 그들의 시체가 광야에 엎드러진 범죄한 자들에게가 아니냐 또 하나님이 누구에게 맹세하사 그의 안식에 들어오지 못하리라 하셨느냐 곧 순종하지 아니하던 자들에게가 아니냐
7) 이로 보건대 그들이 믿지 아니하므로 능히 들어가지 못한 것이라

---

1. 모세보다 존귀하신 예수 그리스도(1-6절)

1-6절에서는 예수 그리스도를 모세와 비교하여 그리스도의 우월성과 위대성을 나타내고 있다. 두 분 모두 하나님께 충성했지만 모세는 종(5절)으로 충성했음에 비해 그리스도는 하나님의 집을 맡은 아들(6절)로 충성했다는 점에서 크게 차이가 있다.

"그러므로 함께 하늘의 부르심을 받은 거룩한 형제들아 우리가 믿는 도리의 사도이시며 대제사장이신 예수를 깊이 생각하라(1절)." 그러므로 하나님의 부르심을 함께 받은 성도 여러분, 우리가 고백하는 신앙의 사도이시며 하나님께서 보내 주신 우리 신앙의 대제사장이신 예수를 생각하라.

먼저 성도를 부른다. 그가 말하는 성도는 '함께 하늘의 부르심을 받은 거룩한 형제들(holy brothers)' 이다. 하늘의 부르심(heavenly calling), 곧 하나님의 부르심을 함께 받은(share) 성도다.

나아가 성도라면 예수를 깊이 생각하라 했다. '예수를 깊이 생각하라' 는 것은 '당신의 생각들을 예수에 고정시키라(fix your thoughts on Jesus),' '예수를 굳게 붙잡으라(히 4:14)' 는 말씀이다. 예수님을 깊이 생각하면 믿음이 깊어지고, 더 주님을 붙잡게 된다.

'우리가 믿는 도리' 는 우리가 믿음으로 하는 고백(confession), 신앙(faith), 그 신앙의 선언(profession)을 가리킨다. 그 믿음은 예수님에 대한 믿음이다. 예수를 주로 고백하고 선언하는 믿음이다.

히브리서 기자는 예수의 직분을 사도(apostle)와 대제사장(high priest) 두 가지로 보았다. 이것은 하나님 편에서 오는 소식을 인간에게 전한다는 사도적인 면과 인간 편의 사정을 하나님께 아뢰어 인간을 돕는다는 대제사장인 면이 결합되어 있음을 말한다. 그리스도를 '사도(apostolos)' 라 한 것은 신약성경에서 이곳뿐이다. 사도는 '멀리 보냄을 받은 자(one who is sent away)' 라는 뜻을 가지고 있다. 멀리 보내는 것은 메시지를 전하기 위해서다. 그리스도는 하나님이 보내신 자라는 점에서 사도라 할 수 있다. 예수님의 12제자를 사도라 하는 데 이것은 그들이 예수님으로부터 보냄을 받은 자이기 때문이다.

"그는 자기를 세우신 이에게 신실하시기를 모세가 하나님의 온 집에서 한 것과 같이 하셨으니(2절)." 모세가 하나님의 온 집안을 위해서 충성을 다해 일했듯이 그리스도도 당신을 세우신 분을 위해서 충실하게 일하셨다. '하나님의 온 집(all God's house)' 은 "내 종 모세와는 그렇지 아니하니 그는 내 온 집에 충성함이라(민 12:7)." 는 말씀과 같이 '하나님의 백성들' 을 가리킨다. 구약시대에는 이스라엘 민족이었고, 신약시대에는 그리스도인들이었다. 모세는 이스라엘의 지도자로서 그들을 충성스럽게 섬겼다. 예수님은 '자기를 세우신 이(the one who appoin-ted him),' 곧 성부 하나님을 위해 독생자로서 맡겨진 소임을 신실하게 담당하셨다. 2절은 예수와 모세의 공통점은 충성했다는 것에 있음을 강조하고 있다.

"그는 모세보다 더욱 영광을 받을 만한 것이 마치 집 지은 자가 그 집보다 더욱 존귀함 같으니라(3절)." 집을 지은 사람(the builder of a house)이 그 집보다 더 존귀한 것(greater honor)처럼 예수님은 모세보다 더 큰 영광을 받을 만하다는 말이다. 모세는 하나님의 집의 권속이므로 그 집의 일부에 지나지 않는다. 하지만 그리스도는 그 집을 지으신 건축자이시므로 예수님이 모세보다 더 큰 영광을 받으실 자격을 가지셨다는 것이다.

"집마다 지은 이가 있으니 만물을 지으신 이는 하나님이시라(4절)." 어느 집이든지 그 집을 지은 사람이 있듯이 만물을 창조하신 분은 하나님이시다.

"또한 모세는 장래에 말할 것을 증언하기 위하여 하나님의 온 집에서 종으로서 신실하였고(5절)." 모세는 하나님께서 장차 말씀하시려는 것을 증언하기 위해 하나님의 온 집에서 종(a servant)으로 충성하였다. 모세는 지위는 한갓 종이었다는 것이다.

"그리스도는 하나님의 집을 맡은 아들로서 그와 같이 하셨으니 우리가 소망의 확신과 자랑을 끝까지 굳게 잡고 있으면 우리는 그의 집이라(6절)." 이에 비해 그리스도는 하나님의 집을 맡은 아들(a son over God's house), 곧 하나님의 아들로서 충성하였다. 격이 다르다. 만일 우리가 희망으로 인한 용기와 자랑스러운 기쁨을 끝까지 굳게 지키면, 다시 말해 우리가 가진 희망에 대하여 확신(confidence)을 가지고 또 그것을 자랑스럽게(proud) 여기는 한 우리는 그의 집(we are his house)이다. 하나님의 집이요 하나님의 집안사람들이다.

2. 완고한 불신앙의 결과: 너희 마음을 완고하게 하지 말라(7-19절)

7-19절에서는 모세 아래 있던 이스라엘은 실패했다는 것을 밝히고 있다. 7-11절은 시편 95:7-11을 인용하며 완악한 마음을 품지 않도록 한다. 12-19절은 인용한 시편을 적용하여 서로 믿음으로 권면하며 더 이상 죄의 유혹에 빠지지 않도록 했다.

"그러므로 성령이 이르신 바와 같이 오늘 너희가 그의 음성을 듣거든 광야에서 시험하던 날에 거역하던 것 같이 너희 마음을 완고하게 하지 말라(7, 8절)." 그래서 성령님도 말씀하셨다. "오늘 너희가 하나님의 음성을 듣거든 광야에서 유혹을 받고 반역하던 때처럼 완악한 마음을 품지 말라." 이 말씀은 시편 95:7, 8을 인용한 것이다.

시편을 인용하면서 성령님이 말씀하셨다고 한 것은 모든 성경이 성령의 감동하심으로 쓰였기 때문이다(딤후 3:16). 이 같은 표현은 히 9:8, 10:15에도 나타난다. 히 4:7에서는 다윗이 썼다고도 했다. 히브리서 기자는 이 시편을 성령이 다윗을 통해 말씀하신 것으로 보았음을 알 수 있다.

'광야에서 시험하던 날(the time of testing)' 은 이스라엘이 광야에서 하나님을 여러 차례 시험한 것을 말한다. 그들은 하나님의 말씀을 마음에 받지 아니하고 마음을 완악하게 하였다. '그러므로' 는 마음을 완악하게 하지 말라는 것과 연결된다. 완고하다, 강팍하다(harden)는 것은 고집이 세며 까다로운 것을 말한다. '오늘(today) 너희가 그의 음성을 듣거든' 에서 '오늘' 이 강조되고 있다. 오늘 하나님의 음성을 듣거든 완악했던 그들과 같이 행동하지 말라는 것이다. 지금을 살아가는 우리가 어떤 신앙생활을 해야 되는가를 가르쳐 준다. 시편 기자는 말한다. "너희는 므리바에서와 같이 또 광야의 맛사에서 지냈던 날과 같이 너희 마음을 완악하게 하지 말지어다(시 95:8)."

"거기서 너희 열조가 나를 시험하여 증험하고 사십 년 동안 나의 행사를 보았느니라(9절)." 이 말씀은 "그 때에 너희 조상들이 내가 행한 일을 보고서도 나를 시험하고 조사하였도다(시 95:9)"를 인용한 것이다. 너희 조상들이 광야에 있을 때 40년 동안이나 하나님께서 하시는 일을 보고 알았음에도 불구하고 하나님을 떠보고 시험하였다(put me to the test). 증험(prove)은 제련소에서 순금을 가려내는 것을 말한다. 여기서는 이스라엘 백성들이 하나님을 전적으로 신뢰하지 못하고 옳은지 그른지 알아보려는 불신앙의 태도를 말한다.

"그러므로 내가 이 세대에게 노하여 이르기를 그들이 항상 마음이 미혹되어 내 길을 알지 못하는도다 하였고(10절)." 그러므로 하나님께서 그 세대를 보시고 노하시며 말씀하셨다. "그들은 언제나 마음이 빗나가서 나의 길을 알지 못하였다." 마음이 미혹되었다(err, go astray)는 것은 빗나갔다는 것이다. 그 결과 하나님의 길(ways)을 알지 못하였다. 이 말씀은 시편 95:10을 인용한 것이다.

"내가 노하여 맹세한 바와 같이 그들은 내 안식에 들어오지 못하리라 하였다 하였느니라(11절)." 이 말씀은 시편 95:11을 인용한 것이다. 하나님이 분노하셔서 맹세한 대로 "그들은 안식처가 될 약속의 땅에 들어오지 못할 것이다." 선언하였다.

'맹세한 바와 같이(on oath)' 는 거역에 대한 판결의 경우 맹세의 형식으로 표현된 데서 나온 것이다. 시편에서 이런 표현이 사용되고 있다. 이 판결은 가나안 땅을 정탐하고 돌아온 자들의 보고를 듣고 하나님의 능력을 불신한 자들에게 내려진 엄숙한 선언이다.

안식(rest)에 대해서는 창조 후 안식, 일상적인 안식일 안식, 약속한 땅에서의 안식, 전쟁으로부터의 자유 등 여러 해석이 있다. 여기서는 하나님의 백성이 약속의 땅에서 안전하게 거하는 안식을 말한다.

"형제들아 너희는 삼가 혹 너희 중에 누가 믿지 아니하는 악한 마음을 품고 살아 계신 하나님에게서 떨어질까 조심할 것이요(12절)." 히브리서 저자는 이상의 말씀을 바탕으로 믿음의 형제들에게 권고한다. "여러분 가운데서 믿지 않는 악한 마음을 품고 살아 계신 하나님으로부터 떨어져나가는 사람이 생기지 않도록 조심하십시오." 저자는 '믿지 아니하는 악한 마음(evil, a sinful, unbelieving heart)' 을 경계하도록 했다. 믿지 아니한 마음은 사람들을 하나님으로부터 멀어지게 하기 때문이다. '떨어지다(fall away, depart from)' 는 '아피스테미(aphistemi)' 로, 여기서 배교(apostasy)라는 단어가 나왔다. 살아 계시신 하나님으로부터 떨어져나가는 것은 진리로부터 떠나있는 것을 말한다.

"오직 오늘이라 일컫는 동안에 매일 피차 권면하여 너희 중에 누구든지 죄의 유혹으로 완고하게 되지 않도록 하라(13절)." 성경에 '오늘' 이라 한 말은 바로 우리에게 해당된다는 것을 강조하고 있다. 7절에 '오늘 너희가 그의 음성을 듣거든' 반역하던 때처럼 못된 고집을 부리지 말라 하셨다. '오늘' 의 중요성이 15절에서 다시 강조된다. 그러므로 성경에 '오늘' 이라 하신 말씀은 바로 우리에게 해당하는 말로 깊이 인식하고 날마다 서로 격려해서 아무도 죄의 속임수(deceitfulness of sin)에 넘어가 더 이상 고집부리는 일이 없도록 하라는 것이다. 불신앙에 빠진 세대, 순종하지 않는 세대(disobedient generation)에 대한 경고다.

"우리가 시작할 때에 확신한 것을 끝까지 견고히 잡고 있으면 그리스도와 함께 참여한 자가 되리라(14절)." 우리가 처음에 가졌던 확신(the first confidence), 곧 '함께 가졌던 믿음' 을 끝까지(to the end) 지켜나가면 모든 것을 그리스도와 함께 누리게 될 것이다. '확신한 것' 은 히브리서 1:3의 본체와 같은 낱

말로 믿음의 내용, 믿음의 실체를 말한다. 그것을 끝까지 지켜나가면 그리스도와 함께 하나님 나라의 유업을 받게 된다는 것이다. '그리스도와 함께 참여한 (to share in Christ) 자'는 그리스도와 함께 상속자가 된다는 것이다. 그리스도를 믿는 자는 완전한 자가 아니므로 늘 부족하다 생각하고 확고한 믿음을 갖고, 믿음의 본질에 굳게 서도록 해야 한다.

"성경에 일렀으되 오늘 너희가 그의 음성을 듣거든 격노하시게 하던 것 같이 너희 마음을 완고하게 하지 말라 하였으니(15절)." 성경에 "너희가 오늘 하나님의 음성을 듣거든 반역하던 때처럼 완악한 마음을 품지 말라"는 말씀이 있다. 이 말씀은 이미 설명한 바와 같이 시편 95:7-8을 인용한 것이다. 이 말씀을 다음 절들과 연결하기 위해 다시 언급한 것이다. '격노하시게 하던 것 같이'는 므리바 사건을 가리킨다. 물 때문에 다툼으로 인해 거룩함을 보여주지 못했다.

"듣고 격노하시게 하던 자가 누구냐 모세를 따라 애굽에서 나온 모든 사람이 아니냐(16절)." 하나님의 말씀을 듣고도 그에게 반역하고 그를 노엽게 한 사람이 누구였는가? 모두 모세의 인도를 받아 이집트에서 나온 사람들이 아니었는가?

"또 하나님이 사십 년 동안 누구에게 노하셨느냐 그들의 시체가 광야에 엎드러진 범죄한 자들에게가 아니냐(17절)." 하나님이 40년 동안이나 누구를 향해 분노하셨는가? 다시 말해 하나님을 노엽게 한 사람은 누구였는가? 죄를 짓고 광야에서 쓰러져 죽은 사람들이 아니었는가.

"또 하나님이 누구에게 맹세하사 그의 안식에 들어오지 못하리라 하셨느냐 곧 순종하지 아니하던 자들에게가 아니냐(18절)." 그리고 하나님께서 안식처가 될 약속의 땅에 들어가지 못할 것이라고 누구에게 맹세하셨는가? 이것은 불순종한 사람들에게 하신 말씀이 아니었는가? 히브리서 기자는 16, 17, 18절을 통해 역으로 질문했다. 성경의 사실을 다짐하고 믿음을 확고히 하기 위해서다.

하나님은 반역한 이스라엘 백성을 향해 이렇게 맹세하셨다.

> "그들에게 이르기를 여호와의 말씀에 내 삶을 두고 맹세하노라 너희 말이 내 귀에 들린 대로 내가 너희에게 행하리니 너희 시체가 이 광야에 엎드러질 것이라 너희 중에서 이십 세 이상으로서 계수된 자 곧 나를 원망한 자 전부가 여분네의 아들 갈렙과 눈의 아들 여호수아 외에는 내가 맹세하여 너희에게 살게 하리라 한 땅에 결단코 들어가지 못하리라(민 14:28-30)."

저희가 모세의 말에 불복종하여 멸망했다면 그리스도에게 불복종하는 사람들에게 무슨 희망이 있겠는가. 불순종의 결과는 참담하다.

"이로 보건대 그들이 믿지 아니하므로 능히 들어가지 못한 것이라(19절)." 이 말씀은 히브리서 기자의 결론이다. 이로 미루어 보건데 우리는 그들이 믿지 않았기 때문에 약속의 땅에 들어가지 못한 것을 알 수 있다는 것이다. 그들이 안식처에 들어가지 못한 것은 결국 믿지 않았던 때문이라는 것이다.

이스라엘 백성은 홍해를 건넘으로써 이집트의 노예 생활에서 해방된 기쁨을 맛보았다. 그러나 하나님께 순종하지 않음으로 인해 비참한 운명에 빠졌다. 히브리서 기자는 그들이 하나님이 약속한 땅 가나안에 들어가지 못한 것은 바로 그들의 불신앙 때문이라고 했다.

제4장

불신앙의 위험성과 은혜의 보좌 앞에 담대히 나아감

요약

1. 불신앙의 위험성(1-13절)

1) (말씀에 화합하는 믿음) 그러므로 우리는 두려워할지니 그의 안식에 들어갈 약속이 남아 있을지라도 너희 중에는 혹 이르지 못할 자가 있을까 함이라
2) 그들과 같이 우리도 복음 전함을 받은 자이나 들은 바 그 말씀이 그들에게 유익하지 못한 것은 듣는 자가 믿음과 결부시키지 아니함이라
3) (제칠일과 안식) 이미 믿는 우리들은 저 안식에 들어가는도다 그가 말씀하신 바와 같으니 내가 노하여 맹세한 바와 같이 그들이 내 안식에 들어오지 못하리라 하셨다 하였으나 세상을 창조할 때부터 그 일이 이루어졌느니라
4) 제칠일에 관하여는 어딘가에 이렇게 일렀으되 하나님은 제칠일에 그의 모든 일을 쉬셨다 하였으며 또 다시 거기에 그들이 내 안식에 들어오지 못하리라 하였으니 그러면 거기에 들어갈 자들이 남아 있거니와
5) 복음 전함을 먼저 받은 자들은 순종하지 아니함으로 말미암아 들어가지 못하였으므로 오랜 후에 다윗의 글에 다시 어느 날을 정하여 오늘이라고 미리 이같이 일렀으되 오늘 너희가 그의 음성을 듣거든 너희 마음을 완고하게 하지 말라 하였나니 만일 여호수아가 그들에게 안식을 주었더라면 그 후에 다른 날을 말씀하지 아니하셨으리라
6) 그런즉 안식할 때가 하나님의 백성에게 남아 있도다 이미 그의 안식에 들어간 자는 하나님이 자기의 일을 쉬심과 같이 그도 자기의 일을 쉬느니라

7) 그러므로 우리가 저 안식에 들어가기를 힘쓸지니 이는 누구든지 저 순종하지 아니하는 본에 빠지지 않게 하려 함이라
8) (하나님 말씀의 능력) 하나님의 말씀은 살아 있고 활력이 있어 좌우에 날선 어떤 검보다도 예리하여 혼과 영과 및 관절과 골수를 찔러 쪼개기까지 하며 또 마음의 생각과 뜻을 판단하나니 지으신 것이 하나도 그 앞에 나타나지 않음이 없고 우리의 결산을 받으실 이의 눈앞에 만물이 벌거벗은 것 같이 드러나느니라.

2. 믿는 도리를 굳게 잡고 은혜의 보좌 앞에 담대히 나아가라(14-16)

1) (우리의 대제사장이신 그리스도) 우리에게 큰 대제사장이 계시니 승천하신 이 곧 하나님의 아들 예수시라 우리가 믿는 도리를 굳게 잡을지어다
2) 우리에게 있는 대제사장은 우리의 연약함을 동정하지 못하실 이가 아니요 모든 일에 우리와 똑같이 시험을 받으신 이로되 죄는 없으시니라
3) 그러므로 우리는 긍휼하심을 받고 때를 따라 돕는 은혜를 얻기 위하여 은혜의 보좌 앞에 담대히 나아갈 것이니라.

---

1. 불신앙의 위험성(1-13절)

1-13절까지는 3장의 내용과 논리를 근거로 하나님의 안식에 대해 언급하고 있다. 이스라엘은 불순종과 불신앙으로 하나님의 안식에 들어가지 못했다. 하지만 그 약속은 신약의 신자들에게 남아있으므로 그 안식을 대망하고 힘쓰라는 것이다.

"그러므로 우리는 두려워할지니 그의 안식에 들어갈 약속이 남아 있을지라도 너희 중에는 혹 이르지 못할 자가 있을까 함이라(1절)" '그의 안식에 들어갈 약속(the promise of entering his rest)' 은 하나님의 안식처에 들어가게 해 주시겠다는 약속을 말한다. 약속은 헬라어로 '에팡겔리아(επαγγελια)' 로

'공고,' '선언' 이라는 뜻을 가지고 있다. 이미 선언된 약속이라는 말이다. 그 약속이 구약의 백성이 불신앙으로 인해 들어가지 못했다 해도 취소되는 것은 아니다. 그 때 실패한 지상적인 약속은 그리스도인이 장차 받을 영원한 안식의 그림자 역할을 한다. 따라서 그 약속은 아직도 우리에게 유효하다.

그러므로 히브리서 저자는 너희 가운데서 거기에 미치지 못하는(fallen short of it) 사람이 아무도 없도록, 다시 말해 너희 가운데 아무도 그 곳에 들어갈 기회를 놓쳐버렸다고 생각하는 사람이 없도록 두려운 마음으로 조심하자는 것이다.

"그들과 같이 우리도 복음 전함을 받은 자이나 들은 바 그 말씀이 그들에게 유익하지 못한 것은 듣는 자가 믿음과 결부시키지 아니함이라(2절)." 우리도 그들과 마찬가지로 그 기쁜 소식을 듣지 않았는가? 그들은 복음의 말씀을 듣고도 그것을 믿지 않았다. 따라서 그 말씀이 그들에게 아무런 소용이 없었다. 그 말씀을 믿음으로 받아들이지 않으면 아무 소용이 없다는 말이다. 말씀에 화합하지 못하면 믿음이 아니다.

이 말씀은 이스라엘처럼 복음을 들었다는 사실 자체를 강조하는 것이 아니다. 그들처럼 복음을 듣고도 순종치 아니하면 위태한 자리에 떨어진다는 경고의 말씀이다. '듣는 자가 믿음과 결부시키지 아니함이라(did not combine it with faith, not united in faith)' 는 것은 하나님의 말씀을 듣는 자에게 믿음이 결여되어 있음을 강조하는 말이다. 말씀을 듣기는 했지만 그 말씀이 그것을 들은 사람들의 믿음과 결합되지 못하면 효과를 낼 수 없다. 말씀을 받았다할지라도 그것을 온전히 믿지 못하면 실패한다. 그러므로 말씀에 화합하는 믿음, 곧 말씀을 믿는 믿음을 가져라.

"이미 믿는 우리들은 저 안식에 들어가는도다 그가 말씀하신 바와 같으니 내가 노하여 맹세한 바와 같이 그들이 내 안식에 들어오지 못하리라 하셨다

하였으나 세상을 창조할 때부터 그 일이 이루어졌느니라(3절).” 그러나 그 말씀을 믿은 우리는 안식에 들어갈 것이다. 그것은, “내가 진노하여 맹세한 것과 같이, 그들은 결코 내 안식, 곧 안식처가 될 약속의 땅에 들어오지 못할 것이다(시 95:11)” 라고 선언하신 그대로이다. 광야에서 불순종한 이스라엘은 하나님이 베푸신 안식에 참여할 수 없었다. 그들은 믿지 않았기 때문에 들어가지 못했지만 믿는 자는 안식에 들어간다.

‘세상을 창조할 때부터 그 일이 이루어졌느니라’ 는 말씀은 하나님이 그를 믿는 우리들을 안식에 들어가게 하시는 것은 이미 창조 때부터 이루어져 내려오고 있다는 말씀이다. 하나님께서 세상을 창조하시고 모든 일을 끝마치신 다음 안식하셨고, 그 날을 복 주어 온 피조물에게 안식하도록 하셨기 때문이다. 그러므로 안식은 갑자기 주어진 것이 아니라 그때부터 있어왔다. 안식은 창조로부터 이루어진 일이며 우리는 그 안식에 초대되었을 뿐이다(히 1:10, 11)

‘내 안식’ 이란 표현이 바로 그것을 의미한다. 내 안식은 하나님 자신이 즐기시는 안식이다. 이 안식은 창조의 일을 다 이루시고 즐기셨던 안식이다. 하나님은 그 안식을 이스라엘에게도 광야의 생활을 마감한 다음 주고자 하셨다. 그러나 그들은 불순종으로 인해 그것을 받지 못했다.

‘이미 믿는 우리들은 저 안식에 들어가는도다.’ ‘저 안식’ 은 지금까지 언급한 안식을 말한다. 다시 말해 광야의 이스라엘 백성들이 들어가지 못했지만(2절) 아직 믿는 자들에게는 약속되어 있는 안식(1절)이다.

안식은 미래의 소망으로만 있는 것이 아니다. 이 안식은 오직 그리스도로 말미암아 얻을 수 있다. 가나안의 안식에 들어가는 것이 하나님의 약속에 대한 믿음을 필요로 했듯이 영원한 천국의 안식에 들어가는 것 역시 예수 그리스도에 대한 믿음으로써만 가능하다. 예수님은 자신에게 나아와 이 안식을 얻으라 하셨다.

"수고하고 무거운 짐 진 자들아 다 내게로 오라 내가 너희를 쉬게 하리라 나는 마음이 온유하고 겸손하니 나의 멍에를 메고 내게 배우라 그리하면 너희 마음이 쉼을 얻으리니 이는 내 멍에는 쉽고 내 짐은 가벼움이라 하시니라(마 11:28-30)."

"제칠일에 관하여는 어딘가에 이렇게 일렀으되 하나님은 제칠일에 그의 모든 일을 쉬셨다 하였으며(4절)." 일곱째 날에 관해서는 성경 어딘가에서 "하나님께서 일곱째 되는 날에는 그 모든 일을 마치고 쉬셨다" 하신 말씀 그대로이다. '어딘가' 는 바로 "하나님이 그가 하시던 일을 일곱째 날에 마치시니 그가 하시던 모든 일을 그치고 일곱째 날에 안식하시니라(창 2:2)."를 가리킨다. 하나님은 6일 동안 천지와 인간을 창조하신 후 7일째 날에 안식하셨다.

"또 다시 거기에 그들이 내 안식에 들어오지 못하리라 하였으니(5절)." 또 이 곳에서는 다시 "그들은 결코 내 안식에 들어오지 못할 것이다" 하셨다. 5절의 이 말씀은 시편 95:11의 말씀을 인용한 것이다. '또 다시 거기에' 는 히브리서 저자가 시편 95:11을 지적하기 위해 사용한 것이다. 4절의 '쉬셨다' 와 5절의 '내 안식' 은 같은 안식을 뜻한다. 하나님의 안식은 창조 사역 이래 하나님의 백성들에게 열려져 있었다. 그러나 광야의 이스라엘은 불순종으로 인해 그것을 얻지 못했다.

"그러면 거기에 들어갈 자들이 남아 있거니와 복음 전함을 먼저 받은 자들은 순종하지 아니함으로 말미암아 들어가지 못하였으므로(6절)." '그러면' 은 하나님이 베푸시는 안식을 열려져 있었으나 불순종으로 인해 '들어가지 못했다면' 이라는 뜻이다. 그렇다면 그들 외에 누군가 그 안식에 들어갈 자들이 남아있을 것이라는 말이다.

'복음 전함을 먼저 받은 자(those who formerly had the gospel)' 는 먼저 그 기쁜 소식을 전해 받은 광야의 이스라엘을 말한다. 그들은 복음을 듣고도 순종하지 않은 탓으로 약속된 안식을 누리지 못했다. 불순종으로 인해 안식할 그 곳, 곧 약속의 땅에 들어가지 못한 것이다.

하지만 그 안식처에 들어갈 사람들이 아직 남아 있다. 광야의 이스라엘이 아니라 다른 사람들이 안식을 누릴 기회가 아직도 남아 있다는 말이다. 그들이 바로 거기에 들어갈 자들, 곧 안식에 들어갈(enter that rest) 자들이다. 이들은 신약 시대의 사람들과 관련된 자들이다.

"오랜 후에 다윗의 글에 다시 어느 날을 정하여 오늘이라고 미리 이같이 일렀으되 오늘 너희가 그의 음성을 듣거든 너희 마음을 완고하게 하지 말라 하였나(7절)." 히브리서 저자는 여기서 시편 95:7, 8을 다시 인용하고 있다. 히브리서 저자는 그 시편을 쓴 사람으로 다윗을 지목하고 있다. 광야의 이스라엘로부터 오랜 세월이 지난 뒤 하나님께서는 다윗의 마음을 움직여 "너희가 오늘 하나님의 음성을 듣거든 완악한 마음을 품지 말라(Today, if you hear his voice, do not harden your hearts)"고 하셨다. 모세 시대부터 다윗 시대까지의 시간적 간격은 약 500년이다. 이 오랜 후에 기록된 시편에서 '오늘' 이라는 날을 다시 정하신 것이다. 이 오늘은 모세의 날일 수 없고, 다른 새로운 때, 곧 시편 저작 당시와 히브리서 저작 당시, 그리고 현재의 우리 시대를 가리키는 것이다. 히브리서 저자는 하나님의 경고가 모세 시대뿐 아니라 다윗 시대에도 효력을 미칠 수 있었음을 주지시키고, 나아가 지금을 살아가는 우리에게도 그 효력이 미친다는 것을 말해주고 있다.

"만일 여호수아가 그들에게 안식을 주었더라면 그 후에 다른 날을 말씀하지 아니하셨으리라(8절)." 여호수아가 만일 광야의 이스라엘 백성들에게 진정한 안식을 주었다면 그 뒤에 하나님께서 또 다른 날(another day)이 있으리라 말씀하시지 않았을 것이란 말이다. 하나님이 다른 날을 말씀하신 것을 볼 때 여호수아가 활동하던 시대에도 약속한 안식이 완전히 성취된 것이 아님을 알 수 있다. 그들이 누렸던 이 땅에서의 안식은 장차 있을 영원한 양식의 그림자에 불과했다. 따라서 그 안식은 아직도 신자들 앞에 남아있다.

모세는 이스라엘을 가나안으로 인도하지 못했지만 여호수아는 그 뒤를 이어 백성을 가나안으로 인도했다. 그러나 여호수아도 그들에게 참된 안식을 줄 수 없었다. 따라서 참 안식을 주시는 예수님은 여호수아보다 뛰어나신 분임에 틀림없다.

“그런즉 안식할 때가 하나님의 백성에게 남아 있도다(9절).” 그러므로 안식할 때가 하나님의 백성에게 아직 남아 있다는 말씀이다. ‘하나님의 백성’ 은 안식에 적합한 자들을 가리킨다. 그들은 하나님을 신뢰하지 않았던 광야의 이스라엘 백성과는 구별된다. 여기서 하나님의 백성은 유대인이나 이방인 모두 포함하는 말이다. “너희가 전에는 백성이 아니더니 이제는 하나님의 백성이요 전에는 긍휼을 얻지 못하였더니 이제는 긍휼을 얻은 자니라(벧전 2;10).”

“이미 그의 안식에 들어간 자는 하나님이 자기의 일을 쉬심과 같이 그도 자기의 일을 쉬느니라(10절).” 하나님은 창조의 일을 마치고 안식하셨다. 마찬가지로 하나님의 안식처에 들어 간 자도 그의 일손을 멈추고 쉰다. 하나님이 우리에게 들어오도록 초청하신 안식은 우리의 안식이 아니라 그의 안식, 곧 하나님의 안식(God's rest)이다. 따라서 신자들은 그리스도의 구속사역으로 말미암아 스스로 구원받으려는 노력을 멈추고 그의 안식에 들어간다. 그의 안식에 들어간 자가 누구를 가리키는 지에 대해서는 여러 견해가 있다. 첫째는 구원을 통하여 영적 쉼을 누리는 신자라는 주장이고, 둘째는 죽은 신자라는 주장이며, 셋째로는 지상의 일을 마치신 그리스도라는 주장 등이다. 어떤 견해이든 이 안식은 최후의 궁극적인 안식이다.

“그러므로 우리가 저 안식에 들어가기를 힘쓸지니 이는 누구든지 저 순종하지 아니하는 본에 빠지지 않게 하려 함이라(11절).” 그러므로 우리는 불순종하다가 멸망한 옛사람들처럼 되지 말고 저 안식에 들어가도록 힘을 써야 한다. 낭패를 본 그들처럼 되지 말고 참 안식을 누리도록 하자는 것이다.

"하나님의 말씀은 살아 있고 활력이 있어 좌우에 날선 어떤 검보다도 예리하여 혼과 영과 및 관절과 골수를 찔러 쪼개기까지 하며 또 마음의 생각과 뜻을 판단하나니(12절)." 히브리서 저자는 "안식에 들어가기를 힘쓰라" 권고하며, 그 근거를 하나님의 말씀에 두었다. 말씀은 '로고스(logos)'로 하나님이 하시는 모든 말씀을 말한다. 특히 예수 그리스도를 통해 하신 말씀을 가리킨다.

그는 하나님의 말씀에 5가지 특징이 있다고 말한다.

첫째, 하나님의 말씀은 살아 있다(living). 헬라어로 '자오(zao, to live)'로 생명력(life)이 넘친다는 것이다.

둘째, 하나님의 말씀은 활력이 있다. 활력은 '에네르게스(energes)'로 '힘,' '에너지'가 넘친다(energizing, powerful)는 뜻을 가지고 있다. 하나님의 말씀은 그만큼 활동적(active)이고 능력 있게 역사한다(full of acting power)는 말이다.

셋째, 좌우에 날선 어떤 검보다 예리하다. 어떤 쌍날칼보다도 더 날카롭다(sharper than any two-edged sword).

넷째, 그래서 하나님의 말씀은 혼과 영과 및 관절과 골수를 찔러 쪼개기까지 한다. 사람의 마음을 꿰뚫어 혼(soul, 영혼)과 영(spirit, 정신)을 갈라놓고, 관절(joints)과 골수(marrow)를 쪼갠다. 관절과 골수는 우리 몸의 가장 깊은 부분이다. 그 깊은 것까지 다, 마음 구석구석에 있는 것도 다 드러낼 수 있다는 말이다.

끝으로, 마음의 생각(thoughts)과 뜻(intentions, attitudes)을 판단하신다(judge, discern). 그 마음속에 품은 생각과 속셈을 다 드러내신다(exposing).

"지으신 것이 하나도 그 앞에 나타나지 않음이 없고 우리의 결산을 받으실 이의 눈앞에 만물이 벌거벗은 것 같이 드러나느니라(13절)." 피조물치고 창조주 하나님 앞에 드러나지 않는 것이 없다. 그 앞에서는 아무것도 숨길 수가 없다. 그분은 모든 것을 알고 계시기 때문이다.

나아가 우리는 언젠가 그의 결산, 곧 그분 앞에서 심판을 받아야 한다. 결산을 헬라어로 '로고스(logos)' 라 했다. 이것은 각자의 계정(account)에 대한 진술(statement)이 있어야 함을 말한다. 그 때 우리가 모든 것을 고백해야 할 그분의 눈앞에는 모든 것이 벌거숭이로 드러나게(open and laid bare) 된다.

2. 믿는 도리를 굳게 잡고 은혜의 보좌 앞에 담대히 나아가라(14-16)

"그러므로 우리에게 큰 대제사장이 계시니 승천하신 이 곧 하나님의 아들 예수시라 우리가 믿는 도리를 굳게 잡을지어다(14절)." 우리에게는 위대한 대제사장(great high priest)이 계신다. 그는 하늘로 올라가신 이시고 하나님의 아들이시다. 그러므로 우리는 그분에 대한 신앙을 굳게 지켜야 한다. 큰 대제사장에 대해서는 히브리서 2장 17절에서 3장 1절까지 언급되어 있다.

왜 '그러므로' 라 했을까? 당시 예수를 그리스도로 믿는 교인 중 일부가 조그마한 어려움에 처하자 다시 유대교로 돌아간 사람들이 있었다. 히브리서 3장 12절의 말씀 "너희 중에 누가 믿지 아니하는 악심을 품고 살아 계신 하나님에게서 떨어질까 염려할 것이요" 라는 말씀이 이것을 입증한다. 교회에서 떨어져 나간 사람들이 종종 교회에 대해 더 적대적이었고, 한 번 옛날로 돌아가면 다시 교회로 돌아오기 어려웠다. 따라서 예수로부터 떨어져 나가지 않도록 할 필요가 있다.

"우리에게 큰 대제사장이 있으니 예수시라." '우리에게 큰 대제사장이 있다' 는 것은 우리에게 위로와 소망을 갖게 하실 분이 있으며 그분이 바로 예수라는 것을 강조하고 있다. 우리가 놓치지 않고 끝까지 붙들어야 할 분이 그분이다.

제사장은 하나님과 사람 사이에 서서 사람에게 좋은 온갖 것을 하나님으로부터 가져다준다. 대제사장은 이 제사장가운데 가장 대표가 된다는 의미를 가지고 있다. 그분이 우리의 죄를 용서받도록 하고, 은혜를 받도록 한다. '큰' 대제사장은 '완전한' 이라는 의미를 가지고 있다. 예수님은 참 하나님과 참사람으로써 둘 사이를 중보하시는 완전한 대제사장이다.

> "예수는 영원히 계시므로 그 제사 직분도 갈리지 아니하나니 그러므로 자기를 힘입어 하나님께 나아가는 자들을 온전히 구원하실 수 있으니 이는 그가 항상 살아서 저희를 위하여 간구하심이니라"(히 7:24, 25).

조그마한 시련에 넘어지지 말고 이 완전한 대제사장 예수를 항상 바라보아야 한다. 불안할 때, 믿음이 흔들릴 때, 고통스러울 때마다 "우리에게는 대제사장 예수 그리스도가 있다"고 외칠 수 있어야 한다.

"우리가 믿는 도리를 굳게 잡을지어다." 예수 그리스도가 우리의 큰 대제사장이심을 믿는 성도는 무엇보다 예수 그리스도를 굳게 붙잡아야 한다. '굳게 잡는다(hold firmly)' 는 헬라어 '크라테오(krateo)' 는 '놓치거나 빼앗기지 않으려고 힘을 주어 움켜잡는 상태' 를 의미한다.

'믿는 도리(the faith we profess)' 는 예수 그리스도가 대제사장이심을 굳게 믿는 신앙고백(homologia, confession)을 말한다. 히브리서 3장 1절도 "그러므로 함께 하늘의 부르심을 입은 거룩한 형제들아 우리의 믿는 도리의 사도시며 대제사장이신 예수를 깊이 생각하라"고 말하고 있다.

"우리에게 있는 대제사장은 우리의 연약함을 동정하지 못하실 이가 아니요 모든 일에 우리와 똑같이 시험을 받으신 이로되 죄는 없으시니라(15절).” 우리의 대제사장은 연약한 우리의 사정을 몰라주시는 분이 아니다. 우리와 마찬가지로 모든 일에 유혹을 받으신 분이다. 그러나 죄는 짓지 않으셨다.

“우리의 연약함을 동정하지 못하실 이가 아니요.” 예수를 붙잡으면 큰 위로와 평안을 얻는다. 우리의 연약함을 체휼(體恤), 곧 동정하실 수 있는(able to sympathize with our weakness) 분이기 때문이다. ‘우리의 연약함을 동정하신다’ 는 것은 주님이 우리의 약함을 이해하시고(understand our weakness) 동지적인 느낌(a fellow feeling)을 가지신다는 뜻이다.

“모든 일에 우리와 똑같이 시험을 받은 이로되 죄는 없으시니라.” 이 말씀은 예수님이 우리를 왜 동정하실 수 있는가를 입증하는 말씀이다. 상대를 이해하려면 무엇보다 그 사람의 처지에 들어가 그 사람이 왜 그런가를 알아야 한다. 주님은 이 땅에서 우리가 당한 고난 이상으로 고통과 슬픔, 가난과 두려움에 처했었다. 심지어 그분은 우리를 위해 죽으셨다. 이런 모든 고통을 몸소 경험하셨기 때문에 그분은 우리를 이해하고 도우실 수 있다. “자기가 시험을 받아 고난을 당하셨은즉 시험 받는 자들을 능히 도우시느니라”(히 2:18). 주님은 이미 고난을 당해 보셨으므로 우리를 너무 잘 아신다. 그러나 죄는 없으시다. 따라서 우리는 우리의 처지를 이해하고 이로부터 구해 주실 수 있는 주님을 바라보아야 한다.

“그러므로 우리는 긍휼하심을 받고 때를 따라 돕는 은혜를 얻기 위하여 은혜의 보좌 앞에 담대히 나아갈 것이니라(16절).” 히브리서 저자는, 그러므로 우리는 불쌍히 여기심을 받고 때를 따라 도우시는 은혜를 받기 위하여 담대하게 은혜의 보좌(the throne of grace), 곧 하나님의 보좌로 가까이 나아가자고 말한다. 그러면 우리는 하나님의 자비와 은총을 받아서 필요할 때에 도움을 받게 될 것이다.

"긍휼하심을 받고 때를 따라 돕는 은혜를 얻기 위하여(find grace to help)." '때를 따라(in time of need)' 는 '때를 맞추어(eukairos, timely)' 라는 말이다. 은혜에는 우리의 요구대로 주시는 은혜가 있고, 하나님의 방법과 시간에 따라 주시는 은혜가 있다. 하나님은 우리가 필요할 때 구하면 즉각 응답하기도 하신다. 이것이 우리의 요구대로 주시는 은혜이다. 이와 달리 우리가 기도를 해도 바로 응답하지 않으시는 경우가 있다. 이것은 하나님의 방법과 때가 있기 때문이다. 하나님의 때를 기다리기 위해서는 굉장한 인내가 필요하다. 하나님은 가장 필요한 때에 때를 맞추어 우리를 도우신다.

"은혜의 보좌 앞에 담대히 나아갈 것이니라." '은혜의 보좌' 는 우리에게 은혜를 주시려고 그 은혜를 넘치도록 쌓아놓고 우리를 기다리시는 곳이다. "우리 주의 은혜가 그리스도 예수 안에 있는 믿음과 사랑과 함께 넘치도록 풍성하였도다(딤전 1:14)." 그리스도는 하나님 보좌 우편에 앉아 계신다(히 8:1;12:2). 그를 믿는 주의 백성은 그 보좌 앞, 은혜의 자리로 들어갈 수 있다.

'담대히(with confidence, with boldness)' 는 '자신감을 가지고' 다. 대제사장 예수 그리스도를 의지하고 당당하게 나아가라는 것이다. 구약의 대제사장은 1년에 한 번 백성들의 죄를 속량하기 위해 지성소 안에 들어간다. 그 안에 들어갈 때 너무나 두려워했고, 죽지 아니할까 벌벌 떨며 들어간다. 속설에 의하면 대제사장이 발목에 끈을 묶고 들어간다고 한다. 죽으면 끌어내기 위한 것이다. 다른 제사장이 들어가다 혹시 하나님이 노하시어 죽지 아니할까 두렵기 때문이었다. 그러나 우리는 주님 앞에 나아갈 때 그럴 필요가 없다. 주님은 하나님이시요 우리의 모든 죄를 자신의 피로 사신 우리의 아버지이시기 때문이다. '나아간다(approach)' 는 것은 끊임없이 예수 그리스도를 찾는다는 뜻을 가지고 있다. '나아간다' 는 현재동사이다. 우리가 끊임없는 기도로 주의 이름을 부르며 은혜의 보좌 앞에 계속 담대히 나가야 한다.

제5장

그리스도가 대제사장이신 근거와 믿음의 진보를 위한 호소

요약

1. 그리스도가 대제사장이신 근거(1-10절)

1) (대제사장) 대제사장마다 사람 가운데서 택한 자이므로 하나님께 속한 일에 사람을 위하여 예물과 속죄하는 제사를 드리게 함.
2) 그가 무식하고 미혹된 자를 능히 용납할 수 있는 것은 자기도 연약에 휩싸여 있음이라
3) 그러므로 백성을 위하여 속죄제를 드림과 같이 또한 자신을 위하여도 드리는 것이 마땅함.
4) 이 존귀는 아무도 스스로 취하지 못하고 오직 아론과 같이 하나님의 부르심을 받은 자라야 할 것임.
5) (멜기세덱의 반차를 따른 대제사장 그리스도) 그리스도께서 대제사장 되심도 스스로 영광을 취하심이 아니요 오직 말씀하신 이가 그에게 이르시되 너는 내 아들이니 내가 오늘 너를 낳았다 하셨고 또한 네가 영원히 멜기세덱의 반차를 따르는 제사장이라 하셨음.
6) 그는 육체에 계실 때에 자기를 죽음에서 능히 구원하실 이에게 심한 통곡과 눈물로 간구와 소원을 올렸고 그의 경건하심으로 말미암아 들으심을 얻었음.
7) 그가 아들이시면서도 받으신 고난으로 순종함을 배워서 온전하게 되셨은즉 자기에게 순종하는 모든 자에게 영원한 구원의 근원이 되시고 하나님께 멜

기세덱의 반차를 따른 대제사장이라 칭하심을 받으셨음.

2. 믿음의 진보를 위한 호소(11-14절)

1) (듣는 것이 둔함) 멜기세덱에 관하여는 우리가 할 말이 많으나 너희가 듣는 것이 둔하므로 설명하기 어려움.
2) 때가 오래 되었으므로 너희가 마땅히 선생이 되었을 터인데 너희가 다시 하나님의 말씀의 초보에 대하여 누구에게서 가르침을 받아야 할 처지이니 단단한 음식은 못 먹고 젖이나 먹어야 할 자가 되었음.
3) (젖을 먹는 자와 단단한 음식을 먹는 자) 젖을 먹는 자마다 어린 아이니 의의 말씀을 경험하지 못한 자요 단단한 음식은 장성한 자의 것이니 그들은 지각을 사용함으로 연단을 받아 선악을 분별하는 자들임.

---

1. 그리스도가 대제사장이신 근거(1-10절)

1-4절에서 히브리서 저자는 그리스도가 우리의 완전하신 대제사장이심을 증거 하기 위해 먼저 대제사장의 자격을 논하였다. 대제사장은 사람들을 하나님 앞으로 인도하는 자로 사람들 중에서 선택된 대표자이다(1절). 대제사장은 자신을 연약한 자로 알고 백성을 동정할 수 있는 자여야 한다(2절). 대제사장은 하나님의 주권적 임명에 의해 세움을 받은 자다(4절). 대제사장은 사람이어야 하고, 하나님의 부르심을 받아야 한다.

나아가 히브리서 저자는 5-10절을 통해 앞에서 논한 대제사장의 자격을 그리스도에게 적용시킨다. 5-6절을 통해 먼저 그리스도께서 하나님의 부르심을 받았음을 밝히고 있다. 저자는 그리스도와 아론 계통의 관계를 설명하고 히브리서 7장에서 발전되는 멜기세덱의 계통을 소개하였다. 그리스도께서 대제사장이 되신 것은 구약의 아론 계통의 대제사장처럼 하나님의 임명에 의한 것이다. 히브리서 저자는 이를 입증하기 위해 시편 2:7과 시편 110:4를 인용하였다. 7-10절에서는 그리스도가 육신을 입고 사람의 모습을 취하셨음을 밝히고 있다.

"대제사장마다 사람 가운데서 택한 자이므로 하나님께 속한 일에 사람을 위하여 예물과 속죄하는 제사를 드리게 하나니(1절)." 대제사장은 사람들 가운데서 뽑혀(selected) 그 사람들을 대표하여 하나님을 섬기는 일을 맡은 사람이다. 그는 속죄를 위해 예물(gifts)과 속죄의 제사(sacrifice)를 드린다. 예물과 희생제물을 바친다. 예물은 소제물과 연관된다. 대제사장은 사람들 중에서 택함을 받아 하나님을 섬기는 대표자임을 강조하고 있다.

"그가 무식하고 미혹된 자를 능히 용납할 수 있는 것은 자기도 연약에 휩싸여 있음이라(2절)." 대제사장은 자기도 연약한 인간이므로 무지하거나(ignorant) 유혹에 빠진(wayward, out of way) 사람들을 동정할 수 있다. 이것은 대제사장의 자격으로서 자기도 연약하기 짝이 없는 인간인 줄 알고 무식한자나 잘못을 범하는 자를 너그럽게 대할 수 있어야 한다는 것을 말해주고 있다.

"그러므로 백성을 위하여 속죄제를 드림과 같이 또한 자신을 위하여도 드리는 것이 마땅하니라(3절)." 대제사장 자신 또한 이렇게 연약하기 때문에 백성의 죄를 위해 속죄의 제사를 드리듯 자기 자신을 위해서도 속죄의 제사를 드려야 한다. 대제사장이라고 예외는 아니란 말씀이다.

대제사장은 속죄일에 자기와 자기 가족의 죄를 속하기 위해 수송아지를 드리고, 그 다음에 백성들의 죄를 속하기 위해 염소를 바치도록 되어있다(레 16:6,7). 그러나 그리스도는 죄가 없으시기 때문에 자신을 위해 속죄제를 드릴 필요가 없었다(히 7:27).

"이 존귀는 아무도 스스로 취하지 못하고 오직 아론과 같이 하나님의 부르심을 받은 자라야 할 것이니라(4절)." 이 존귀(this honor), 곧 영광스러운 직분은 자기 스스로 얻는 것이 아니라 아론처럼 하나님의 부르심을 받아야만 (called by God) 한다. 대제사장의 자격으로 하나님의 부르심을 받아야 한다는 것을 강조하고 있다. 대제사장이 되고 싶다고 해서 자기 스스로 취하는 (take) 직분이 아니라는 말이다. 하나님의 부르심에 따라 직분을 수행하기 때문에 영광스러운 직분이다.

"또한 이와 같이 그리스도께서 대제사장 되심도 스스로 영광을 취하심이 아니요 오직 말씀하신 이가 그에게 이르시되 너는 내 아들이니 내가 오늘 너를 낳았다 하셨고(5절)." 이와 같이 그리스도께서도 대제사장의 영광스러운 직분을 스스로 차지하신 것이 아니다. 하나님은 그에게 "너는 내 아들이다. 오늘 내가 너를 낳았다(시 2:7)." 하셨다. 하나님께서 주신 영광스러운 자리라는 것이다. 히브리서 저자는 이를 입증하기 위해 시편 2:7을 인용하였다. 이것은 그리스도께서 하나님의 아들로서 높아지셨다는 것과 밀접하게 연관된다.

"또한 이와 같이 다른 데서 말씀하시되 네가 영원히 멜기세덱의 반차를 따르는 제사장이라 하셨으니(6절)." 또 성경의 다른 곳을 보면 "너는 멜기세덱의 계열에 속한 영원한 대제사장이다." 하셨다. 이것은 시편 110:4을 인용한 것이다. 이 말씀을 인용한 것은 그리스도의 대제사장 직이 아론의 것과는 다르다는 것을 보여주기 위한 것이다. 즉, 그리스도의 대제사장직은 영원하며 멜기세덱(Melchizedek)의 계통을 따른다는 것이다. 멜기세덱은 창세기 14장에 나오는 인물로 그의 이름은 '의의 왕' 이란 뜻을 가지고 있다. 반차(班次, the order, rank)는 계열, 계통이라는 뜻이다.

"그는 육체에 계실 때에 자기를 죽음에서 능히 구원하실 이에게 심한 통곡(loud cries)과 눈물(tears)로 간구와 소원을 올렸고 그의 경건하심으로 말미암아 들으심을 얻었느니라(7절)." 예수님은 인간으로 이 세상에 계실 때 자기를 죽음에서 구원해 주실 분, 곧 성부 하나님께 크게 부르짖으며 눈물로 기도

(prayers)와 소원(supplication)을 올렸다. 하나님께서는 그의 경건하심(godly fear), 곧 당신을 경외하는 마음과 경건한 복종을 보시고 그의 간구를 들어주셨다. 하나님으로부터 응답을 받은 것이다.

7-10절은 대제사장의 자격인 '사람' 이라는 요건을 그리스도께서 완전히 충족시키고 있음을 말해주고 있다. 그리스도는 완전한 사람으로서 대제사장의 자격인 '사람됨' 과 '하나님의 부르심' 을 충족시킴으로써 우리의 참대제사장이 되셨다.

"그가 아들이시면서도 받으신 고난으로 순종함을 배워서(8절)." 예수님은 하나님의 아들이셨지만 몸소 여러 가지 고난을 겪음으로써 복종하는 것을 배우셨다(learned obedience). 고난을 통한 순종이다. 그리스도께서 순종함을 배웠다는 것은 그가 불완전했기 때문에 새로운 것을 습득했다는 뜻이 아니다. 그리스도에게는 처음부터 순종의 원리가 배어 있었다. 따라서 이 말은 그리스도 자신 안에 있는 순종의 원리를 삶에서 구체화시켰다는 뜻을 담고 있다.

"온전하게 되셨은즉 자기에게 순종하는 모든 자에게 영원한 구원의 근원이 되시고(9절)." 그리고 완전하게 되신 후에 당신에게 순종하는 모든 사람을 위해서 영원한 구원의 근원(the source of eternal salvation)이 되셨다. '온전하게 되셨다(made perfect)' 는 것은 대제사장 직분 수행에 적합하게 되셨다는 것이다. 온전하게 된 것은 도덕적 완성이 아니라 그 직분에 대한 완전한 적합성을 의미한다.

"하나님께 멜기세덱의 반차를 따른 대제사장이라 칭하심을 받으셨느니라(10절)." 예수님은 성부 하나님으로부터 멜기세덱의 계열에 속한 대제사장이란 말을 들었다. 성부 하나님으로부터 멜기세덱의 계통을 따른 대제사장이라 칭하심, 곧 임명을 받으셨다(designated by God)는 말이다.

히브리서 저자는 그리스도가 멜기세덱의 반차를 따른 대제사장임을 강조하고 있다. 예수 그리스도는 아론의 자손과 레위 지파에 속하지 않는다. 그렇다면 그리스도의 대제사장직의 정당성에 대해서는 어떻게 설명할 수 있을까? 저자는 아론의 대제사장 직이 스스로 취한 것이 아니라 하나님의 임명에 의한 것임을 말하고 그리스도가 비록 아론의 계통이 아닐지라도 하나님이 임명하시면 가능하다는 것을 강조하고 있다. 저자는 그 예로 멜기세덱의 경우를 들어 그 타당성을 밝히고, 그리스도가 멜기세덱의 반차를 따른 대제사장이라 칭함을 받았다고 했다.

레위 대제사장과 대제사장 그리스도의 차이

레위 대제사장	대제사장 그리스도
레위 지파	유다 지파
수가 많음	오직 한 분
동물로 제사 드림	자신을 제물로 드림
그들은 죽었음	그리스도는 영원히 사심

2. 믿음의 진보를 위한 호소(11-14절)

"멜기세덱에 관하여는 우리가 할 말이 많으나 너희가 듣는 것이 둔하므로 설명하기 어려우니라(11절)." 멜기세덱에 관해서는 하고 싶은 말이 많다. 하지만 여러분이 듣는 것이 둔하므로(dull of hearing), 다시 말해 깨닫는 것이 둔하기 때문에 지금 여기서 알아듣도록 설명하기 어렵다는 말이다. 히브리서 기자는 멜기세덱에 관해 자세히 말하고 싶다. 하지만 독자들의 지각이 둔하므로 먼저 영적으로 성장할 것을 권면하고 그 후 다시 그에 대해 다시 논하고자 했다. 멜기세덱에 대해서는 7장에 자세히 설명하고 있다.

히브리서 저자는 여기서 멜기세덱에 관해 논하는 것을 중단하고 히브리서

6장 끝까지 만연된 습관이 가져올 필연적 결과에 대해 논하였다.

"때가 오래 되었으므로 너희가 마땅히 선생이 되었을 터인데 너희가 다시 하나님의 말씀의 초보에 대하여 누구에게서 가르침을 받아야 할 처지이니 단단한 음식은 못 먹고 젖이나 먹어야 할 자가 되었도다(12절)." 사실 이 서신을 받는 여러분은 벌써 오래 전부터 신앙생활을 했기 때문에 지금쯤은 남을 가르치는 선생이 되었어야 한다. 그럼에도 불구하고 오히려 하나님의 말씀에 대한 초보(first principles)조차 다시 배워야 할 만큼 영적으로 둔감한 처지에 있다. 말씀의 초보는 기독교의 기초, 곧 이에 대한 지식과 믿음이 없이는 그리스도인이라 할 수 없는 원리(히 6:1,2)를 말한다. 그래서 여러분은 단단한 음식을 먹지 못하고 아직도 젖을 먹어야 할 사람이 되었다. 참으로 안타깝다는 말이다.

왜 영적으로 둔하게 되었을까? 시간이 지남에 따라 많은 유대인들이 예수를 메시아로 인정(행 21:20)했으나 그들은 메시아의 나라를 정치적인 나라로 인식하고 메시아의 통치를 받는 유대 민족은 세계를 지배할 것이라는 유물론적 사상을 소유했다. 따라서 그들의 기독교 신앙은 다분히 정치적 성격을 띤다. 야고보가 죽은 후 이 사상은 예루살렘 교회를 크게 지배했다. 따라서 히브리서 저자는 복음의 기초 원리부터 다시 배워야 하겠다고 말하고 있다.

"이는 젖을 먹는 자마다 어린 아이니 의의 말씀을 경험하지 못한 자요(13절)." 젖을 먹어야 할 사람(anyone who lives on milk)은 아직 어린아이(infant)이다. 어린아이는 의의 말씀(the teaching about righteousness), 곧 의로운 말씀, 참된 말씀을 경험하지 못해(apeiros, inexperienced) 영적으로 옳고 그른 것을 분별할 능력이 없다. 관심이 없었을 수도 있고, 시도를 해보았지만 어떻게 할지 몰라 번번이 실패했었을 수도 있다. 젖을 먹는 사람은 아직도 어린 아이라서 의의 말씀에 익숙지 못하다. 베이비 크리스천(baby

Christian)으론 험난한 삶을 이겨낼 수 없다.

"단단한 음식은 장성한 자의 것이니 그들은 지각을 사용함으로 연단을 받아 선악을 분별하는 자들이니라(14절)." 그러나 성숙해지면 단단한 음식(solid food), 곧 영적인 음식(spiritual food), 하나님 말씀의 더 깊은 것(deeper things of God's word)을 먹게 된다. 성숙한 사람(the mature)은 훈련을 받아서 좋고 나쁜 것을 분간하는 세련된 지각을 가지고 있다. 이 지각(mental faculties)을 사용하여 계속 훈련함으로써(trained by constant use, practicing doing right) 선과 악을 분별할 수 있게 된다.

제6장

소망을 붙잡고 완전한 데로 나아가라 하나님의 약속은 확실하다

요약

1. 완전한 데로 나아가라: 배교에 대한 경고(1-8절)

1) 그러므로 우리가 그리스도의 도의 초보를 버리고 죽은 행실을 회개함과 하나님께 대한 신앙과 세례들과 안수와 죽은 자의 부활과 영원한 심판에 관한 교훈의 터를 다시 닦지 말고 완전한 데로 나아갈지니라. 하나님께서 허락하시면 우리가 이것을 하리라.

2) 한 번 빛을 받고 하늘의 은사를 맛보고 성령에 참여한바 되고 하나님의 선한 말씀과 내세의 능력을 맛보고도 타락한 자들은 다시 새롭게 하여 회개하게 할 수 없나니 이는 그들이 하나님의 아들을 다시 십자가에 못 박아 드러내 놓고 욕되게 함이다.

3) 땅이 그 위에 자주 내리는 비를 흡수하여 밭가는 자들이 쓰기에 합당한 채소를 내면 하나님께 복을 받고 만일 가시와 엉겅퀴를 내면 버림을 당하고 저주함에 가까워 그 마지막은 불사름이 되리라.

2. 끝까지 소망의 풍성함에 이르라: 약속을 기업으로 받으라(9-12절)

1) 우리가 이같이 말하나 너희에게는 이보다 더 좋은 것 곧 구원에 속한 것이 있음을 확신하노라

2) 하나님은 불의하지 아니하사 너희 행위와 그의 이름을 위하여 나타낸 사랑으로 이미 성도를 섬긴 것과 이제도 섬기고 있는 것을 잊어버리지 아니하시

느니라.

3) 우리가 간절히 원하는 것은 너희 각 사람이 동일한 부지런함을 나타내어 끝까지 소망의 풍성함에 이르러 게으르지 아니하고 믿음과 오래 참음으로 말미암아 약속들을 기업으로 받는 자들을 본받는 자 되게 하려는 것임.

3. 하나님의 약속은 확실하다: 약속과 맹세(13-20절)

1) 하나님이 아브라함에게 약속하실 때에 가리켜 맹세할 자가 자기보다 더 큰 이가 없으므로 자기를 가리켜 맹세하여 이르시되 내가 반드시 너에게 복 주고 복 주며 너를 번성하게 하고 번성하게 하리라 하셨더니 그가 이같이 오래 참아 약속을 받았음
2) 사람들은 자기보다 더 큰 자를 가리켜 맹세하나니 맹세는 그들이 다투는 모든 일의 최후 확정임.
3) 하나님은 약속을 기업으로 받는 자들에게 그 뜻이 변하지 아니함을 충분히 나타내시려고 그 일을 맹세로 보증하셨음.
4) 이는 하나님이 거짓말을 하실 수 없는 이 두 가지 변하지 못할 사실로 말미암아 앞에 있는 소망을 얻으려고 피난처를 찾은 우리에게 큰 안위를 받게 하려 하심.
5) 우리가 이 소망을 가지고 있는 것은 영혼의 닻 같아서 튼튼하고 견고하여 휘장 안에 들어가나니 그리로 앞서 가신 예수께서 멜기세덱의 반차를 따라 영원히 대제사장이 되어 우리를 위하여 들어 가셨음.

---

1. 완전한 데로 나아가라(1-8절)

"그러므로 우리가 그리스도의 도의 초보를 버리고 죽은 행실을 회개함과 하나님께 대한 신앙과 세례들과 안수와 죽은 자의 부활과 영원한 심판에 관한 교훈의 터를 다시 닦지 말고 완전한 데로 나아갈지니라(1, 2절)." 따라서 히

브리서 저자는 그리스도에 대한 초보적인 교리(the elementary teachings about Christ, elementary doctrine)에서 벗어나 보다 성숙한 경지로 나아가라고 한다. '그리스도의 도의 초보를 버리라' 는 것은 기독교의 기초를 버리라는 것이 아니다. 오히려 거기서 '떠나(aphiemi, leave)' 더 발전해 나가라는 말이다. 저자가 말하는 초보적 교리는 회개, 신앙, 세례, 안수, 부활, 그리고 심판에 관한 교훈을 말한다. 이와 같은 기초 교리를 다시 배우려 하지 말고 성숙한 데로 나아가라(proceed to the advanced teaching)는 것이다. 이것은 히브리서 저자가 볼 때 수신 대상인 교회가 한 때 가졌던 신앙의 높은 수준에서 떨어져 추구해야 할 목표에서 멀리 벗어난 것으로 보인다.

'죽은 행실' 은 죽음에 이르게 하는 죄악 된 행위(acts that lead to death), 곧 죄를 말한다. 죄, 사망, 비참함을 낳는다는 의미에서 죽은 행실이라 했다. '세례들(baptisms)' 이라고 복수로 표기되었다. 이것을 놓고 물과 성령의 이중적 세례 또는 초대 교회에서 세례를 받을 때 세 번 물에 들어가는 것(침수) 등으로 해석하기도 했다. 하지만 저자는 기독교의 세례를 구약의 씻음(정결의 식)과 비교하기 위해 복수로 사용한 것으로 추정된다.

갓난 아이 때는 그렇다 해도 세월이 흘렀는데도 늘 그런 상태에 머물러 있으면 문제가 있다. 대학교에 다녀야 할 자녀인데 아직도 초등학교 수준에서 벗어나지 못한다면 부모의 심정은 과연 어떠할까. 히브리서 저자는 그들을 향해 마땅히 선생이 되었을 너희가 다시 가르침을 받아야 할 처지가 되었음을 한탄했다. 그래서 그는 이 서신의 수신자들을 향해 '그리스도 도의 초보를 다시 닦지 말고 완전한 데 나아가라' 한 것이다. 초보가 중요하지 않다는 것이 아니라 그 수준에서 머물지 말고 더 성숙한 자리에 나가라는 말이다. 성숙해지면 단단한 음식을 먹게 되고 좋고 나쁜 것을 분간하는 세련된 지각을 가지게 된다. 그 경지까지 나아가라는 것이다.

"하나님께서 허락하시면 우리가 이것을 하리라(3절)." 하나님이 허락하시면 우리는 계속 성장할 수 있고, 성숙한 경지로 나아갈 수 있다. '하나님이 허락하시면(God permitting)' 이란 단서조항이 붙어있다. 더 이상 기초적인 초보에 집착하지 않고 더 깊은 곳으로 나아갈 수 있다는 것이다.

"한 번 빛을 받고 하늘의 은사를 맛보고 성령에 참여한바 되고(4절)." 4-6절은 배반을 경계하는 말씀이다. 4절은 '한번 빛을 받아서(enlightened) 하늘의 선물(heavenly gift)이 주는 기쁨을 맛보고 성령을 나누어 받은 사람들(partaker of the Holy Spirit)' 이 배반을 하는 경우를 말하고 있다.

"하나님의 선한 말씀과 내세의 능력을 맛보고도(5절)." 이어서 '하나님의 말씀의 선하심과 내세의 능력을 맛본 사람들' 이 배반하는 경우를 지적하고 있다. '내세의 능력(the powers of the coming age)' 은 그리스도 재림 이후에 나타날 천국의 능력이다. 이 능력은 그리스도의 초림으로 부분적으로 현세에 나타나고 있다. 예수님 당시 마귀가 쫓겨나고 병을 고치며 기적이 일어나고 부활하신 사건 등은 내세의 능력이 현세에 나타나고 있음을 보여주는 증거이다.

"타락한 자들은 다시 새롭게 하여 회개하게 할 수 없나니 이는 그들이 하나님의 아들을 다시 십자가에 못 박아 드러내 놓고 욕되게 함이라(6절)." 그런 사람들이 배반하고 떨어져 나간다면 그것은 하나님의 아들을 다시 제 손으로 십자가에 못 박아 욕을 보이는 것(public disgrace)과 같다. 따라서 그들에게는 다시 회개하고 새 사람이 될 가망이 없다.

그런 사람들을 히브리서 저자는 '타락한(fall away) 자' 라 했다. 타락한 자는 전적으로 하나님을 떠나 불신앙의 상태로 떨어지는 것을 말한다. 타락한 자들은 4,5절과 같은 은혜를 맛보고도 그리스도의 신적 사역을 믿지 않았다. 이런 경우 그들이 예수님을 직접 십자가에 못 박은 것은 아니라 할지라도 예수님을 다시 못 박고 욕되게 하는 것과 다름이 없다. 따라서 초보 수준에서 머물지 말고 날마다 성숙하며 타락하지 않도록 스스로 조심하라는 것이다.

"땅이 그 위에 자주 내리는 비를 흡수하여 밭가는 자들이 쓰기에 합당한 채소를 내면 하나님께 복을 받고(7절)." 히브리서 저자는 앞 절의 내용을 토지에 비유하여 다시 한 번 설명하고 있다. 7절에서는 땅이 자주 내리는 비를 빨아 들여 농사짓는 사람들에게 유익한 농작물을 내 주면 하나님께서 그 땅을 축복하실 것이다. 열매를 맺는 성도에게는 하나님의 축복이 임한다.

"만일 가시와 엉겅퀴를 내면 버림을 당하고 저주함에 가까워 그 마지막은 불사름이 되리라(8절)." 그러나 가시나무와 엉겅퀴를 내게 되면 그것은 아무 쓸모가 없다. 곧 저주를 받고 마침내 불에 타게 될 것이다. 합당한 열매를 맺지 못하면 저주가 임한다. 8절의 말씀은 "네가 네 아내의 말을 듣고 내가 네게 먹지 말라 한 나무의 열매를 먹었은즉 땅은 너로 말미암아 저주를 받고 너는 네 평생에 수고하여야 그 소산을 먹으리라 땅이 네게 가시덤불과 엉겅퀴를 낼 것이라" 한 창세기 3:17, 18의 말씀을 인용한 것이다.

2. 끝까지 소망의 풍성함에 이르라(9-12절)

"사랑하는 자들아 우리가 이같이 말하나 너희에게는 이보다 더 좋은 것 곧 구원에 속한 것이 있음을 확신하노라(9절)." 9-12절에서는 구원 약속에 대한 소망을 그대로 지켜나가도록 하고 있다. 히브리서 기자는 이 단락에서 어조를 위로 모드로 바꾸었다. 서신의 상대를 향해 '사랑하는 자들'이라 한 것이다. 그들을 사랑하는 형제자매로 부른 것이다. 그리고 우리가 말은 이렇게 하지만 여러분에게는 구원과 관련된 보다 나은 축복이 있음을 확신한다고 했다. 앞서 언급한 타락한 자들과는 다를 것이라는 말이다. 앞 절에서 과격한 어조로 말한 것은 그들이 구원에서 떠났기 때문이 아니다. 경고의 차원에서 강하게 말한 것이다.

“하나님은 불의하지 아니 하사 너희 행위와 그의 이름을 위하여 나타낸 사랑으로 이미 성도를 섬긴 것과 이제도 섬기고 있는 것을 잊어버리지 아니하시느니라(10절).” 하나님은 불의한 분이 아니시다(not unjust). 공정한 분이시란 말씀이다. 그러므로 여러분이 지금까지 성도들을 섬겼고 지금도 섬기면서 주의 이름을 위해 보여 준 형제 여러분의 선행과 사랑을 결코 잊지 않으신다. ‘너의 행위’ 에서 행위(work)는 ‘노동’ 을 나타내는 ‘에르곤(ergon)’ 이다. 이 행위와 사랑은 하나님의 사랑을 바탕으로 한 것이므로 하나님께서 결코 그 수고를 잊지 않으신다는 말이다.

“우리가 간절히 원하는 것은 너희 각 사람이 동일한 부지런함을 나타내어 끝까지 소망의 풍성함에 이르러(11절).” 우리는 여러분 각 사람이 이와 같은 열심을 가지기 바라고, 희망에 대한 확신도 끝까지 간직하기 바란다. ‘동일한 부지런함을 나타내어’ 는 부지런해야 한다는 말이다.

11, 12절은 일관성 있는 신앙을 가질 것을 강조하고 있다. 변덕스런 신앙, 일시적인 신앙이어서는 안 된다. 일관성 있는 신앙은 하나님을 향한 꾸준함이 있는 신앙이다. 이 신앙은 우리를 제자리에 있게 한다. 예수님은 변함이 없다. 언제 어디서나 동일하다. 우리도 신앙에서 일관성 있는 태도를 견지해야 한다.

“게으르지 아니하고 믿음과 오래 참음으로 말미암아 약속들을 기업으로 받는 자들을 본받는 자 되게 하려는 것이니라(12절).” 일관성 있는 신앙을 위해서는 게으르지 않아야 한다. 그리고 믿음과 오래 참음, 곧 믿음과 함께 인내가 필요하다. 그렇게 해서 약속된 것을 받는 사람들을 본 받으라 했다. 부지런함과 믿음과 인내로 하나님께서 약속해 주신 것을 상속받는 사람들이다. 모범적인 신앙인들이다. 아브라함은 오래 참아 약속을 받았다. 모든 것을 아시는 하나님이 계신다는 것을 알기에 우리는 인내해야 한다. “주께서 심지가 견고한 자를 평강에 평강으로 지키시리니 이는 그가 주를 의뢰함이니라(사 26:3)." 심지가 견고한 자는 하늘의 평강을 부어주신다. 흔들리는 신앙을 가져서는 안 된다. 일관성 있는 신앙을 가져야 한다.

3. 하나님의 약속은 확실하다(13-20절)

"하나님이 아브라함에게 약속하실 때에 가리켜 맹세할 자가 자기보다 더 큰 이가 없으므로 자기를 가리켜 맹세하여(13절)." 13-20절은 하나님의 약속이 확실함을 증명하는 내용을 담고 있다. 하나님은 아브라함에게 약속하실 때 자기보다 더 위대한 분이 없었으므로 자기, 곧 당신 자신의 이름으로 맹세하셨다. 이 대목은 창세기 22장에 나온다.

"이르시되 여호와께서 이르시기를 내가 나를 가리켜 맹세하노니 네가 이같이 행하여 네 아들 네 독자도 아끼지 아니하였은즉(창 22:16)."

"이르시되 내가 반드시 너에게 복 주고 복 주며 너를 번성하게 하고 번성하게 하리라 하셨더니(14절)." "내가 너에게 한없는 복을 주어 네 후손이 크게 번성하게 하겠다." 라고 말씀하셨다. 이것은 창세기 22:17, 18을 인용한 것이다.

"내가 네게 큰 복을 주고 네 씨가 크게 번성하여 하늘의 별과 같고 바닷가의 모래와 같게 하리니 네 씨가 그 대적의 성문을 차지하리라 또 네 씨로 말미암아 천하 만민이 복을 받으리니 이는 네가 나의 말을 준행하였음이니라 하셨다 하니라(창 22:17, 18)."

"그가 이같이 오래 참아 약속을 받았느니라(15절)." 아브라함은 끈기 있게 기다리고 참아 결국 하나님이 약속하신 것을 받았다. 아브라함은 오래 참아 하나님의 약속을 얻은 자들의 대표가 되었다. 그는 인내와 믿음으로 일관된 삶을 보냈다.

"사람들은 자기보다 더 큰 자를 가리켜 맹세하나니 맹세는 그들이 다투는 모든 일의 최후 확정이니라(16절)." 사람들이 맹세를 할 때에는 누구나 자기보다 더 위대한 분의 이름으로 맹세를 한다. 그 맹세(the oath)는 말한 것을 확정하여 모든 논쟁(all argument)을 그치게 한다. 최후의 확정(final confirmation)이다. 그 이름이 그만큼 위엄이 있고 크기 때문이다.

"하나님은 약속을 기업으로 받는 자들에게 그 뜻이 변하지 아니함을 충분히 나타내시려고 그 일을 맹세로 보증하셨나니(17절)." 하나님께서도 약속하신 것을 이어받을 사람들(the heirs)에게 당신의 계획이 변하지 않는다는 것(the unchanging nature of his purpose)을 분명히 보여 주시려고 맹세로 이를 보증하셨다. '약속을 기업으로 받는 자들'은 구원을 기업으로 받고 하나님의 작정하심으로 영원한 복락을 받는 자들을 가리킨다. 하나님은 약속을 기업으로 받는 자들에게 맹세로 보증하신 것이 무엇인가에 대해서는 크게 두 가지 해석이 있다. 하나는, 17절을 13, 14절과 연관시킬 경우 하나님이 아브라함에게 하신 약속을 가리킨다. 다른 하나는, 17절을 5:6과 7:21, 22, 28과 연결시킬 경우 하나님께서 맹세로 하신 말씀, 곧 "여호와는 맹세하고 변하지 아니하시리라 이르시기를 너는 멜기세덱의 서열을 따라 영원한 제사장이라 하셨도다(시 110:4)."는 선언을 가리킨다. 문맥을 어디까지 확대하느냐에 해석이 달라질 수 있다.

"이는 하나님이 거짓말을 하실 수 없는 이 두 가지 변하지 못할 사실로 말미암아 앞에 있는 소망을 얻으려고 피난처를 찾은 우리에게 큰 안위를 받게 하려 하심이라(18절)." 하나님은 거짓말을 하실 수 없는 분이기 때문에 그분이 하신 두 가지 사실, 곧 약속과 맹세는 절대로 변하지 않는다. 따라서 그 하나님을 피난처로 삼은(flee to Him) 우리는 큰 안위(strong encouragement),

곧 새로운 용기(new courage)를 얻어 우리 앞에 놓인 희망을 굳게 붙잡을 수 있다. 우리 앞에 있는 희망을 결코 놓치지 말라는 말이다. '두 가지 변하지 못할 사실' 은 17절의 두 가지 해석 결과에 따라 달라진다. 전자의 해석을 따를 경우 이것은 17앞 절에서 밝힌 하나님의 약속과 맹세를 가리킨다. 그러나 후자의 해석을 따를 경우 율법을 받기 이전에 아브라함에게 주어진 맹세(창 22:16)와 율법을 받은 이후의 맹세(시 110:4)를 가리킨다.

"우리가 이 소망을 가지고 있는 것은 영혼의 닻 같아서 튼튼하고 견고하여 휘장 안에 들어가나니(19절)." 우리가 가진 이 확실한 소망, 구원의 소망은 영혼의 닻(anchor of soul)과 같아서 튼튼하고 안전하여(sure steadfast, trustworthy) 하늘 성전의 휘장 안(inner shrine behind curtain), 곧 지성소에까지 들어가게 해준다. 이것은 "여호와께서 모세에게 이르시되 네 형 아론에게 이르라 성소의 휘장 안 법궤 위 속죄소 앞에 아무 때나 들어오지 말라 그리하여 죽지 않도록 하라 이는 내가 구름 가운데에서 속죄소 위에 나타남이니라 아론이 성소에 들어오려면 수송아지를 속죄 제물로 삼고 숫양을 번제물로 삼고"라 한 레위기 16:2, 3을 인용한 것이다. '영혼의 닻' 은 닻이 배를 안전하게 붙들어 두는 것처럼 그리스도 안에 있는 우리의 소망도 안전의 보장을 받는다. 닻이 보이지 않듯 우리에게 약속된 소망도 보이지 않는다. 그것은 하늘의 성소 안에 있기 때문이다. 휘장 안은 지성소로 오직 대제사장만이 1년에 한 번 들어가 하나님과 교제하며 제사를 드리는 곳이다. 희망은 이 거룩한 지성소로 인도하는 중요한 요소다.

"그리로 앞서 가신 예수께서 멜기세덱의 반차를 따라 영원히 대제사장이 되어 우리를 위하여 들어 가셨느니라(20절)." 우리보다 앞서 가신 예수님은 멜기세덱의 계열에 속한 영원한 대제사장이 되셔서 우리를 위해 먼저 그 휘장 안에 들어가셨다.

제7장

하나님의 제사장 멜기세덱과 그 반차를 따른 그리스도

요약

1. 하나님의 제사장 멜기세덱(1-10절)

1) (제사장 멜기세덱) 멜기세덱은 살렘 왕이요 지극히 높으신 하나님의 제사장이라 여러 왕을 쳐서 죽이고 돌아오는 아브라함을 만나 복을 빈자임. 아브라함이 모든 것의 십분의 일을 그에게 나누어 줌.

2) 그 이름을 해석하면 먼저는 의의 왕이요 그 다음은 살렘 왕이니 곧 평강의 왕이요 아버지도 없고 어머니도 없고 족보도 없고 시작한 날도 없고 생명의 끝도 없어 하나님의 아들과 닮아서 항상 제사장으로 있었음.

3) (멜기세덱의 위대성) 이 사람이 얼마나 높은가를 생각해 보라 조상 아브라함도 노략물 중 십분의 일을 그에게 주었느니라

4) 레위의 아들들 가운데 제사장의 직분을 받은 자들은 율법을 따라 아브라함의 허리에서 난 자라도 자기 형제인 백성에게서 십분의 일을 취하라는 명령을 받았으나 레위 족보에 들지 아니한 멜기세덱은 아브라함에게서 십분의 일을 취하고 약속을 받은 그를 위하여 복을 빌었나니 논란의 여지없이 낮은 자가 높은 자에게서 축복을 받음.

5) 또 여기는 죽을 자들이 십분의 일을 받으나 저기는 산다고 증거를 얻은 자가 받았음.

6) 또한 십분의 일을 받는 레위도 아브라함으로 말미암아 십분의 일을 바쳤다고 할 수 있나니 이는 멜기세덱이 아브라함을 만날 때에 레위는 이미 자기

조상의 허리에 있었음이라.

2. 멜기세덱의 반차를 따른 그리스도(11-25절)

1) (아론의 반차가 아닌 멜기세덱의 반차) 레위 계통의 제사 직분으로 말미암아 온전함을 얻을 수 있었으면 (백성이 그 아래에서 율법을 받았으니) 어찌하여 아론의 반차를 따르지 않고 멜기세덱의 반차를 따르는 다른 한 제사장을 세울 필요가 있느냐
2) (그리스도의 영원한 제사장 직분) 제사 직분이 바뀌어졌은즉 율법도 반드시 바뀌어지리니 이것은 한 사람도 제단 일을 받들지 않는 다른 지파에 속한 자를 가리켜 말한 것이라
3) 우리 주께서는 유다로부터 나신 것이 분명하도다 이 지파에는 모세가 제사장들에 관하여 말한 것이 하나도 없고 멜기세덱과 같은 별다른 한 제사장이 일어난 것을 보니 더욱 분명하도다.
4) 그는 육신에 속한 한 계명의 법을 따르지 아니하고 오직 불멸의 생명의 능력을 따라 되었으니 증언하기를 네가 영원히 멜기세덱의 반차를 따르는 제사장이라 하였도다.
5) 전에 있던 계명은 연약하고 무익하므로 폐하고(율법은 아무 것도 온전하게 못할지라) 이에 더 좋은 소망이 생기니 이것으로 우리가 하나님께 가까이 가느니라
6) (맹세로 되신 제사장) 예수께서 제사장이 되신 것은 맹세 없이 된 것이 아니니 그들은 맹세 없이 제사장이 되었으되 오직 예수는 자기에게 말씀하신 이로 말미암아 맹세로 되신 것이라 주께서 맹세하시고 뉘우치지 아니하시리니 네가 영원히 제사장이라 하셨도다) 이와 같이 예수는 더 좋은 언약의 보증이 되셨느니라
7) (영원한 제사장) 제사장 된 그들의 수효가 많은 것은 죽음으로 말미암아 항상 있지 못함이로되 예수는 영원히 계시므로 그 제사장 직분도 갈리지 아니하느니라
8) (온전한 제사장) 그러므로 자기를 힘입어 하나님께 나아가는 자들을 온전히

구원하실 수 있으니 이는 그가 항상 살아 계셔서 그들을 위하여 간구하심이라

3. 우리에게 합당하신 대제사장 예수 그리스도(26-28절)

1) 이러한 대제사장은 우리에게 합당하니 거룩하고 악이 없고 더러움이 없고 죄인에게서 떠나 계시고 하늘보다 높이 되신 이라
2) (단번에 자기를 드려 이루신 제사장) 그는 저 대제사장들이 먼저 자기 죄를 위하고 다음에 백성의 죄를 위하여 날마다 제사 드리는 것과 같이 할 필요가 없으니 이는 그가 단번에 자기를 드려 이루셨음이라
3) 율법은 약점을 가진 사람들을 제사장으로 세웠거니와 율법 후에 하신 맹세의 말씀은 영원히 온전하게 되신 아들을 세우셨느니라.

---

1. 하나님의 제사장 멜기세덱(1-10절)

히브리서 7장은 그리스도는 멜기세덱의 계통을 이어 영원한 대제사장이 되셨음을 밝히고 있다. 이 7장은 히브리서의 중앙에 위치할 뿐 아니라 히브리서 전체에서 중심부라 할 만큼 중요한 장이다. 히브리서 저자는 그리스도의 그림자였던 멜기세덱을 통해 그리스도의 대제사장 직이 레위의 제사장 직보다 우월하다는 것을 적극적으로 논증하고 있다.

1-3절은 창세기 14:17-20의 내용을 중심으로 멜기세덱이 제사장이며 왕임을 말해주고 있다. 4-10절은 멜기세덱의 제사장 직이 레위 지파 제사장 직보다 우월하다는 것을 보여주고 있다.

제사장을 모세 이전 시대, 모세 시대, 왕권시대, 그리스도로 구분해보면 다음과 같다.

- 모세 이전 시대: 가장이 제사장이 되어 제사를 드렸다. 부족사회를 이루자 부족의 왕이 제사장 겸 왕이 되었다.
- 모세 시대: 민족을 형성하고, 나라를 조직했으며, 의식을 제정했다. 레위 지파가 세습 제사장이 되었다.
- 왕권 시대: 그 후 다른 지파(베냐민, 유다)에서 왕이 되었다. 정치와 종교가 분리되었다.
- 그리스도: 왕과 제사장을 겸하였다.

"이 멜기세덱은 살렘 왕이요 지극히 높으신 하나님의 제사장이라 여러 왕을 쳐서 죽이고 돌아오는 아브라함을 만나 복을 빈자라(1절)." 멜기세덱은 살렘(Salem) 왕이며 가장 높으신 하나님의 제사장이었다. 살렘은 도시 이름으로 '평화,' '평강' 이라는 뜻을 가지고 있다. 그는 지극히 높으신 하나님(God Most High)의 제사장이었다. 지극히 높으신 하나님의 제사장 멜기세덱은 모세 율법 이전의 제사장으로 왕 직을 겸하였다. 그는 그리스도의 왕직과 제사장직의 그림자이다. 그는 여러 왕들을 무찌르고 돌아오는 아브라함을 맞아 축복해 주었다. 이 내용은 창세기 14:17-20에 기록되어 있다. 히브리 전설에 따르면 그는 셈족으로 그 때 가장 나이가 많은 분이었다. 그는 장차 오실 영원한 제사장이며 왕이신 분의 모형(그림자)이다.

"아브라함이 모든 것의 십분의 일을 그에게 나누어 주니라 그 이름을 해석하면 먼저는 의의 왕이요 그 다음은 살렘 왕이니 곧 평강의 왕이요(2절)." 아브라함도 모든 전리품의 10분의 1을 그에게 나누어 주었다. 멜기세덱의 이름을 번역하면 '의(justice)의 왕' 이라는 뜻이고 살렘 왕은 '평화(peace)의 왕' 이라는 뜻이다. 이 절은 창세기 14:18을 인용한 것이다. 멜기세덱의 원형이신 그리스도도 의(사 11:4;렘 23:5)와 평강(사 9:6;미 5:5)의 성격을 띠고 있다.

"아버지도 없고 어머니도 없고 족보도 없고 시작한 날도 없고 생명의 끝도 없어 하나님의 아들과 닮아서 항상 제사장으로 있느니라(3절)." 그는 아버지나 어머니에 관한 족보의 기록이 없다(no record). 생애의 시작도 끝, 곧 태어난 날(출생일)과 죽은 날(사망일)에 관한 기록도 없다. 이것은 구약에 그런 기록이 없음을 의미한다. 그러기 때문에 영원한 인물, 영원한 제사장으로 생각되었다. 이것은 마치 하나님의 아들을 방불케(resembling) 한다. 이런 점에서 멜기세덱은 그리스도의 모형이기도 하다. 여기서 '하나님의 아들' 은 그리스도, 특히 그의 신성을 가리킨다. '하나님의 아들과 닮아서' 는 멜기세덱이 그리스도의 신성을 나타내는 그림자임을 보여준다. 그는 항상 제사장(priest forever)으로 있었다. 멜기세덱의 부모나 족보, 생명의 시작과 끝의 기록이 없다는 것은 신성 면에 있어서 그리스도가 부모나 족보나 생명의 시작과 끝이 없으신 것과 유사하다는 것이다. 하지만 그리스도는 인성 면에서는 부모, 족보, 생명의 시작과 끝이 있었다.

"이 사람이 얼마나 높은가를 생각해 보라 조상 아브라함도 노략물 중 십분의 일을 그에게 주었느니라(4절)." 히브리서 저자는 멜기세덱이 얼마나 훌륭한 자인가를 생각해 보라 한다. 그 이유 첫째로, 우리 조상 아브라함까지도 모든 전리품 가운데 가장 좋은 것의 10분의 1을 그에게 바쳤다고 말한다. 두 번째 이유는 6절에 소개된다. 멜기세덱이 그것을 취하고 아브라함에게 복을 빌었다는 것이다.

"레위의 아들들 가운데 제사장의 직분을 받은 자들은 율법을 따라 아브라함의 허리에서 난 자라도 자기 형제인 백성에게서 십분의 일을 취하라는 명령을 받았으나(5절)." 레위 자손들도 같은 아브라함의 후손들이지만 제사장직을 맡았기 때문에 동족인 이스라엘 백성들로부터 수입의 십분의 일을 받을 수 있도록 율법이 규정하고 있다. '아브라함의 허리(the loins of Abraham)에서 난 자' 는 아브라함의 자손을 뜻한다.

"레위 족보에 들지 아니한 멜기세덱은 아브라함에게서 십분의 일을 취하고 약속을 받은 그를 위하여 복을 빌었나니(6절)." 그러나 멜기세덱은 레위의 족보에 들지 않았는데도 아브라함에게서 10분의 1을 받았고 하나님의 약속을 받은 아브라함을 축복해 주었다. 따라서 멜기세덱은 아브라함의 자손인 레위 지파보다 한층 우월하다는 것이다.

"논란의 여지없이 낮은 자가 높은 자에게서 축복을 받느니라(7절)." 일반적으로 축복은 윗사람이 아랫사람에게 하는 것임은 두말할 것 없다. 이것은 누구도 반박할 수 없는 공인된 원리다. 히브리서 저자는 이러한 원리를 제시함으로써 멜기세덱이 아브라함보다 높다는 것을 다시 한 번 확인하고 있다. 아브라함이 멜기세덱에게 십일조를 바치고 그로부터 축복을 받은 것은 종교적인 관점에서 볼 때 멜기세덱의 우월성을 인정한 것이다.

"또 여기는 죽을 자들이 십분의 일을 받으나 저기는 산다고 증거를 얻은 자가 받았느니라(8절)." 레위 제사장들도 10분의 1을 받았고 멜기세덱도 10분의 1을 받았다는 점에서는 같다. 그러나 레위 제사장들은 언젠가는 죽을 사람들(mortal men)이고 멜기세덱은 성경이 증거 한 바와 같이 영원히 살아있다(live on perpetually). 다시 말해 레위 계통의 제사장들은 30세에서 50세까지 잠시 하나님을 섬기다가 죽었다. 그러나 멜기세덱은 살아있는 동안 계속해서 제사장의 직무를 수행했다. '산다고 증거를 얻은 자(him who is declared to be living)' 는 멜기세덱을 가리키며 '산다고 증거를 얻었다' 는 말은 시편 110:4의 '영원한 제사장' 이라는 기록에 따른 것으로 보인다.

"또한 십분의 일을 받는 레위도 아브라함으로 말미암아 십분의 일을 바쳤다고 할 수 있나니(9절)." 그리고 십일조를 받았던 레위도 아브라함을 통해 10분의 1을 멜기세덱에게 바쳤다고 할 수 있다. 레위가 실제로 멜기세덱에게 바친 것은 아니다. 하지만 아브라함의 자손으로서 아브라함 안에서 10분의 1을 바쳤다고 할 수 있다. 이것은 멜기세덱이 그만큼 탁월하다는 것을 증명하는 말이다.

"이는 멜기세덱이 아브라함을 만날 때에 레위는 이미 자기 조상의 허리에 있었음이라(10절)." 그 이유는 멜기세덱이 아브라함을 만났을 때 레위는 아직 태어나지 않고(not born yet) 자기 조상의 허리(the loins), 곧 몸(the body) 속에 있었기 때문이다.

멜기세덱(Melchizedek)은 히브리서 저자가 그에 대해 할 말이 많지만 인간의 지각이 둔하여 해석하기 어려우므로 언급하지 않겠다고(히 5:11) 말할 만큼 그는 신비의 존재이다. 히브리서 7:3은 그에 대해 "아비도 없고 어미도 없고 족보도 없고"라고 기록하고 있다. 이것은 그가 부모 없이 태어난 존재라기보다 신비적 존재로 놀라운 비밀이 내포되어 있음을 나타내는 말이다. 혈통적으로 세습되는 제사장이 아니라 하나님의 신비한 역사로 성별된 제사장이라는 뜻이다. 이 신비로움이 하나님의 아들 예수를 예표 한다.

멜기세덱이라는 말은 왕이라는 뜻을 가진 '마르키(malki)' 와 의라는 뜻을 가진 '체데크(sedeq)' 가 합쳐진 말로 '의의 왕,' '나의 왕은 의이시다' 로 해석된다. 의의 왕은 그리스도의 예표적 명칭으로 간주된다(사 32:1,17). 그는 그리스도의 그림자로 인식되고 있다. 제사장으로서의 그리스도를 나타내는 예표의 말씀은 다음과 같다.

"네가 영원히 멜기세덱의 반차를 좇는 제사장이라(시 110:4)."

"하나님께 멜기세덱의 반차를 좇은 대제사장이라 칭하심을 받았느니라(히 5:10)."

멜기세덱의 '반차(班次, order)를 좇아' 라는 말은 '--와 같은 점을 따라서' 또는 '--의 유형을 따라서' 라는 뜻이다. 그리스도가 멜기세덱의 특유한 어떤 유형을 따라 제사장이 되었다는 것이다. 원래 제사장이 되려면 아론의 자손이어야 하고(출 28:1이하) 그 족보가 분명히 해야(느 7:63이하) 한다. 그런데 제사장 멜기세덱은 '아비도 없고 어미도 없고 계보가 없는' 모습으로 기록된 것은 불가사의한 일이다. 그러나 그 속에 놀라운 비밀이 담겨 있다. 이것은 멜기세덱의 삶과 그 역할을 빌어 아론의 자손이 아닌 그리스도가 아론의 자손 제사장보다 우월함을 입증하고 있다. 멜기세덱의 반차를 좇는 그리스도의 대제사장적 제사는 아론의 반차를 좇는 레위 계통의 제사보다 우월하고 완전하다는 것을 보여준다. 그리스도의 제사는 하나님의 언약에 바탕을 둔 것이고 죄 없으신 그리스도께서 단번에 드리신 제사이기 때문이다.

멜기세덱은 아브람의 믿음의 행위를 기려 떡과 포도주를 가지고 영접했다. 그는 이 승리가 하나님의 뜻이었음을 확신했다.

"지극히 높으신 하나님의 제사장"에서 '지극히 높으신(Most High)'의 히브리어 '엘 엘리욘(El Elyon)'은 힘과 권위를 지닌, 하나님의 지고하신 주권을 나타낼 때 사용되는 하나님의 명칭가운데 하나이다(민 24:16;시 7:17). 제사장(priest)의 히브리어는 '코헨(kohen)'으로 어근은 불명확하다. 하나님과 사람의 사이를 중개하는 역할을 담당한다.

멜기세덱은 아브람을 축복한다. "천지의 주재시요 지극히 높으신 하나님이여 아브람에게 복을 주옵소서 너의 대적을 네 손에 붙이신 지극히 높으신 하나님을 찬송할지로다." "천지의 주재시요 지극히 높으신 하나님이여"라 말하고 그 하나님을 찬송했다. 이 전쟁에서 이기게 하신 분은 하나님이기 때문이다. 주재(creator)를 나타내는 히브리어 '카나(qanah)'는 창설자, 창조자라는 뜻을 가지고 있다. 우주의 창조주시며 만물을 소유하시는 주인으로 역사의 주관자임을 나타내는 하나님에 대한 명칭이다.

"아브람이 그 얻은 것에서 십분 일을 멜기세덱에게 주니." 십일조의 유래가 이것에서 발생하였다. 자발적으로 드린 최초의 것이다. 이것은 전쟁의 승리가 전적으로 하나님의 은혜임을 잊지 않고 감사함을 담고 있다. 십분 일은 하나님에 대한 아브람의 감사와 멜기세덱의 제사장 직분을 인정한 것에서 비롯된 것이다. 십일조는 모세보다 500년 이전에 실시되었다. 모세도 아브람의 모범을 따라 이를 명했고(신 12:6), 예수님도 십일조에 대해 언급하셨다(눅 11:42). 우리도 하나님이 주신 은혜를 잊지 않고, 오직 주님만 의지하며 살아야 할 것이다. 우리가 축복의 통로가 되려면 하나님이 베푸신 은혜에 감사할 줄 알아야 한다.

2. 멜기세덱의 반차를 따른 그리스도(11-25절)

11-25절에서는 그리스도가 바로 그 멜기세덱의 반차를 따른 제사장임을 밝히면서 결국 그리스도의 제사장직의 우월성을 확증하고 있다. 11-14절에서는 아론의 제사장직의 불완전성에 대해 말하고 있다. 그리고 15-29절에서는 그리스도가 지닌 신성의 속성 가운데 영원성에 근거하여 그리스도의 제사장직의 영원함을 논증하였다.

“레위 계통의 제사 직분으로 말미암아 온전함을 얻을 수 있었으면 (백성이 그 아래에서 율법을 받았으니) 어찌하여 아론의 반차를 따르지 않고 멜기세덱의 반차를 따르는 다른 한 제사장을 세울 필요가 있느냐(11절).” 이스라엘 백성들은 하나님으로부터 레위 계통의 제사장 제도(Jewish priesthood and their laws)를 바탕으로 율법을 받았다. 만일 그 제사장 제도로 완전해질 수 있었다면 아론의 계통이 아니라 멜기세덱의 계통인 또 다른 제사장을 세울 필요가 있었겠는가? 완전해질 수 있다면 그럴 필요가 없었을 것이다. 그러나 새로운 제사장의 반차가 필요하다고 하는 것은 기존 레위 계통의 제사장 직분이 율법의 궁극적인 목적을 온전히 이루지 못했음을 보여주는 것이다. 그들의 제사는 죄를 사하기에는 불충분한 제사였다. 따라서 불완전한 제사일 수밖에 없었다.

제사장을 세운 큰 목표는 사람들을 하나님께 나아가게 하는 것이고, 그들로 하여금 전 생애를 통해 하나님의 은혜와 축복을 마음껏 누리게 하는 것이다. 이런 관점에서 볼 때 레위 계통의 제사장 직분만으로는 이 목적을 온전히 이룰 수 없었다. 따라서 하나님은 레위 계통의 제사장 직분이 세워지고 오래지나 메시야로 말미암은 한 영원한 제사장이 일어날 것을 시편 110:4을 통해 말씀하셨다.

"제사 직분이 바꾸어졌은즉 율법도 반드시 바꾸어지리니(12절)." 제사장 직분이 변하면 그것을 규정하고 있는 율법, 곧 제사장 직분에 관한 율법도 당연히 변경되어야 한다는 말씀이다. 율법은 레위 지파의 제사직에 근거하므로 그 제사직이 변하면 율법도 변할 수밖에 없음을 말한다. 언약도 다른 새 언약으로 바뀐다(히 8:8).

"이것은 한 사람도 제단 일을 받들지 않는 다른 지파에 속한 자를 가리켜 말한 것이라(13절)." 우리가 지금까지 말한 분은 레위 지파가 아닌 다른 지파에 속해 있는 분이고 그 지파에서는 한 사람도 제사장 일을 한 사람이 없다. 이것은 "여호와는 맹세하고 변하지 아니하시리라 이르시기를 너는 멜기세덱의 서열을 따라 영원한 제사장이라 하셨도다(시 110:4)." 말씀처럼 레위 지파가 아닌 다른 지파에 멜기세덱의 반차를 따른 새 제사장이 있다는 것이다.

"우리 주께서는 유다로부터 나신 것이 분명하도다 이 지파에는 모세가 제사장들에 관하여 말한 것이 하나도 없고(14절)." 우리 주님은 분명히 유다 지파의 후손이다. 모세는 한 번도 이 지파에서 제사장이 나올 것이라고 말한 적이 없다. 율법에는 제사장 직이 레위 지파에 한정되었고, 아론의 가문은 레위 지파였다. 그런데 그리스도는 레위 지파가 아닌 유다 지파에서 나셨다.

창세기 49:10에서 그리스도가 유다 지파에서 나실 것이라 예언되었다. 다윗은 유다 지파의 출신으로 유다 지파는 왕 지파였다. 그리스도는 이 유다 지파에서 나신 왕이신 데도 제사장으로서의 직무를 담당하셨다. 그리스도가 왕과 제사장 직무를 함께 할 수 있었던 것은 왕이면서 제사장이었던 멜기세덱의 반차를 따라 나셨기 때문이다.

"멜기세덱과 같은 별다른 한 제사장이 일어난 것을 보니 더욱 분명하도다(15절)." 멜기세덱과 같이 다른 계통의 제사장이 나타난 것을 보니 일은 더욱 명백해졌다. 히브리서 저자는 15절에서부터 그리스도의 제사장 직의 영원성을 논증하기 시작한다.

"그는 육신에 속한 한 계명의 법을 따르지 아니하고 오직 불멸의 생명의 능력을 따라 되었으니(16절)." 그분이 제사장이 되신 것은 율법에 따라 되신 것이 아니고 영원한 생명의 능력(the power of an indestructible life)을 따라 되신 것이다. '육신에 속한 한 계명의 법(legal requirement)' 은 레위 계통의 제사장 직분에 관련된 율법을 말한다. '육신에 속한' 은 이 율법 규정에 외적이며 썩을 수밖에 없는 것들과 관계되었음을 말해준다. 이에 반해 그리스도의 제사장 직은 '불멸의 생명의 능력(power of indestructible life)' 을 따라 된 것이다. 비록 우리의 대제사장이 십자가에서 죽임을 당했다 할지라도 사망이 그를 이길 수 없었다. 사망이 그리스도 안에 있는 생명을 멸할 수 없기 때문이다. 이것이 바로 불멸의 생명의 능력이다. 그의 생명은 영원하다. 이것은 그의 영원한 신성의 속성을 보여준다.

"증언하기를 네가 영원히 멜기세덱의 반차를 따르는 제사장이라 하였도다(17절)." 히브리서 저자는 '너는 멜기세덱의 서열을 따라 영원한 제사장이다' 는 시편 110:4를 인용해 그 증거로 삼았다.

"전에 있던 계명은 연약하고 무익하므로 폐하고(18절)." 전에 있던 계명,

곧 모세의 율법은 연약하고 쓸모가 없어서 폐기되었다. 율법이 값진 기능을 수행했다 하더라도 제사장직과 관련되는 한 연약했고 무익했다. 율법을 그것을 지킨 자라 할지라도 생명을 줄 수 없을 만큼 본질적으로 연약했고, 희생물에 근거하여 하나님께 가까이 나아가게 하는 항구적인 수단을 마련함에 있어서도 아주 무력했다.

"(율법은 아무 것도 온전하게 못할지라) 이에 더 좋은 소망이 생기니 이것으로 우리가 하나님께 가까이 가느니라(19절)." 모세의 율법이 폐기 된 것은 그 율법이 아무것도 완전하게 하지 못했기 때문이다(레 16:16, 히 9:9, 행 13:39). 그래서 우리는 더 좋은 희망을 갖게 되었고 이것으로 우리가 하나님께 가까이 나아간다. 그리스도 안에서의 새로운 소망으로 하나님께 나아가게 된다는 말이다. '더 좋은 소망'은 하나님께 가까이 나아가게 하는 수단이다. 이것은 히브리서 6:18, 19의 계속되는 사상이다. 새 언약은 완전한 구속을 우리에게 확신시켜 주며 우리를 하나님 앞으로 가까이 나아가게 하기(레 10:3, 히 4:16) 때문에 좋은 것이다.

"또 예수께서 제사장이 되신 것은 맹세 없이 된 것이 아니니(20절)." 예수님께서 제사장이 된 것은 약속 없이 된 것이 아니다. 레위 계통의 제사장들은 약속 없이 제사장이 되었다. 그러나 하나님께서는 맹세까지 하시면서 그분을 제사장으로 세워 주셨다.

"(그들은 맹세 없이 제사장이 되었으되 오직 예수는 자기에게 말씀하신 이로 말미암아 맹세로 되신 것이라 주께서 맹세하시고 뉘우치지 아니하시리니 네가 영원히 제사장이라 하셨도다)(21절)." 예수님은 다음과 같은 약속의 말씀에 따라 제사장이 되셨다. 이분을 두고는 맹세하셨다는 기록이 있다는 것이다. "너는 멜기세덱의 계열에 속한 영원한 제사장이다(시 110:4)." 하나님께서 약속하셨으니 그 마음을 바꾸지 않으실 것(not change his mind)이다. 그 맹세는 변하지 않을 것이란 말이다. '맹세로 되신 것이라' 는 말씀은 그리스도께서 제사장이 되신 사실이 영원히 불변하다는 점을 강조한 말이다.

"이와 같이 예수는 더 좋은 언약의 보증이 되셨느니라(22절)." 이렇게 하여 예수님은 더 좋은 계약을 보증해 주시는 분이 되셨다. '더 좋은 언약(a better covenant)' 은 그리스도께서 세우신 언약을 말한다. 예수님은 최후의 만찬에서 새 언약을 세우셨다. "저녁 먹은 후에 잔도 그와 같이 하여 이르시되 이 잔은 내 피로 세우는 새 언약이니 곧 너희를 위하여 붓는 것이라(눅 22:20)." 이 언약은 더 좋은 소망을 제공하며(히 7:19), 더 좋은 제사장을 갖게 한다(히 7:26, 27). 그러므로 예수님은 더 좋은 언약의 보증(surety, guarantee)이 되셨다.

히브리서 저자는 두 개의 언약을 말한다. 하나는 시내 산에서 세운 첫 언약, 곧 옛 언약이다. 다른 하나는 그리스도께서 세우신 두 번째 언약, 곧 새 언약이다. 두 언약의 분기점은 그리스도의 죽음과 승천이다. 그의 승천으로 옛 언약은 끝이 나고 새 언약이 시작된다. 새 언약은 그의 승천으로부터 영원한 상태에 이르고, 모세로부터 그리스도에까지 이르는 옛 언약은 수명을 다하게 된다.

"제사장 된 그들의 수효가 많은 것은 죽음으로 말미암아 항상 있지 못함이로되(23절)." 레위 계통의 제사장들은 다 죽게 마련이어서 한 사람 그 직무를 계속 맡아볼 수 없다. 그래서 많은 제사장이 필요했었다.

"예수는 영원히 계시므로 그 제사장 직분도 갈리지 아니하느니라(24절)." 레위 지파의 제사장들은 죽기 때문에 항상 바뀐다. 하지만 예수 그리스도는 죽지 아니하시므로 다른 사람에게 계승될 필요도 없다. 그의 제사장직은 영원하다는 말이다. 히브리서 저자는 23, 24절을 통해 그리스도의 제사장 직이 레위 지파의 제사장직보다 우월하다는 사실을 논증하고 있다.

"그러므로 자기를 힘입어 하나님께 나아가는 자들을 온전히 구원하실 수 있으니 이는 그가 항상 살아 계셔서 그들을 위하여 간구하심이라(25절)." 따라서 그리스도께서는 그를 통하여 하나님께 나아오는 자들을 온전히 구원하실 수 있다. 그것은 그분이 언제나 살아 계셔서 그들을 위해 중보의 기도를 하고 계시기(intercede for them) 때문이다. 예수님은 우리의 중보자이자 구원자라는 말씀이다. 이에 대해서는 히브리서 8장 6절에 더 자세히 언급되고 있다.

3. 우리에게 합당하신 대제사장 예수 그리스도(26-28절)

"이러한 대제사장은 우리에게 합당하니 거룩하고 악이 없고 더러움이 없고 죄인에게서 떠나 계시고 하늘보다 높이 되신 이라(26절)." 이와 같은 대제사장은 거룩하고 흠도 죄도 없고 죄인들이 미치지 못하는 하늘에 계시므로 우리에게 없어서는 안 될 분이시다. 우리에게는 예수 그리스도라는 대제사장이 필요하다는 말이다. '죄인에게서 떠나 계시고(set apart from sinners)' 는 죄가 없으시다는 주장과 그의 승천을 뜻한다는 주장이 있다. 죄가 없으시다는 주장이 합당하다. '하늘보다 높이 되시는(exalted above the heavens) 이' 는 그리스도가 현재 거하는 곳과 그가 대제사장직을 수행하는 장소를 의미한다. 예수님은 승천하셔서 하나님 우편에 앉아계시고, 영광과 존귀로 관을 쓰셨다.

"그는 저 대제사장들이 먼저 자기 죄를 위하고 다음에 백성의 죄를 위하여 날마다 제사 드리는 것과 같이 할 필요가 없으니 이는 그가 단번에 자기를 드려 이루셨음이라(27절)." 레위 지파의 제사장들은 먼저 자기 죄를 용서 받으려고 희생제물을 드리고 나서 백성의 죄를 위해 제사 드리는 일을 날마다 했다. 대제사장이라도 약점을 가진 죄인이므로 속죄일에 지성소에 들어갈 때 자신과 가족을 위해 수송아지를 제물로 드리고, 그 다음에 백성의 죄를 위하여 염소로 속죄제를 드리도록 되어 있다(레 16:2, 6, 15). 그러나 예수님은 그럴 필요가 없다. 그리스도는 죄가 없으시므로 자신을 위해 속죄 제물을 바칠 필요가 없고, 온 백성을 위해서는 당신 자신을 십자가에서 속죄 제물로 바치심으로써(sacrificed himself on the cross) 단 한번으로(once for all) 그 일을 다 이루셨기(finished all sacrifices) 때문이다.

구약 대제사장의 제사와 대제사장 그리스도의 제사

구약 대제사장의 제사	대제사장 그리스도의 제사
성막: 지상 성소, 손으로 만듦	하늘에 있는 성막: 손으로 만들지 않음
1년에 한 번씩 들어감	오직 한 번
매년 속죄	영원한 속죄
동물의 피를 드림	자기 자신의 피를 드림
육체를 깨끗하게 함	양심을 깨끗하게 함

"율법은 약점을 가진 사람들을 제사장으로 세웠거니와 율법 후에 하신 맹세의 말씀은 영원히 온전하게 되신 아들을 세우셨느니라(28절)." 율법은 약점을 가진 사람들(men who are weak)을 대제사장으로 임명하였다. 즉, 율법을 따라 대제사장이 된 사람들은 약점을 가진 연약한 인간이었다. 제사장직의 특성에 있어서도 완전치 못한 사람들을 제사장으로 세웠다는 말이다.

그러나 율법이 생긴 이 후에 하나님의 맹세의 말씀을 따라 대제사장이 되신 그리스도는 하나님의 아들이시고 영원히 완전한 분이시다. 즉, 율법 후에 온 하나님의 약속은 영원히 완전하게 되신 아들을 대제사장으로 임명하였다. 이것은 히브리서 저자가 그리스도의 대제사장 직이 율법에 따라 세워진 대제사장직보다 훨씬 우월하다는 것을 논증한 것이다.

제8장

새 언약의 대제사장 예수 그리스도

요약

1. 옛 언약과 새 언약(1-9절)

1) (주께서 베푸신 하늘의 참 장막) 지금 우리가 하는 말의 요점은 이러한 대제사장이 우리에게 있다는 것이라 그는 하늘에서 지극히 크신 이의 보좌 우편에 앉으셨으니
2) 성소와 참 장막에서 섬기는 이시라 이 장막은 주께서 세우신 것이요 사람이 세운 것이 아니니라
3) 대제사장마다 예물과 제사 드림을 위하여 세운 자니 그러므로 그도 무엇인가 드릴 것이 있어야 할지니라
4) (땅의 제사장) 예수께서 만일 땅에 계셨더라면 제사장이 되지 아니하셨을 것이니 이는 율법을 따라 예물을 드리는 제사장이 있음이라
5) 그들이 섬기는 것은 하늘에 있는 것의 모형과 그림자라 모세가 장막을 지으려 할 때에 지시하심을 얻음과 같으니 이르시되 삼가 모든 것을 산에서 네게 보이던 본을 따라 지으라 하셨느니라
6) (더 아름다운 직분, 더 좋은 약속, 더 좋은 언약) 그러나 이제 그는 더 아름다운 직분을 얻으셨으니 그는 더 좋은 약속으로 세우신 더 좋은 언약의 중보자시라
7) (새 언약) 저 첫 언약이 무흠하였더라면 둘째 것을 요구할 일이 없었으려니와 그들의 잘못을 지적하여 말씀하시되 주께서 이르시되 볼지어다 날이 이

르리니 내가 이스라엘 집과 유다 집과 더불어 새 언약을 맺으리라
8) 또 주께서 이르시기를 이 언약은 내가 그들의 열조의 손을 잡고 애굽 땅에서 인도하여 내던 날에 그들과 맺은 언약과 같지 아니하도다 그들은 내 언약 안에 머물러 있지 아니하므로 내가 그들을 돌보지 아니하였노라

2. 더 나은 새 언약(10-13절)

1) 주께서 이르시되 그 날 후에 내가 이스라엘 집과 맺을 언약은 이것이니 내 법을 그들의 생각에 두고 그들의 마음에 이것을 기록하리라 나는 그들에게 하나님이 되고 그들은 내게 백성이 되리라
2) 또 각각 자기 나라 사람과 각각 자기 형제를 가르쳐 이르기를 주를 알라 하지 아니할 것은 그들이 작은 자로부터 큰 자까지 다 나를 앎이라
3) 내가 그들의 불의를 긍휼히 여기고 그들의 죄를 다시 기억하지 아니하리라 하셨느니라.
4) 새 언약이라 말씀하셨으매 첫 것은 낡아지게 하신 것이니 낡아지고 쇠하는 것은 없어져 가는 것이니라.

---

1. 옛 언약과 새 언약(1-9절)

히브리서 저자는 지금까지 그리스도를 대제사장으로 논의해 왔다. 히브리서 8장 1절에서 10장 18절까지는 새 언약, 하늘의 성소, 그리고 제사 등을 다룬다. 히브리서 8장은 그리스도의 제사장직 직무와 새 언약의 필요성을 서로 연결시키고 있다. 특히 그의 제사가 새 성소에서 새 언약에 의해 드려지는 것임을 밝히고 있다. 이를 통해 저자는 그리스도의 제사장직 사역의 우월성을 드러내고 있다

"지금 우리가 하는 말의 요점은 이러한 대제사장이 우리에게 있다는 것이라 그는 하늘에서 지극히 크신 이의 보좌 우편에 앉으셨으니(1절)." 지금까지

우리가 한 말의 주된 요점을 말하자면 이러한 대제사장이 우리에게 있다는 것입니다. 그분은 하늘에 계시는 지극히 크신 이(the Majesty), 곧 위대하신 하나님 보좌 우편(the right hand of the throne)에 앉아 계신다. 이 말씀은 "여호와께서 내 주에게 말씀하시기를 내가 네 원수들로 네 발판이 되게 하기까지 너는 내 오른쪽에 앉아 있으라 하셨도다." 시편 110:1을 인용한 것이다.

"성소와 참 장막에서 섬기는 이시라 이 장막은 주께서 세우신 것이요 사람이 세운 것이 아니니라(2절)." 그분은 하늘 성전의 일을 맡아 보시는데 그 성전은 사람이 세운 것이 아니라 하나님께서 세우신 참다운 성막(true tent in heaven)이다. 여기서 성소(the sanctuary)와 참 장막(the true tabernacle)은 동격이다. 따라서 '성소, 곧 참 장막' 이라 번역하는 것이 맞다. 참 장막이란 '거짓 장막' 의 반대개념이 아니라 구약의 성막, 곧 모세를 통해 이스라엘에게 주어진 지상의 장막과 대조시키기 위해 사용된 것이다. 참 장막은 구약의 모형적인 성막의 원형에 해당되는 장막, 곧 하늘의 성전을 가리킨다. 지상의 것은 하늘에 있는 것의 모형과 그림자(5절)이고, 그리스도가 오시면 없어질 것들이었다. 이에 반해 그리스도께서 섬기시는 참 장막은 주와 함께 영원하다.

"대제사장마다 예물과 제사 드림을 위하여 세운 자니 그러므로 그도 무엇인가 드릴 것이 있어야 할지니라(3절)." 모든 대제사장은 봉헌예물(gifts)과 희생 제사(sacrifices)를 드리기 위해 임명된 사역자(minister)들이다. 그래서 이 대제사장도 드릴 것이 있어야 했다. 드릴 것이 있어야 한다는 것은 대제사장이 드리는 제물을 말한다. 그리스도는 자신을 희생시킴으로써 그 제물을 드리셨음을 말하고 있다. 제물은 바로 자기 자신이었다(히 7:27).

"예수께서 만일 땅에 계셨더라면 제사장이 되지 아니하셨을 것이니 이는 율법을 따라 예물을 드리는 제사장이 있음이라(4절)." 예수님이 이 세상에 계셨다면 제사장이 되실 수가 없었을 것이다. 세상에는 율법을 따라 예물을 바치는 제사장들이 따로 있기 때문이다.

"그들이 섬기는 것은 하늘에 있는 것의 모형과 그림자라 모세가 장막을 지으려 할 때에 지시하심을 얻음과 같으니 이르시되 삼가 모든 것을 산에서 네게 보이던 본을 따라 지으라 하셨느니라(5절)." 제사장들이 이 땅에서 섬기는 성전은 하늘에 있는 성전의 모형(a copy)과 그림자(shadow)이다. 하늘 성전의 모조품과 그림자에 지나지 않는다. 모세가 성막을 세우려 할 때 그는 하나님으로부터 "너는 삼가 이 산에서 네게 보인 양식대로 할지니라(출 25:40)."는 지시를 받았다. 이것은 하늘에서 땅으로 투사된 그림자이다. 구약의 제사장들은 하늘에 있는 것의 모형과 그림자를 섬겼다.

"그러나 이제 그는 더 아름다운 직분을 얻으셨으니 그는 더 좋은 약속으로 세우신 더 좋은 언약의 중보자시라(6절)." 그러나 이제 예수님은 더 위대한, 훨씬 더 훌륭한 제사장의 직무를 맡으셨으며 더 좋은 약속에 근거한 더 좋은 언약의 중보자(mediator, arbiter, agent)가 되셨다.

중보자는 두 사람 가운데 서있는 중개인을 뜻한다. 모세는 옛 언약(구약)의 중보자였고, 그리스도는 새 언약의 중보자가 되신다(히 9:15; 12:24; 딤전 2:5). 언약은 하나님과 사람 사이에서 이루어지므로 중보자인 예수님은 하나님과 인간 사이의 관계를 친밀하게 유지시키는 일을 하신다. 예수님은 중보자로서 하나님 앞에서는 사람을 대신하시고, 사람 편에서는 사람으로 하여금 하나님을 믿고 순종하게 하는 일을 하신다.

6절에서는 새 직분과 옛 직분이 대조되고, 새 언약과 옛 언약이 대조되어 나타난다. 히브리서 저자는 새 언약의 우월성을 말하며 새 언약 아래에서는 참 장막인 하늘 성소에서 섬기는 그리스도의 대제사장직이 더 아름답다고 말한다. 그리스도는 우리를 위해 단번에 자신을 드려 온전한 제사를 드렸고(히 7:27), 우리를 온전히 구할 수 있으며 항상 살아서 우리를 위해 간구하시는

(히 7:25) 우리에게 합당한 제사장이시기(히 7:26) 때문이다.

"저 첫 언약이 무흠하였더라면 둘째 것을 요구할 일이 없었으려니와(7절)." 첫 번째 언약(that first covenant)이 무흠(faultless), 곧 완전한 것이었다면(nothing wrong) 또 다른 언약이 필요치 않았을 것이다. 다시 말해 만일 사람들이 먼젓번 계약을 흠 없이 이행하였더라면 또 다른 계약이 필요하지 않았을 것이다. 이것은 새 언약의 필요성을 말하고 있다. 즉 첫 언약인 율법이 흠이 없는 것이었다면 새 언약이 구태여 필요 없었을 것이다. 그 첫 언약이 흠이 있고 불완전하기 때문에 새 언약이 필요하게 되었다는 말이다(히 7:11). 이것은 율법에 흠이 있었다는 뜻이 아니라 첫 언약이 인간을 구원하는 데 온전하지 못했다는 뜻이다(히 7:11, 18, 28; 8:5; 10:11).

"그들의 잘못을 지적하여 말씀하시되 주께서 이르시되 볼지어다 날이 이르리니 내가 이스라엘 집과 유다 집과 더불어 새 언약을 맺으리라(8절)." 그러나 하나님께서는 그들의 잘못을 아시고(find fault with them) 이렇게 말씀하셨다. "여호와의 말씀이니라 보라 날이 이르리니 내가 이스라엘 집과 유다 집에 새 언약을 맺으리라." 이 말씀은 예레미야 31:31을 인용한 것이다. 새 언약을 맺을 날이 올 것이라 하신 분은 주님이시다.

'날이 이르리니'는 구약의 선지서에 자주 나타나는 표현이다. 이것은 그리스도가 오시는 날을 가리킨다. '내가 이스라엘 집(the house of Israel)과 유다 집(the house of Judah)에 새 언약을 맺으리라' 하신 것은 하나님이 분열된 두 왕국의 어느 한 편을 상대하시는 것이 아니라 두 왕국 전체를 상대하시며 결국 두 왕국을 하나로 만드시리라는 사실과 함께 언약을 세우시는 주체는 인간이 아니라 하나님이심을 나타낸다. 그러므로 하나님의 언약은 인간과 인간 사이에 맺는 동등한 관계의 계약과는 다르다. 또한 하나님과 인간 사이에 계약이 이루어지면 하나님은 언약 맺은 자들의 하나님이 되신다. 하나님은 인간으로서 하나님께 기대할 수 있는 모든 복들을 저들에게 내려주신다. 나아가 그의 백성 된 자들은 하나님을 찬양하는 백성이 된다.

8-13절은 예레미야 31:31-34를 인용한 것이다. 바벨론 포로 이후 새로운 상황은 하나님과 그의 백성 사이의 관계에 있어서 새로운 접근을 요구한다. 그것이 바로 새 언약이다. 히브리서 저자는 첫 언약의 불완전함과 새 언약의 필요성을 하나님 자신이 선포하신 말씀(렘 31:31-34)의 내용을 통해 다시 밝힘으로써 새 언약의 당위성을 성경적으로 확증하고 있다.

"또 주께서 이르시기를 이 언약은 내가 그들의 열조의 손을 잡고 애굽 땅에서 인도하여 내던 날에 그들과 맺은 언약과 같지 아니하도다 그들은 내 언약 안에 머물러 있지 아니하므로 내가 그들을 돌보지 아니하였노라(9절)." 이 새 언약은 내가 그들의 조상들을 이집트에서 인도해 내던 때에 맺은 시내 언약과 같지 않을 것이다. 그들이 나와 맺은 계약을 지키지 않았기(not remain faithful to my covenant) 때문에 내가 그들로부터 돌아섰다(turned away from them). 이 말씀은 "이 언약은 내가 그들의 조상들의 손을 잡고 애굽 땅에서 인도하여 내던 날에 맺은 것과 같지 아니할 것은 내가 그들의 남편이 되었어도 그들이 내 언약을 깨뜨렸음이라 여호와의 말씀이니라" 하신 예레미야 31:32의 말씀을 인용한 것이다. 새 언약은 시내 산에서 맺은 옛 언약과 다르다는 것이다.

2. 더 나은 새 언약(10-13절)

"또 주께서 이르시되 그 날 후에 내가 이스라엘 집과 맺을 언약은 이것이니 내 법을 그들의 생각에 두고 그들의 마음에 이것을 기록하리라 나는 그들에게 하나님이 되고 그들은 내게 백성이 되리라(10절)." 그러나 그 후에 내가 이스라엘 백성과 맺을 새 언약은 이렇다. "내가 나의 법을 그들 속에 새기고 그들의 마음에 기록할 것이다. 그리고 나는 그들의 하나님이 되고 그들은 내 백성이 될 것이다." 이 말씀은 "그러나 그 날 후에 내가 이스라엘 집과 맺을 언약은 이러하니 곧 내가 나의 법을 그들의 속에 두며 그들의 마음에 기록하여 나는 그들의 하나님이 되고 그들은 내 백성이 될 것이라 여호와의 말씀이니라" 하신 예레미야 31:33을 인용한 것이다.

'그 날 후에(after that time)' 는 세상의 마지막 때 메시야의 오심과 관계되는 날이다. 그로 말미암아 새 언약이 맺어질 날을 가리킨다. '나는 그들에게 하나님이 되고 그들은 내게 백성이 되리라(I will be their God, and they will be my people)' 는 새 언약의 형식으로 사실 첫 언약과 내용이 같다. 그러나 이 언약을 새 언약이라 할 수 있는 것은 하나님이 이 언약을 수행하시는 방법이 아주 다르기 때문이다. 즉, 그리스도의 성육신, 고난, 부활을 통해 '나는 저희에게 하나님이 되고' 라는 언약을 구체적으로 실행하신다.

"또 각각 자기 나라 사람과 각각 자기 형제를 가르쳐 이르기를 주를 알라 하지 아니할 것은 그들이 작은 자로부터 큰 자까지 다 나를 앎이라(11절)." 그 때에는 아무도 자기 형제나 이웃에게 하나님을 알도록 가르칠 필요가 없을 것이다. 이것은 모든 사람이 다 나, 하나님을 알게 될 것이기 때문이다. 이 말씀도 "그들이 다시는 각기 이웃과 형제를 가리켜 이르기를 너는 여호와를 알라(Know the Lord) 하지 아니하리니 이는 작은 자로부터 큰 자까지(from the least of them to the greatest) 다 나를 알기 때문이라."하신 예레미야 31:34 전반부를 그대로 인용했다.

"내가 그들의 불의를 긍휼히 여기고 그들의 죄를 다시 기억하지 아니하리라 하셨느니라(12절)." 하나님은 그들의 잘못을 용서하고 다시는 그들의 죄를 기억하지 아니 하리라 하셨다. 이 말씀은 "내가 그들의 악행을 사하고 다시는 그 죄를 기억하지 아니하리라 여호와의 말씀이니라"하신 예레미야 31:34 후반부를 인용한 것이다.

히브리서 저자는 11절과 12절에서 예레미야 31:34절을 인용해 새 언약의 특징을 언급했다. 그 첫째는 '작은 자로부터 큰 자까지 다,' 곧 새 언약의 보편성이다. '작은 자로부터 큰 자까지' 는 귀천을 가리지 않고 모든 사람에게, 나아가 이 언약이 이스라엘에 국한되지 않고 모든 민족에게 주어질 것임을 내포하고 있다. 둘째는 다시는 그 죄를 기억하지 않으신다는 사죄의 확실성이다.

히브리서 저자가 주장하는 새 언약의 유익은 다음과 같다.

- 하나님의 법은 그의 백성들이 그의 뜻을 기쁘게 할 수 있는 내적 원리가 될 것이다(10절 전반부).
- 하나님은 그의 백성과 친밀한 사귐을 가질 것이다(10절 후반부).
- 하나님의 뜻이 옛 언약 아래에서보다 더욱 광범위하고 명확하게 제시되어 누구나 하나님을 알게 될 것이다(11절).
- 영원한 죄 사함이 있게 될 것이다(12절)

"새 언약이라 말씀하셨으매 첫 것은 낡아지게 하신 것이니 낡아지고 쇠하는 것은 없어져 가는 것이니라(13절)." 하나님께서는 새 계약이라고 말씀하시면서 첫 번째 계약을 낡은 것으로 여기셨다. 낡고 시대에 뒤진 것은 곧 사라지기 마련이다. 예레미야 선지자가 '새 언약' 이라는 말을 사용한 것은 시내산 언약이 폐기될 것을 암시하고 있다.

제9장

땅의 성전과 하늘의 성전, 그리고 그리스도의 희생을 통한 속죄

요약

1. 땅의 성전과 하늘의 성전(1-22절)

1) (첫 언약의 예법과 성소) 첫 언약에도 섬기는 예법과 세상에 속한 성소가 있더라
2) 예비한 첫 장막이 있고 그 안에 등잔대와 상과 진설병이 있으니 이는 성소라 일컫고
3) 둘째 휘장 뒤에 있는 장막을 지성소라 일컫나니 금 향로와 사면을 금으로 싼 언약궤가 있고 그 안에 만나를 담은 금 항아리와 아론의 싹난 지팡이와 언약의 돌판들이 있고 그 위에 속죄소를 덮는 영광의 그룹들이 있음.
4) 제사장들이 항상 첫 장막에 들어가 섬기는 예식을 행하고 둘째 장막은 대제사장이 홀로 일 년에 한 번 들어가되 자기와 백성의 허물을 위하여 드리는 피 없이는 아니하나니
5) 성령이 이로써 보이신 것은 첫 장막이 서 있을 동안에는 성소에 들어가는 길이 아직 나타나지 아니한 것이라
6) 이 장막은 현재까지의 비유니 이에 따라 드리는 예물과 제사는 섬기는 자를 그 양심상 온전하게 할 수 없나니 이런 것은 먹고 마시는 것과 여러 가지 씻는 것과 함께 육체의 예법일 뿐이며 개혁할 때까지 맡겨 둔 것임.
7) (온전한 장막과 그리스도의 피) 그리스도께서는 장래 좋은 일의 대제사장으로 오사 손으로 짓지 아니한 것 곧 이 창조에 속하지 아니한 더 크고 온전한 장막으로 말미암아 염소와 송아지의 피로 하지 아니하고 오직 자기의 피

로 영원한 속죄를 이루사 단번에 성소에 들어가셨느니라

8) 염소와 황소의 피와 및 암송아지의 재를 부정한 자에게 뿌려 그 육체를 정결하게 하여 거룩하게 하거든 하물며 영원하신 성령으로 말미암아 흠 없는 자기를 하나님께 드린 그리스도의 피가 어찌 너희 양심을 죽은 행실에서 깨끗하게 하고 살아 계신 하나님을 섬기게 하지 못하겠느냐

9) 이로 말미암아 그는 새 언약의 중보자시니 이는 첫 언약 때에 범한 죄에서 속량하려고 죽으사 부르심을 입은 자로 하여금 영원한 기업의 약속을 얻게 하려 하심이라

10) (유언) 유언은 유언한 자가 죽어야 되나니 유언은 그 사람이 죽은 후에야 유효한즉 유언한 자가 살아 있는 동안에는 효력이 없느니라

11) (첫 언약) 이러므로 첫 언약도 피 없이 세운 것이 아니니 모세가 율법대로 모든 계명을 온 백성에게 말한 후에 송아지와 염소의 피 및 물과 붉은 양털과 우슬초를 취하여 그 두루마리와 온 백성에게 뿌리며 이르되 이는 하나님이 너희에게 명하신 언약의 피라 하고 또한 이와 같이 피를 장막과 섬기는 일에 쓰는 모든 그릇에 뿌렸느니라

12) 율법을 따라 거의 모든 물건이 피로써 정결하게 되나니 피 흘림이 없은즉 사함이 없느니라.

2. 그리스도의 희생을 통한 속죄(23-28절)

1) (하늘에서는 더 좋은 제물이 필요) 하늘에 있는 것들의 모형은 이런 것들로써 정결하게 할 필요가 있었으나 하늘에 있는 그것들은 이런 것들보다 더 좋은 제물로 할지니라

2) (자기를 단번에 제사로 드리신 그리스도) 그리스도께서는 참 것의 그림자인 손으로 만든 성소에 들어가지 아니하시고 바로 그 하늘에 들어가사 이제 우리를 위하여 하나님 앞에 나타나시고

3) 대제사장이 해마다 다른 것의 피로써 성소에 들어가는 것 같이 자주 자기를 드리려고 아니하실지니 그리하면 그가 세상을 창조한 때부터 자주 고난을 받았어야 할 것이로되 이제 자기를 단번에 제물로 드려 죄를 없이 하시

려고 세상 끝에 나타나셨느니라
4) (죽음과 심판) 한번 죽는 것은 사람에게 정해진 것이요 그 후에는 심판이 있으리니
5) (그리스도의 재림) 이와 같이 그리스도도 많은 사람의 죄를 담당하시려고 단번에 드리신바 되셨고 구원에 이르게 하기 위하여 죄와 상관없이 자기를 바라는 자들에게 두 번째 나타나시리라.

히브리서 저자는 1-10절을 통해 첫 언약의 예배 법이 갖는 의의, 곧 옛 언약 아래서의 성소와 불완전한 희생을 지적함으로써 새 언약의 우월성을 논증하였다. 11-14절에서는 그리스도의 영원한 구속, 15-28절은 그리스도의 죽음의 필요성과 그의 완전한 희생을 말하고 있다.

1. 땅의 성전과 하늘의 성전(1-22절)

"첫 언약에도 섬기는 예법과 세상에 속한 성소가 있더라(1절)." 첫 번째 언약(the first covenant)에도 예법, 곧 예배 규칙(regulations for worship)과 세상에 속한 성소(an earthly sanctuary), 곧 예배 장소가 있었다. 그러나 그 장소는 인간이 마련한 장소였다. '세상에 속한 성소'는 '땅에 속한,' 곧 광야에 설치된 성막을 말한다.

"예비한 첫 장막이 있고 그 안에 등잔대와 상과 진설병이 있으니 이는 성소라 일컫고(2절)." 먼저 성막(tabernacle)이 세워졌다. 성막은 성소(the Holy Place)와 지성소(the Most Holy Place, Holy of Holies) 두 부분으로 나누어져 있었다. 성소, 곧 그 첫째 방(its first room)에는 등대(lampstand)와 빵을 차려 놓은 진설병 상(table), 그리고 그 위에는 빵, 곧 진설병(the consecrated bread)을 진열해 놓았다. 2-5절에서는 성막의 구조를 설명하고 있다.

등대는 성소 안을 비추는 등대로 성소의 남쪽에 위치해 있다. 당번을 맡은 제사장들이 매일 아침과 저녁에 순결한 감람유를 채워 불을 밝혔다. 진설병은 이스라엘 12지파 수에 맞춰 고운 밀가루로 매 안식일마다 여섯 덩이씩 두 줄로 차려 놓았던 큰 떡(빵)덩이다. 이것을 진설병 상에 놓는다.

"또 둘째 휘장 뒤에 있는 장막을 지성소라 일컫나니(3절)." 성소와 지성소를 나누는 휘장(the second curtain) 안쪽을 지성소라고 불렀다. 이 휘장을 두 번째 휘장이라 한 것은 첫 번째 휘장이 따로 있기 때문이다. 성소 입구에 있는 휘장을 바깥 휘장, 곧 첫 번째 휘장이라 하고, 지성소에 들어가는 곳에 있는 휘장을 안 휘장, 곧 두 번째 휘장이라 한다.

"금향로와 사면을 금으로 싼 언약궤가 있고 그 안에 만나를 담은 금 항아리와 아론의 싹 난 지팡이와 언약의 돌판들이 있고(4절)." 지성소에는 금향로과 전체를 금으로 입힌 언약궤(ark of covenant)가 있고 그 안에는 만나를 담은 금항아리(urn jar)와 아론의 싹 난 지팡이와 언약의 두 돌판이 들어 있다.

금향로(golden altar of incense, censer)는 '투미아테리온(thumiaterion)'으로 성소에 있는 금향단(분향단)과 다르다. 금향로는 지성소의 제사 의식에 유일하게 관계된 기구이다. 언약궤는 법궤라고도 한다. 언약궤는 "하나님이 이곳에 계신다."는 임재의 상징이다. 그래서 '시은소(또는 시은좌)'라 부르기도 한다. 언약궤 안에는 이스라엘이 광야 때 먹었던 만나를 담은 항아리, 아론의 싹 난 지팡이, 그리고 십계명이 새겨진 두 돌 판이 있다.

"그 위에 속죄소를 덮는 영광의 그룹들(cherubim of the Glory)이 있으니 이것들에 관하여는 이제 낱낱이 말할 수 없노라(5절)." 언약궤의 뚜껑을 속죄소(atonement cover, mercy seat)라고 불렀다. 그 위에는 날개로 그 위를 내리덮고 있는 영광의 천사들, 곧 그룹들(cherubim)이 있다. '영광의 그룹들' 은 언약궤 뚜껑에 있는 금으로 만든 두 개의 그룹이 하나님의 영광을 지키는 역할(guardians of God's glory)을 하고 있음을 말한다. 이 그룹은 여호와를 섬기는 천사들을 상징한다. 히브리서 저자는 이런 것에 대해서는 일일이 다 말할 수가 없다 했다. 지금은 이런 것들을 자세히 설명할 때가 아니란 말이다.

"이 모든 것을 이같이 예비하였으니 제사장들이 항상 첫 장막에 들어가 섬기는 예식을 행하고(6절)." 이 모든 것이 성막 안에 갖춰져 있어서 제사장들은 언제나 바깥 성소에 들어가 섬기는 예식(ritual duties), 곧 직무를 수행한다. 예물을 드리고 제사 의식, 곧 예배를 드린다.

"오직 둘째 장막은 대제사장이 홀로 일 년에 한 번 들어가되 자기와 백성의 허물을 위하여 드리는 피 없이는 아니하나니(7절)." 둘째 장막, 곧 안쪽에 있는 지성소(the inner room)에는 대제사장만이 1년에 한 차례씩 피를 가지고 들어갔다. 이 피는 대제사장 자신과 백성들이 모르고(in ignorance) 지은 죄를 위해 드리는 것이다.

"피 없이는 아니하나니." 피 흘림 없이는 죄 사함이 없다는 것이다. 구약의 경우 동물의 피를 바쳤다. 이 피는 장차 오실 예수 그리스도의 모형(그림자)이다. 히브리서 10:1에 율법은 그림자라 했다. 구약은 모형이다. 예수 그리스도가 십자가를 지실 것을 바라보고 제사를 지내는 것이다.

그러므로 구약의 제사는 죄를 가리는 역할, 곧 짐승의 피로 죄만 덮는 역할을 한다. 불완전한 제사이다. 이 제사로는 근본적으로 변화를 못시킨다. 양심을 바꾸지 못한다(히 9:9). 마음 속 깊은 곳의 죄를 씻어내지 못한다(히10:1, 3).

"성령이 이로써 보이신 것은 첫 장막이 서 있을 동안에는 성소(the Most Holy Place)에 들어가는 길이 아직 나타나지 아니한 것이라(8절)." 이러한 제도를 통해서 성령님이 우리에게 보여주시는(point out, indicate) 것은 첫 장막, 곧 바깥쪽의 성소가 세워져 있는 동안에는 지성소로 들어가는 길이 아직 열리지 않았다는(not yet opened) 것이다. 들어갈 수 없다는 말이다. 히브리서 저자는 백성의 지성소 출입이 금지된 것은 그것이 언젠가 백성에게 개방될 것을 암시하는 것으로 보았다. 저자는 9절에서 이를 '현재까지의 비유(parable, symbol of present age)' 라 했다.

"이 장막은 현재까지의 비유니 이에 따라 드리는 예물과 제사는 섬기는 자를 그 양심상 온전하게 할 수 없나니(9절)." 히브리서 저자는 이 성막은 현재까지의 비유(an illustration for the present time), 곧 현 시대를 위한 비유로 보았다. 이 제도에 따라 예물과 제사를 드리기는 하지만 이것이 예배드리는 사람의 양심을 깨끗하게(clear the conscience of the worshiper) 할 수는 없다. 구약시대의 성막의 제사는 그리스도의 속죄의 그림자이므로, 이와 같은 불완전한 제사장을 통해 예배하는 자들은 양심의 만족을 얻을 수 없다. 이것은 오직 그리스도로 말미암은 신령과 진정한 예배를 통해서만 얻을 수 있다는 것을 보여준다.

"이런 것은 먹고 마시는 것과 여러 가지 씻는 것과 함께 육체의 예법일 뿐이며 개혁할 때까지 맡겨 둔 것이니라(10절)." 그것들은 다만 먹고 마시는 것과 여러 정결의식(various ceremonial washings) 등 육체의 예법, 곧 외적인 규례(external regulations)에 불과하다. 이것들은 하나님께서 개혁할 때까지, 곧 그리스도가 와서 새로운 제도를 세우고 모든 일을 바로 잡으시는 때가 올 때까지만 유효한 규례들이다. 예수님이 오신 뒤에는 달라진다는 말이다. '개혁할 때까지(until the time of the new order)' 는 문자적으로 '곧게 하는 때까지' 이다. 이것은 그리스도가 오셔서 구약의 규례들을 새롭게 하실 때, 곧 불완전한 구약의 제사를 완전케 하실 때를 가리킨다. 그리스도는 구약을 개혁

(reformation)하시고 신약, 곧 새로운 길(new way)을 주셨다.

'먹고 마시는 것' 은 고기와 떡으로 이루어진 제사(rituals)와 헌물들, 곧 포도주로 된 전제와 관련된 것을 말한다. '여러 가지 씻는 것' 은 제사장이나 백성들이 의식적인 오염으로부터 자신을 깨끗하게 하고 예배에 참여할 수 있도록 몸을 깨끗하게 하는 결례(rules)를 말한다. '육체의 예법' 은 구약의 제사 의식들은 외형적인 특성을 지닌 외적인 제도였다.

"그리스도께서는 장래 좋은 일의 대제사장으로 오사 손으로 짓지 아니한 것 곧 이 창조에 속하지 아니한 더 크고 온전한 장막으로 말미암아(11절)." 그러나 그리스도께서는 장래 좋은 일, 곧 새롭고 더 좋은 언약 제도의 대제사장으로 오셨다. 그리고 사람의 손으로 만들지 않은 성막, 곧 이 세상의 창조물에 속하지 않은 더 크고 완전한 성막에 들어가셨다. 이 성막은 창조된 이 세상에 속하여 있는 것이 아니라는 말이다.

"장래 좋은 일의 대제사장"은 새롭고 더 좋은 언약 제도의 대제사장이라는 뜻이다. 그는 자기 백성을 위해 영원하고 완전한 속죄를 이루셨고, 하나님 우편에 좌정하시기 위해 단번에 성소로 들어가셨다(12절). 그는 이 같은 속죄 사역에 근거해 자기 백성을 위해 끊임없이 중보의 기도를 드리신다.

"더 크고 온전한 장막으로 말미암아." 세상의 성막이 아니라 하늘의 장막, 곧 하늘의 성소다. 우리의 성소는 이 땅에 있는 것이 아니라 하늘의 보좌에 있다. 은혜의 보좌가 있는 곳이 주님이 계신 곳이다. 우리는 그 앞에 나아가야 한다.

"염소와 송아지의 피로 하지 아니하고 오직 자기의 피로 영원한 속죄를 이루사 단번에 성소(the Most Holy Place)에 들어가셨느니라(12절)." 그리스도는 염소나 송아지의 피가 아닌 자기 피를 가지고 단 한 번(once for all) 지성소에 들어가셔서 우리를 위해 영원히 속죄 받을 길을 마련해 주셨다.

"오직 자기의 피로 영원한 속죄를 이루사." 구약의 제사는 완전한 제사가 아니다. 대제사장이 드리지만 그 또한 죄인이다. 매번 짐승의 피로 피의 제사를 드린다. 이 제사는 계속 드려야 하는 제사이다. 이에 반해 예수님은 죄 없는 대제사장이 드리는 제사요 동물의 피가 아니라 자신의 피를 드리는 제사이다. 또한 매번 드려야 하는 제사가 아니라 한 번 드림으로 영원히 모든 죄를 사하는 제사이므로 완전한 제사이다. 단번에 영원한 속죄를 이루셨다. 그분 제사 하나로 하나님이 완전무결한 제사를 받으셨다.

십자가의 죽음은 하나님 자신의 희생이다. 완전한 하나님이요 완전한 사람인 예수의 죽음이다. 예수님만 달리신 것이 아니라 하나님 자신도 달리셨다. 로마에는 십자가에 달리신 예수님 바로 뒤에 한 분이 계시는 그림이 있다. 그 뒷 분은 예수님의 못 박힌 손 뒤에 그분의 손도 못 박히셨고, 창에 찔린 주님의 뒤에도 역시 창에 찔린 그분이 있다. 예수님과 함께 하시는 하나님이심을 보여주는 그림이다.

영원한 속죄는 한 번 용서로 영원히 용서함을 받는 것을 말한다. 이것이 바로 십자가의 능력이다. 십자가 앞에 나가면 용서받지 못할 죄인이 없다. 씻지 못할 죄가 없다. "저가 한 제물로 거룩하게 된 자들을 영원히 온전케 하셨느니라(히 10:14)." 예수 믿고 십자가 은혜 앞에 나가야 한다. 주님은 우리의 죄를 기억도 아니 하신다. 다시 제사드릴 필요도 없다. 나를 보지 말고 항상 예수 그리스도를 바라보자. 자기를 바라보면 자기 죄를 보게 만든다. 그러나 주님을 바라보면 달라진다. 은혜의 보좌 앞에 담대히 나갈 수 있다. "예수의 피를 힘입어 성소에 들어갈 담력을 얻었나니(히 10:19)." 두려워 할 것이 아니라 용기를 가지고 나가자. 이젠 자유스럽게 지성소(은혜의 보좌 앞)에 나아가 하나님을 만날 수 있게 되었다.

십자가의 피는 대단한 피이다. 능력을 가진 보혈이다. 보혈의 능력을 바라

봐야 죄로부터 완전히 해방될 수 있다. 우리가 주님 앞에 서는 날 하나님이 나를 영접하시는 것을 보고 깜짝 놀랄 것이다. 그 때 가야 보혈의 능력을 실감하게 될 것이다. 지금 우리는 십자가의 능력을 잘 모르고 있다.

일부 성경학자들에 따르면 예수님은 37년 4월 7일 십자가에 못 박히셨다. 역사적 사실이라는 말이다. 십자가의 은혜는 하나님의 비밀이다. 그러나 우리는 십자가의 능력을 잃어버리고 무덤덤하게 살아가고 있다. 사단은 우리의 이러한 모습을 좋아한다. "그렇게 무감각하게 살아라," "적당하게 살아라."며 십자가에 대한 우리의 열정을 떨어뜨린다. 우리를 위해 보혈을 흘리신 십자가의 능력을 회복하는 우리가 되어야 한다. 날마다 강하게 그리고 새롭게 느끼며 살아가는 우리가 되어야 한다.

"염소와 황소의 피와 및 암송아지의 재를 부정한 자에게 뿌려 그 육체를 정결하게 하여 거룩하게 하거든(13절)." 구약의 제사에서 염소와 황소의 피와 암송아지(heifer)의 재(ash)를 부정한 자, 곧 의례적으로 부정하게 된(ceremonially unclean) 사람들에게 뿌리면 그 육체를 깨끗하고 거룩하게 했다. '암송아지의 재'는 민수기 19장에 언급된 정결의식과 연관된다. 한 번도 멍에를 메지 않은 흠 없는 붉은 암송아지 한 마리를 진영 밖으로 끌어내 규례에 따라 불살라 재를 만든다. 이 재를 보관했다가 시체를 만져 부정하게 된 자가 있을 경우 그 재를 물에 타서 우슬초를 사용해 부정한 자에게 뿌렸다.

"하물며 영원하신 성령으로 말미암아 흠 없는 자기를 하나님께 드린 그리스도의 피가 어찌 너희 양심을 죽은 행실에서 깨끗하게 하고 살아 계신 하나님을 섬기게 하지 못하겠느냐(14절)." 하물며 영원하신 성령님을 통해 당신 자신을 흠 없는 제물로 하나님께 바치신 그리스도의 피가 죽음에 이르게 하는 행위에서 어찌 우리의 양심을 깨끗하게 하여 살아 계신 하나님을 섬기게 하지 못하겠는가? 그리스도의 피가 우리의 양심을 깨끗하게 하는 데나 죽음의 행실을 버리게 하고 살아 계신 하나님을 섬기게 하는 데 큰 힘이 된다는 말이다.

"영원하신 성령으로 말미암아(through the eternal Spirit)." 성령은 매일 십자가로 새롭게 느끼게 해주신다. 성령은 십자가를 생각나게 하시고 그 십자가로 하여금 우리를 뜨겁게 하시고 강하게 하신다. 우리는 날마다 성령을 사모하며 십자가를 생각함으로써 영혼을 새롭게 해야 한다. 남을 욕할 것이 아니라 자신을 돌아보고 '나는 과연 어떤 사람인가' 반성해야 한다.

"너희 양심으로 죽은 행실에서 깨끗하게 하고 살아계신 하나님을 섬기게 하지 못하겠느냐." '깨끗하게 하고' 는 윤리적으로 깨끗하게 되었다는 것이 아니라 죄책을 제거함, 곧 속죄를 뜻한다. 예수 그리스도의 피가 하나님께 순종하는 사람 되게 한다. 우리를 헌신하는 사람으로 만든다. 양심도, 마음도 새롭게 되었다. 이제는 날마다 하나님 앞에 나갈 것만 남았다. 두려운 마음이 아니라 담대한 마음으로 하나님을 섬기자.

13절과 14절은 구약의 피 제사와 신약의 피 제사를 뚜렷하게 비교하고 있다. 불완전한 구약의 제사도 그 나름대로 정결케 하는 능력이 있는데 하물며 완전한 그리스도의 피가 어찌 정결케 하지 못하겠느냐 하는 것이다.

"이로 말미암아 그는 새 언약의 중보자시니 이는 첫 언약 때에 범한 죄에서 속량하려고 죽으사 부르심을 입은 자로 하여금 영원한 기업의 약속을 얻게 하려 하심이라(15절)." 그러므로 그리스도는 새 언약(new covenant, new testment)의 중보자가 되셨다. 새 언약은 그리스도가 그 상속자에게 주신 유언이다. 그분은 첫 언약 아래서 저지른 죄를 속죄하시려고 죽으셨다. 그로 인해 부르심을 받은 사람들이 하나님이 약속하신 영원한 기업(유산)을 이어받게 되었다.

"첫 언약 때에 범한 죄에서 속량하려고 죽으사." 첫 언약은 그 제도아래서 범한 죄를 속하고 용서하는 대책을 마련했지만 '영원한 구속' 은 제공할 수 없었다. 하나님은 자기 백성에게 "내가 그들의 악행을 사하고 다시는 그 죄를 기억하지 아니하리라(렘 31:34)" 약속하셨고, 그들은 그리스도의 새 언약을 기다려야 했다. 그리스도는 새 언약의 중보자로서 첫 언약 때에 범한 죄를 영원히 구속하시기 위해 십자가에 죽으셨다.

"영원한 기업"은 새 언약아래서의 영원한 기업이다. 이것은 영적 이스라엘이 하나님의 사랑을 누리고 하나님과의 친교를 통해 얻게 되는 거룩한 상태를 말한다. 광야의 이스라엘 백성이 일시적으로 약속의 땅 가나안에 들어가 여러 특권을 누린 것은 영원한 기업에 대한 모형이었다.

"유언은 유언한 자가 죽어야 되나니(16절)." 유언(will, testament)이 효력을 나타내려면 유언한 사람이 죽어야 한다. 상속에 관한 유언이 효력을 내려면 그 유언을 한 사람의 죽음이 확인되어야(prove the death) 하는 것과 같다. 유언은 언약을 말한다.

"유언은 그 사람이 죽은 후에야 유효한즉 유언한 자가 살아 있는 동안에는 효력이 없느니라(17절)." 그것은 유언한 사람이 살아 있으면 아무 효력도 없고 죽어야만 효력이 나타나기 때문이다. 유언은 유언을 한 사람이 죽어야 효력이 있는 것이지 그가 살아 있는 동안에는 아무 효력이 없다.

"이러므로 첫 언약도 피 없이(without blood) 세운 것이 아니니(18절)." 첫 언약(the first covenant, old testament)도 피로써 효력을 갖게 되었다. 그 언약도 피를 가지고 맺었던 것이라는 말이다. '첫 언약도 피 없이 세운 것이 아니니'에 관한 설명은 19, 20절에 나타난다. 이 두 절은 출애굽기 24:3-8에 근거하고 있다. 첫 언약은 구약, 곧 율법의 언약을 말하고 새 언약은 신약, 곧 그리스도의 언약을 가리킨다.

히브리서 저자는 18-22절을 통해 유언은 유언한 자가 죽어야 비로소 그 효력을 발생한다는 일반적인 관례를 들어 첫 언약과 새 언약 모두에 죽음(피)이 필요하다는 사실을 증거 하면서 첫 언약의 제사에 사용된 피를 구체적으로 열거하고 있다.

"모세가 율법대로 모든 계명을 온 백성에게 말한 후에 송아지와 염소의 피 및 물과 붉은 양털과 우슬초를 취하여 그 두루마리와 온 백성에게 뿌리며(19절)." 모세는 율법에 있는 모든 계명을 온 백성에게 선포한 후 송아지와 염소의 피를 물과 함께 가지고 와서 붉은 양털과 우슬초(hyssop)에 적셔 율법 책과 모든 백성에게 뿌렸다. "이르되 이는 하나님이 너희에게 명하신 언약의 피라 하고(20절)." 그리고 말했다. "'이것은 하나님이 여러분과 맺은 언약의 피입니다." 이 말씀은 출애굽기 24:6-8을 인용한 것이다. "또한 이와 같이 피를 장막과 섬기는 일에 쓰는 모든 그릇에 뿌렸느니라(21절)." 그리고 그는 성막(tabernacle)과 제사에 쓰이는 모든 물건(everything used in its ceremonies)에도 같은 모양으로 피를 뿌렸다.

"율법을 따라 거의 모든 물건이 피로써 정결하게 되나니 피 흘림이 없은즉 사함이 없느니라(22절)." 율법에 의하면 거의 모든 것이 다 피로써 깨끗하게 되며 피 흘림이 없으면 죄의 용서도 없다. 율법에 따르면 피로써 깨끗해지지 않는 것이 거의 없다. 그리고 피 흘리는 일이 없이는 죄를 용서받지 못한다. 이것은 죄 때문에 큰 희생이 요구됨을 의미한다.

이것은 레위기 17:11을 반영한 것이다. 제사는 구원의 예표이다. 피 흘림이 없다면 사함이 없다는 것을 가르쳐 주기 때문이다. 22절 말씀은 지금까지 서술한 첫 언약의 제사에 대한 결론이자 앞으로 다룰 새 언약의 제사를 위한 전제이기도 하다.

2. 그리스도의 희생을 통한 속죄(23-28절)

23-28절에서는 제사를 드리는 회수를 논하고 있다. 구약의 제사는 해마다

반복된다. 그러나 신약의 제사는 단 한 번으로 완전히 죄를 없앤 제사라는 점에서 차이가 있다. 구약의 제사는 회수 면에서 보더라도 불완전하며, 신약의 제사를 예시해주는 그림자 역할을 했다.

"그러므로 하늘에 있는 것들의 모형은 이런 것들로써 정결하게 할 필요가 있었으나 하늘에 있는 그것들은 이런 것들보다 더 좋은 제물로 할지니라(23절)." 하늘에 있는 것들을 본떠 만든 지상의 모형들은 이런 방법, 곧 이런 의식으로 정결하게 해야 했다. 그러나 하늘에 있는 것들은 이보다 더 나은 제물로 정결하게 해야 한다.

'하늘에 있는 것들의 모형' 은 첫 언약 시에 희생 제물로 죽임당한 짐승들의 피로 정결케 된 것들이다. 그것들은 이스라엘 백성과 율법책(19절), 장막과 섬기는 일에 쓰는 모든 기구(21절)를 가리킨다. '하늘에 있는 그것들' 은 땅에 있는 성소와 그 기구에 대응하는 하늘에 있는 것들을 말한다. '더 좋은 제물(thysiais, sacrifices)' 은 복수로 되어 있다. 그렇다고 하늘에 있는 그것들이 여러 제물들에 비해 정결하다고 생각해서는 안 된다. 여기서 '더 좋은 제물' 은 그리스도라는 뛰어난 한 제물을 가리킨다. 그런데도 복수를 사용한 것은 한 제물이 옛 질서의 다른 모든 제물들의 온전한 성취라는 의미로 사용되고 있다.

"그리스도께서는 참 것의 그림자인 손으로 만든 성소에 들어가지 아니하시고 바로 그 하늘에 들어가사 이제 우리를 위하여 하나님 앞에 나타나시고(24절)." 그리스도께서는 참 성소의 모형(a copy)에 불과한 사람의 손으로 만든 지상의 성소에 들어가신 것이 아니라 우리를 위해 하나님 앞에(God's presence) 나타나시려고 그 하늘, 곧 하늘의 성소에 들어가셨다. 개역한글에서는 '그 하늘' 을 '참 하늘' 이라 했다. 원문은 '하늘(ouranos, heaven) 자체' 이다. 하늘에 있는 성소로서 이 땅 성막의 원형이다. '하나님 앞에 나타나시고' 는 하늘의 참 성소는 하나님이 계신 곳이다. 우리의 대제사장이신 그리스도가 우리를 중보하기 위해 하늘에 오르사 하나님이 임재하신 그곳에 나타나신(appear) 것이다. 이것은 그의 임재의 그림자에 불과한 이 땅의 성소와는 비교할 수 없다.

"대제사장이 해마다 다른 것의 피로써 성소에 들어가는 것 같이 자주 자기를 드리려고 아니하실지니(25절)." 이 땅의 대제사장은 자기의 피가 아닌 짐승의 피를 가지고 해마다 지성소에 들어가야 했다. 하지만 그리스도께서는 그렇게 자주 자기를 바치실 필요가 없다. 25-26에서는 그리스도의 제사를 대제사장의 제사와 두 가지 점에서 비교한다. 하나는, 대제사장은 다른 것의 피로 제사를 드리지만 그리스도는 자기를 드려 제사한다(25절). 다른 하나는, 대제사장은 해마다 제사하지만 그리스도는 단번에 제사한다(26절).

"그리하면 그가 세상을 창조한 때부터 자주 고난을 받았어야 할 것이로되 이제 자기를 단번에 제물로 드려 죄를 없이 하시려고 세상 끝에 나타나셨느니라(26절)." 만일 몸을 여러 번 바쳐야 한다면 그리스도는 천지창조 이후 여러 번 고난을 받아야 했을 것이다. 그러나 이제 그리스도는 단번에(once for all) 당신 자신을 희생 제물로 드리심으로써 우리의 모든 죄를 없애기 위해(to do away with sin) 세상 끝(at the end of the ages), 곧 이 역사의 절정에 나타나셨다. '세상 끝' 은 그리스도가 초림하신 때를 가리킨다. 그리스도께서 육신으로 오셔서 자기를 단번에 제물로 드려 죄를 없게 하시려고 이 때에 나타나셨다. 따라서 그리스도의 초림과 재림 사이의 신약시대는 말세이다(히 1:2;고전 10:11). 그리스도가 이 땅에 오시고 우리 죄를 친히 담당하심으로 옛 질서는 끝나게 된다. 이로 인해 우리가 거룩함을 얻었다(히 10:10).

"한번 죽는 것은 사람에게 정해진 것이요 그 후에는 심판이 있으리니(27절)." 사람이 한 번 죽는 것은 정해진 운명이지만 죽은 후에는 심판이 있다. 사람은 단 한 번 죽게 마련이고 그 뒤에는 심판을 받게 된다는 말이다. 죽음

다음에 심판이 기다린다. 이 심판은 그리스도의 재림 때에 있게 될 최후의 심판을 가리킨다.

히브리서 저자는 사람이 한 번 죽는 것과 그 후에 심판이 따른다는 사실을 전제로, 그리스도의 죽으심과 그의 심판이 인간에게 내려진다는 것을 강조하고 있다. 이 때 그리스도는 심판 받는 자가 아니라 심판주다. 기독교에서는 인간을 죄인이라 부르고 그것으로부터 구원받을 것을 강조한다. 그러나 힌두교에서는 인간을 죄인이라 부르는 것조차 거부한다. 우리의 양심이 과연 우리를 죄인이 아니라고 거부할 수 있겠는가.

"이와 같이 그리스도도 많은 사람의 죄를 담당하시려고 단번에 드리신바 되셨고 구원에 이르게 하기 위하여 죄와 상관없이 자기를 바라는 자들에게 두 번째 나타나시리라(28절)." 이와 같이 그리스도께서도 많은 사람의 죄를 없애려고 단번에 희생의 제물이 되셨다. 그리고 다시 오실 때, 곧 재림 때에는 죄를 위해서가 아니라(not deal again with our sins) 인내하면서 열심히 자기를 기다리는(eagerly waiting for Him) 사람들에게 완전한 구원(full salvation)을 주시기 위해서 나타나실 것이다. '두 번째 나타나시리라' 는 것은, 그리스도가 재림하시는 그 날 그를 믿는 자에게는 구원의 날, 곧 영광의 날이 되겠지만 그를 믿지 않는 자에게는 심판의 날이 된다는 말이다. '구원에 이르게 하기 위하여' 는 현재의 영적 구원이 아니라 그리스도 재림 때 있게 될 우리의 영과 육 모두의 완전한 구원을 가리킨다. 믿는 자가 누릴 영광스런 구원이다.

제10장

완전한 새 언약, 구속받은 자의 특권과 의무, 배교에 대한 경고

요약

1. 율법과 언약의 대조: 새 언약은 완전하고 영원하다(1-18절)

1) (율법에 의한 제사는 불완전한 제사) 율법은 장차 올 좋은 일의 그림자일 뿐이요 참 형상이 아니므로 해마다 늘 드리는 같은 제사로는 나아오는 자들을 언제나 온전하게 할 수 없음

2) 그렇지 아니하면 섬기는 자들이 단번에 정결하게 되어 다시 죄를 깨닫는 일이 없으리니 어찌 제사 드리는 일을 그치지 아니하였으리요

3) 그러나 이 제사들에는 해마다 죄를 기억하게 하는 것이 있나니 이는 황소와 염소의 피가 능히 죄를 없이 하지 못함이라

4) (그리스도의 영원한 제사) 주께서 세상에 임하실 때에 이르시되 하나님이 제사와 예물을 원하지 아니하시고 오직 나를 위하여 한 몸을 예비하셨도다

5) 번제와 속죄제는 기뻐하지 아니하시나니 이에 내가 말하기를 하나님이여 보시옵소서 두루마리 책에 나를 가리켜 기록된 것과 같이 하나님의 뜻을 행하러 왔나이다 하셨느니라

6) 위에 말씀하시기를 주께서는 제사와 예물과 번제와 속죄제는 원하지도 아니하고 기뻐하지도 아니하신다 하셨고 이는 다 율법을 따라 드리는 것이라)

7) 그 후에 말씀하시기를 보시옵소서 내가 하나님의 뜻을 행하러 왔나이다 하셨으니 그 첫째 것을 폐하심은 둘째 것을 세우려 하심이라

8) 이 뜻을 따라 예수 그리스도의 몸을 단번에 드리심으로 말미암아 우리가

거룩함을 얻었노라

9) 제사장마다 매일 서서 섬기며 자주 같은 제사를 드리되 이 제사는 언제나 죄를 없게 하지 못하거니와 오직 그리스도는 죄를 위하여 한 영원한 제사를 드리시고 하나님 우편에 앉으사 그 후에 자기 원수들을 자기 발등상이 되게 하실 때까지 기다리시나니

10) 그가 거룩하게 된 자들을 한 번의 제사로 영원히 온전하게 하셨느니라

11) 또한 성령이 우리에게 증언하시되 주께서 이르시되 그 날 후로는 그들과 맺을 언약이 이것이라 하시고 내 법을 그들의 마음에 두고 그들의 생각에 기록하리라 하신 후에 또 그들의 죄와 그들의 불법을 내가 다시 기억하지 아니하리라 하셨으니 이것들을 사하셨은즉 다시 죄를 위하여 제사 드릴 것이 없느니라.

2. 구속받은 자의 특권과 의무: 믿음, 소망, 사랑을 굳게 하라(19-25절)

1) 그러므로 형제들아 우리가 예수의 피를 힘입어 성소에 들어갈 담력을 얻었나니 그 길은 우리를 위하여 휘장 가운데로 열어 놓으신 새로운 살 길이요 휘장은 곧 그의 육체니라

2) 또 하나님의 집 다스리는 큰 제사장이 계시매 우리가 마음에 뿌림을 받아 악한 양심으로부터 벗어나고 몸은 맑은 물로 씻음을 받았으니 참 마음과 온전한 믿음으로 하나님께 나아가자

3) 또 약속하신 이는 미쁘시니 우리가 믿는 도리의 소망을 움직이지 말며 굳게 잡고 서로 돌아보아 사랑과 선행을 격려하며 모이기를 폐하는 어떤 사람들의 습관과 같이 하지 말고 오직 권하여 그 날이 가까움을 볼수록 더욱 그리하자

3. 배교자에 대한 경고: 의인은 오직 믿음으로 말미암아 살리라(26-39절)

1) (배교에는 오직 심판과 불뿐) 우리가 진리를 아는 지식을 받은 후 짐짓 죄를 범한즉 다시 속죄하는 제사가 없고 오직 무서운 마음으로 심판을 기다리는 것과 대적하는 자를 태울 맹렬한 불만 있으리라

2) 모세의 법을 폐한 자도 두세 증인으로 말미암아 불쌍히 여김을 받지 못하고 죽었거든 하물며 하나님의 아들을 짓밟고 자기를 거룩하게 한 언약의 피를 부정한 것으로 여기고 은혜의 성령을 욕되게 하는 자가 당연히 받을 형벌은 얼마나 더 무겁겠느냐 너희는 생각하라
3) 원수 갚는 것이 내게 있으니 내가 갚으리라 하시고 또 다시 주께서 그의 백성을 심판하리라 말씀하신 것을 우리가 아노니 살아 계신 하나님의 손에 빠져 들어가는 것이 무서울진저
4) (담대함을 버리지 말 것) 전날에 너희가 빛을 받은 후에 고난의 큰 싸움을 견디어 낸 것을 생각하라 혹은 비방과 환난으로써 사람에게 구경거리가 되고 혹은 이런 형편에 있는 자들과 사귀는 자가 되었으니
5) 너희가 갇힌 자를 동정하고 너희 소유를 빼앗기는 것도 기쁘게 당한 것은 더 낫고 영구한 소유가 있는 줄 앎이라 그러므로 너희 담대함을 버리지 말라 이것이 큰 상을 얻게 하느니라
6) (뒤로 물러가지 않는 신앙) 너희에게 인내가 필요함은 너희가 하나님의 뜻을 행한 후에 약속하신 것을 받기 위함이라
7) 잠시 잠깐 후면 오실 이가 오시리니 지체하지 아니하시리라
8) 나의 의인은 믿음으로 말미암아 살리라 또한 뒤로 물러가면 내 마음이 그를 기뻐하지 아니하리라 하셨느니라 우리는 뒤로 물러가 멸망할 자가 아니요 오직 영혼을 구원함에 이르는 믿음을 가진 자니라

---

1. 율법과 언약의 대조: 새 언약은 완전하고 영원하다(1-18절)

이 단락은 히브리서 4:14 이하에서 전개된 논제의 결론 부분이다. 여기서는 그리스도 제사의 단일성을 보다 충실하게 다시 강조함은 물론 그 제사의 영원성을 밝히고 있다.

“율법은 장차 올 좋은 일의 그림자일 뿐이요 참 형상이 아니므로 해마다

늘 드리는 같은 제사로는 나아오는 자들을 언제나 온전하게 할 수 없느니라(1절)." 율법은 앞으로 나타날 좋은 일의 그림자(a shadow)에 불과하며 참 형상, 곧 실체 그 자체(the realities themselves)가 아니다. 그러므로 해마다 계속해서 같은 희생제물을 드려도 그 제사로는 하나님 앞에 나오는 사람들을 완전하게 할 수 없다. '온전하게' 는 도덕적으로 온전케 되는 것을 말하는 것이 아니라 예배드리는 자가 더 이상 죄의식을 갖지 않게 하는 것을 말한다. 구약의 제사는 이런 효과를 가져 오지 못하지만 그리스도의 제사는 다르다.

율법은 모세의 율법을 말하지만 여기서는 구약 전체를 가리킨다. 그림자와 참 형상은 대조된다. 구약의 제사와 신약의 제사가 다르다는 말이다. 구약의 제사는 그림자지만 신약의 제사는 참 형상, 곧 원형이다. 구약의 제사는 완성된 작품이 아니라 메시야 시대에 누리게 될 축복들에 대한 개략적인 윤곽에 불과하다. '해마다 늘 드리는 제사' 는 제사를 반복적으로 드리는 것으로, 이것은 최종적인 것이 아님을 나타낸다. 그리스도의 제사가 최종적이고 확정적이며 영원하고 온전케 하는 제사라는 것이다.

"그렇지 아니하면 섬기는 자들이 단번에 정결하게 되어 다시 죄를 깨닫는 일이 없으리니 어찌 제사 드리는 일을 그치지 아니하였으리요(2절)." 만일 그렇게 해서 완전해질 수 있다면 예배드리는 사람들이 단번에 깨끗하게 되어 다시는 죄의식을 갖지 않았을 것이고 계속해서 제물을 드리는 일도 그만두었을 것이다. '단번에 정결하게 되어(cleansed once for all)' 는 한 번의 제사의식으로 완전히 깨끗하게 되는 것을 말한다. 그러나 속죄일에 드리는 구약의 제사는 그렇지 못했다. 불완전한 제사였다는 것이다. 그 제사가 완전한 것이었다면 한 번으로 족하여 해마다 반복해서 드릴 이유가 없다.

"그러나 이 제사들에는 해마다 죄를 기억하게 하는 것이 있나니(3절)." 그러나 그 제사는 해마다 죄를 생각나게 할 뿐이었다. 해마다 제물을 바치면서 죄를 되새겨야 했다. 그것들로는 죄를 제거할 수 없기 때문이다. 그 제사는 불완전해서 해마다 드리고 나서도 아직 남아있는 타락한 본성의 뿌리 때문에 다시 죄를 범하게 된다. 이것은 모세 제도의 제사들은 최종적이거나 영원하지 않다는 것을 말한다. 따라서 제사 드리러 나오는 자들을 온전케 할 수 없었다.

"이는 황소와 염소의 피가 능히 죄를 없이 하지 못함이라(4절)." 구약의 제사에서 드리는 수소(bulls)와 염소의 피로는 죄를 없앨 수 없기 때문이다.

"그러므로 주께서 세상에 임하실 때에 이르시되 하나님이 제사와 예물을 원하지 아니하시고 오직 나를 위하여 한 몸을 예비하셨도다(5절)." 그러므로 그리스도께서 성육신하셔서 이 땅에 오실 때 이렇게 말씀하셨다. "주께서 제사와 예물을 원하지 않으시며 나를 위해 한 몸(a body)을 예비하셨습니다." 한 몸은 우리 죄를 속죄하기 위해 드리실 그리스도의 몸이다. 이 말씀은 "주께서 내 귀를 통하여 내게 들려주시기를 제사와 예물을 기뻐하지 아니하시며 번제와 속죄제를 요구하지 아니하신다 하신지라" 하신 시편 40:6(70인역 시 40:6-8)을 인용한 것이다. 히브리서 저자는 이 말씀을 바탕으로 구약의 제사는 효과가 없는 것에 비해 그리스도의 제사는 효과가 있다는 것을 논증하고 있다.

"번제와 속죄제는 기뻐하지 아니하시나니(6절)." 주께서 불로 태워 바치는 번제와 죄를 씻는 속죄제도 기뻐하지 않으신다는 말씀이다. 이 말씀도 시편 40:6 후반부를 인용한 것이다.

"이에 내가 말하기를 하나님이여 보시옵소서 두루마리 책에 나를 가리켜 기록된 것과 같이 하나님의 뜻을 행하러 왔나이다 하셨느니라(7절)." 그때 그리스도께서 "하나님이시여, 보시옵소서. 저는 성경에 기록되어 있는 대로 하나님의 뜻을 이루러 왔습니다(come to do your will)."라고 말씀드렸다. 두루마리 책(the scroll)은 구약 전체를 뜻한다. 구약에 예언된 말씀을 이루러 그리스도가 이 땅에 오셨다는 말씀이다.

"위에 말씀하시기를 주께서는 제사와 예물과 번제와 속죄제는 원하지도 아니하고 기뻐하지도 아니하신다 하셨고(이는 다 율법을 따라 드리는 것이라)(8절)." 그리스도께서는 먼저 '주께서 제사와 예물과 번제와 속죄제를 원하거나 기뻐하지 않으셨습니다.' 라고 말씀하셨다. 이런 것은 율법이 요구하는 것이다. 이 말씀은 하나님이 그 제사를 드리라고 말씀하지 않았다거나 올바르게 드렸는데 만족하시지 않았다는 뜻이 아니다. 이것들 중 어느 것으로도 인간의 죄를 속죄하고 구원을 성취시킬 수 없었다는 뜻이다. 다시 말해 율법의 제사로는 하나님의 뜻을 이룰 수 없다는 말이다.

"그 후에 말씀하시기를 보시옵소서 내가 하나님의 뜻을 행하러 왔나이다 하셨으니 그 첫째 것을 폐하심은 둘째 것을 세우려 하심이라(9절)." 그 다음, "하나님, 보시옵소서. 저는 하나님의 뜻을 이루려고 왔습니다." 라고 말씀하셨다. 그리스도께서는 새 제도를 세우시려고 옛 것을 폐지하신 것이다. '첫째 것(the first)' 은 옛 것으로 구약에 따른 제사와 예물과 번제와 속죄제를 말하고, '둘째 것(the second)' 은 새 것으로 하나님의 뜻을 따라 세우는 것을 말한다.

"이 뜻을 따라 예수 그리스도의 몸을 단번에 드리심으로 말미암아 우리가 거룩함을 얻었노라(10절)." 하나님의 이런 뜻에 따라 예수 그리스도는 단번에 몸을 바치셨고, 그로 인해 우리는 거룩한 사람이 되었다. '이 뜻을 따라(by that will)' 는 율법에 따라 드리는 제사가 아니라 하나님께 순종하고 그의 뜻을 행하는 것을 하나님이 새로운 제사로 인정하신다는 것은 보여준다. 하나님의 이 뜻에 따라 그리스도께서 자신의 몸을 단번에 드리심으로 우리는 구속함을 받았다.

"제사장마다 매일 서서 섬기며 자주 같은 제사를 드리되 이 제사는 언제나 죄를 없게 하지 못하거니와(11절)." 모든 제사장은 날마다 제단 앞에 서서 자기 직무를 수행하며 반복해서 같은 제사를 드린다. 하지만 이런 제사는 결코 죄를 없애지 못한다.

"오직 그리스도는 죄를 위하여 한 영원한 제사를 드리시고 하나님 우편에 앉으사(12절)." 땅에 있는 성소에서 섬기던 제사장들은 매일 서서 섬겼지만 그리스도는 죄를 위해 단 한 번의 영원한 제사(one sacrifice for sins for ever)를 드리셨다. 이것은 영원한 효력을 나타내는 것이다. 그리고 하나님의 오른편(the right hand)에 앉으셨다. "여호와께서 내 주에게 말씀하시기를 내가 네 원수들로 네 발판이 되게 하기까지 너는 내 오른쪽에 앉아 있으라 하셨도다(시 110:1)."

"그 후에 자기 원수들을 자기 발등상이 되게 하실 때까지 기다리시나니(13절)." 그 후부터 그분은 당신의 원수들이 자기 발등상(his foot-stool)이 되기까지, 다시 말해 자기 발아래 굴복하게 될 때까지 기다리고 계신다. 주님은 하나님 우편에 앉으셔서 원수들을 완전히 복종시킬 때까지 기다리시는 분으로 나타난다. 이것은 히브리서 1:13에 인용한 시편 110:1을 다시 거론한 것이다.

"그가 거룩하게 된 자들을 한 번의 제사로 영원히 온전하게 하셨느니라(14절)." 예수 그리스도는 단 한 번의 제사로(by one offering), 곧 한 제물로 당신 자신을 바치심으로 거룩하게 만드신 사람들을 영원히 완전하게(perfected for ever) 해 주셨다. 그만큼 효과가 크다.

이것은 매번 제사를 드려도 죄를 씻을 수 없는 구약의 제사와는 차원이 다르다. '거룩하게 된 자들' 은 문자적으로 '거룩하게 되어가는(hagiazomenous, being sanctified) 자들' 이다. 거룩함이 진행 중이란 말이다. 그리스도의 구속 사역은 단 한 번의 제사로 이미 성취되었다. 그러나 이 사역의 대상이 되는 이 땅의 성도들의 경우 성결이 진행 중에 있음을 보여준다.

"또한 성령이 우리에게 증언하시되(15절)." 성령님도 이렇게 말씀하시며 우리에게 증거 하셨다. 성경에 이런 말씀이 있다는 것이다. 성경은 성령의 감동으로 쓰인 것이므로 성령이 증언(witness) 하신다 한 것이다. 속죄를 위해 다시 제사를 드릴 필요가 없다는 성령의 확고한 증거다. 이 증거는 새 언약의 복음을 선포한 예언의 말씀(렘 31:31-34)에 근거하고 있다.

"주께서 이르시되 그 날 후로는 그들과 맺을 언약이 이것이라 하시고 내 법을 그들의 마음에 두고 그들의 생각에 기록하리라 하신 후에(16절)." 하나님께서 말씀하시되 "그날 이후 내가 그들과 맺을 새로운 언약은 이것이다. 나는 나의 율법(my laws)을 그들의 마음(their hearts)에 심어 주고(put into) 그들의 생각(their minds)에 새겨 줄(write them) 것이다." 이 말씀은 "그러나 그 날 후에 내가 이스라엘 집과 맺을 언약은 이러하니 곧 내가 나의 법을 그들의 속에 두며 그들의 마음에 기록하여 나는 그들의 하나님이 되고 그들은 내 백성이 될 것이라 여호와의 말씀이니라." 하신 예레미야 31:33을 인용한 것이다.

"또 그들의 죄와 그들의 불법을 내가 다시 기억하지 아니하리라 하셨으니(17절)." 그리고 성령님은 그리스도께서 '한 영원한 제사' 를 드렸으므로 "그들의 죄와 악한 행동(iniquities)을 내가 다시는 기억하지 않을 것이다." 라고 하셨다. 이 말씀은 "그들이 다시는 각기 이웃과 형제를 가리켜 이르기를 너는 여호와를 알라 하지 아니하리니 이는 작은 자로부터 큰 자까지 다 나를 알기 때문이라 내가 그들의 악행을 사하고 다시는 그 죄를 기억하지 아니하리라 여호와의 말씀이니라." 하신 예레미야 31:34를 인용한 것이다. 이 예언에서 나타난 으뜸가는 약속은, 하나님이 한 번 새 언약을 세우시면 그가 자기 백성의 죄를 다시는 기억하지 않겠다고 선포하신 것이다.

"이것들을 사하셨은즉 다시 죄를 위하여 제사 드릴 것이 없느니라(18절)." 이런 죄와 악한 행동을 용서받았기 때문에 다시는 죄를 위한 제사, 곧 죄 때문에 봉헌물을 바칠 필요가 없게 되었다. 그리스도께서 영원히 효력이 있는 죄 사함의 길을 마련하셨기 때문에 구약의 제사는 더 이상 반복될 필요가 없다. 하나님이 다시 기억하시지 않을 정도로 죄가 온전히 사해졌다면 다시는 죄를 위하여 제사를 드릴 필요가 없다. 이것을 부인할 경우 그리스도의 구속 사역을 근본적으로 부인하는 것이 된다. 아벨이 처음 제사를 드렸고, 그 후 족장과 제사장들이 드렸다. 그 모두 그리스도의 희생을 예표 하는 것이었다. 그리스도 안에서 그 궁극적 목적이 성취되었다.

우리는 늘 죄에 대한 두려움을 가지고 있다. 그러나 히브리서 저자는 그리스도의 제사를 생각하며 그 두려움을 이기라고 말한다. 다음은 두려움을 이기게 하는 히브리서의 가르침들이다.

히브리서 10:10에 "예수 그리스도의 몸을 단번에 드리심으로 말미암아 우리가 거룩함을 얻었노라." 하였다. 예수 십자가 보혈로 인해 우리는 단번에 용서를 받았다. 그러므로 우리는 죄의 형벌에 대한 두려움을 단번에 떨쳐버려야 한다. 17절에는 "저희 죄와 저희 불법을 내가 다시 기억하지 아니하리라" 하셨다. 이것은 원죄에 대한 것이다. 새로운 관계에는 더 이상 죄의식이 없으며 대신에 하나님의 뜻대로 행하는 기쁨이 있을 따름이다. 히브리서 10:13에는 "그 후에 자기 원수들로 자기 발등상이 되게 하실 때까지 기다리시나니." 하셨다. 악한 마귀도 더 이상 두려움의 대상이 아니다. 히브리서 10:15-16엔 "성령이 우리에게 증거하시 되 내 법을 저희 마음에 두고 저희 생각에 기록하리라" 하셨다. 주의 법을 우리 마음에 두고 우리 생각에 둠으로 우리는 주님으로 승리한다.

2. 구속받은 자의 특권과 의무: 믿음, 소망, 사랑을 굳게 하라(19-25절)

19-35절까지는 그리스도인의 삶의 특권과 책임이 기록되어 있다. 19-25절은 믿음을 더 굳세게 하도록 당부하고 있다. 22-25에서는 그리스도께서 새로운 생명의 길을 마련하시고 하나님의 집을 다스리는 자로 계신다는 근거아래 네 가지 권고를 하고 있다. 하나님께 나아가자, 소망을 가지고 흔들리지 말자, 서로 돌아보고 격려하자, 모이기를 힘쓰자는 것이다.

"그러므로 형제들아 우리가 예수의 피를 힘입어 성소에 들어갈 담력을 얻었나니(19절)." 히브리서 저자는 예수님의 피로 인해 우리가 마음 놓고 지성소로 들어가게 되었음을 강조하였다.

히브리서 저자는 지금까지 다룬 여러 논증들(히 1:1-10:18)을 바탕으로 적용의 말을 시작한다. '그러므로' 는 바로 그것의 시작을 말해주고 있다. 그 첫 적용이 바로 예수의 피로 인해 우리가 지성소에 들어갈 수 있는 힘을 얻게 되었다는 것이다. 여기서 성소는 지성소(the Most Holy Place)를, 담력은 자신감(confidence)을 말한다. 성소에 들어갈 담력은 그리스도가 완전한 제사를 드림으로 인해 담대히 은혜의 보좌 앞에 나아갈 수 있게 되었다. 옛 언약아래에서 짐승의 피로는 속량할 수 없어 성소에 들어가는 길이 막혀 있었다.

"그 길은 우리를 위하여 휘장 가운데로 열어 놓으신 새로운 살 길이요 휘장은 곧 그의 육체니라(20절)." 그리스도는 우리를 위해 자신의 몸(his body)인 휘장(curtain)을 찢어 새로운 생명의 길(a new and living way)을 열어 놓으셨다. 예수님이 죽으셨을 때 성소의 휘장이 위에서 아래로 찢어졌다. 여기서 휘장은 그리스도의 몸을 상징한다. 히브리서 저자는 휘장을 그리스도의 몸과 동일시하였다. 이것은 그리스도의 죽으심을 염두에 둔 것으로, 성소의 휘장이 찢겨져 누구나 그의 피를 의지하여 성소에 들어갈 수 있기 때문이다. 그리스도는 하나님 앞으로 나아가는 길을 여시기 위해 성소의 휘장처럼 찢김을 당하셨다. 이 길은 새로운 살 길, 곧 생명의 길이다. 막혔던 담이 헐리고 하나님과의 온전한 교제로 들어갈 수 있기 때문이다.

"또 하나님의 집 다스리는 큰 제사장이 계시매(21절)." 우리에게는 하나님의 집(the house of God)을 다스리는 위대한 대제사장이 계신다. 하나님의 집은 땅에 있는 교회뿐 아니라 하늘에 있는 교회 모두를 가리킨다. 히브리서 저자가 이 후로는 말씀의 적용을 위해 주로 이 땅의 교회와 성도들을 대상으로 말하고 있기 때문에 주로 이 땅에 있는 교회에 초점이 맞춰있다고 할 수 있다. 그리스도가 교회를 다스리는 자로 계시기 때문에 우리가 해야 할 일이 있다는 것이다. 그것은 다섯 가지 권고로 나타난다.

"우리가 마음에 뿌림을 받아 악한 양심으로부터 벗어나고 몸은 맑은 물로 씻음을 받았으니 참 마음과 온전한 믿음으로 하나님께 나아가자(22절)." 그 첫 권고가 22절이다. 이 말씀의 초점은 하나님께 나아가자(let us draw near to God)는 것이다. 그런데 그냥 나아가는 것이 아니다. 우리가 이미 마음(our hearts)이 그리스도의 피가 뿌려져(sprinkled with Christ's blood) 악한 양심(a guilty conscience)이 깨끗해졌고 우리의 몸도 맑은 물(pure water)로 씻음을 받았으니 이제부터는 진실한 마음(a sincere heart)과 확고한 믿음(full assurance of faith)으로 하나님께 나아가자는 것이다. 하나님 앞에 나아가는 자의 자세가 어떠해야 하는가를 가르쳐 주고 있다. 바른 양심과 온전한 마음으로 하나님께 나아가야 한다.

"또 약속하신 이는 미쁘시니 우리가 믿는 도리의 소망을 움직이지 말며 굳게 잡고(23절)." 두 번째 권고다. 소망을 굳게 잡고 흔들리지 말자(Let us hold unswervingly)는 것이다. 그리스도만이 우리의 소망이라는 것이다. 약속하신 분은 신실하신 분이시다. 미쁘시다(faithful)는 것은 믿음직스럽고 참되시다는 말이다. 그러니 우리가 믿는 도리의 희망, 즉 우리가 고백하는 그 희망(the hope we profess)을 굳게 붙들 이유가 충분하다.

“서로 돌아보아 사랑과 선행을 격려하며(24절).” 세 번째 권고다. 서로 돌아보아 사랑과 선행을 격려하자(let us consider how we may spur one another)는 것이다. 서로 격려해서 사랑과 좋은 일을 하도록 하자는 것이다.

“모이기를 폐하는 어떤 사람들의 습관과 같이 하지 말고 오직 권하여 그 날이 가까움을 볼수록 더욱 그리하자(25절).” 네 번째 권고다. 어떤 사람들처럼 같이 모이는 일을 중단하지 말고(let us not give up meeting together) 서로 격려해서(let us encourage one another) 자주 모이자는 것이다. 더구나 그 날(the Day), 곧 주님이 다시 오실 날이 가까워 오는 것을 아는 이상 더욱 열심히 모이는 일에 힘쓰라 했다. ‘모이기를 폐하는 어떤 사람들의 습관’ 은 성도들과의 모임과 교제를 무시하는 어떤 사람들의 습관을 말한다. 그들이 누구인지는 밝히지 않았다. 하지만 그들은 26절 이하에서 거론되는 배교자들일 가능성이 높다.

3. 배교자에 대한 경고: 의인은 오직 믿음으로 말미암아 살리라(26-39절)

26-31절은 배교자에 대해 경고하고 있다. 매우 준엄하다. 내용은 히브리서 6:4-8과 상통하고 있다. 그리스도의 희생 제사를 부인하고 모이기를 폐하는 어떤 사람들에 대한 경고다. 32-39절은 배교에 대한 무서운 경고에 이어 위로와 권면의 말씀이 이어진다. 그들로 하여금 처음에 가졌던 순수한 믿음을 상기시키면서 그 믿음을 계속 지켜나가도록 한다.

“우리가 진리를 아는 지식을 받은 후 짐짓 죄를 범한즉 다시 속죄하는 제사가 없고(26절).” 만일 우리가 가르침을 받아서 진리를 깨달아 안 후에도 고의적으로 계속 죄를 짓는다면 다시는 그 죄를 용서받기 위해서 드릴 수 있는 제물이 없다. 그에 대한 속죄제사는 없다. '짐짓 죄를 범한(deliberately keep on sinning)' 그 죄는 자발적으로 범한 것으로 히브리서 5:2의 무지로 인해 범한 죄와 속성이 다르다. 이것은 단지 도덕적인 과실이나 잘못이 아니다. 29절을 보면 기독교의 진리, 곧 그리스도가 단번에 이루신 속죄를 거부하고 유대교의 제사에 연연하며 그것을 추종하는 행동을 가리킨다. 기독교 신앙을 고백한 후에 다시 그 신앙을 버리고 배교의 상태에 빠진 것이다. 그런 경우 그들에게 속죄제사가 다시없다. 그리스도께서 단 한 번으로 영원한 제사를 드리셨음을 거부했기 때문이다.

"오직 무서운 마음으로 심판을 기다리는 것과 대적하는 자를 태울 맹렬한 불만 있으리라(27절)." 다만 두려운 마음으로 심판(judgment)을 기다리는 것과 하나님을 대적하는 원수들을 소멸할 무서운 불(raging fire)만 있다. 심판과 반역자들을 삼켜 버릴 맹렬한 불을 두려운 마음으로 기다리는 길밖에 없다는 것이다. "여호와여 주의 손이 높이 들릴지라도 그들이 보지 아니하오나 백성을 위하시는 주의 열성을 보면 부끄러워할 것이라 불이 주의 대적들을 사르리이다(사 26:11)." 준엄한 경고다.

"모세의 법을 폐한 자도 두세 증인으로 말미암아 불쌍히 여김을 받지 못하고 죽었거든(28절)." 모세의 법을 어긴 사람도 두세 증인만 있으면 동정의 여지없이 사형을 받았다. 용서받지 못하고 사형에 처해졌다는 말이다. '모세의 법을 폐한(rejected the law of Moses) 자' 는 모세를 신뢰하지 아니하고 그가 하나님의 명령에 따라 내린 법과 규례를 거부하고 따르지 아니한 자를 말한다.

"하물며 하나님의 아들을 짓밟고 자기를 거룩하게 한 언약의 피를 부정한 것으로 여기고 은혜의 성령을 욕되게 하는 자가 당연히 받을 형벌은 얼마나 더 무겁겠느냐 너희는 생각하라(29절)." 하물며 하나님의 아들을 짓밟고 자기를 거룩하게 한 언약의 피를 깨끗지 않은 것으로 여기고 은혜를 주시는 성령님을 모욕한 사람이 받을 형벌이 어찌 더 가혹하지 않겠는가? '하나님의 아들을 짓밟고' 는 히브리서 6:6 하반부의 "그들이 하나님의 아들을 다시 십자가에 못 박아 드러내 놓고 욕되게 함이라"와 같은 의미다. 하나님의 아들은 그리스도를 말한다. 타락한 자들은 다시 새롭게 하여 회개하게 할 수 없다(히 6:6 상반부).

"원수 갚는 것이 내게 있으니 내가 갚으리라 하시고 또 다시 주께서 그의 백성을 심판하리라 말씀하신 것을 우리가 아노니(30절)." 하나님께서 "원수 갚는 것은 나의 일이다. 내가 갚아 주겠다." 하시고 또 "주께서 자기 백성을 심판하실 것이다." 라고 하신 것을 우리는 알고 있다.

"그들이 실족할 그 때에 내가 보복하리라 그들의 환난 날이 가까우니 그들에게 닥칠 그 일이 속히 오리로다(신 32:35)." "그러나 너는 말하기를 나는 무죄하니 그의 진노가 참으로 내게서 떠났다 하거니와 보라 네 말이 나는 죄를 범하지 아니하였다 하였으므로 내가 너를 심판하리라(렘 2:35)."

"살아 계신 하나님의 손에 빠져 들어가는 것이 무서울 진저(31절)." 살아 계신 하나님의 심판의 대상이 된다는 것은 정말 무서운 일(a dreadful thing)이란 말씀이다. 하나님의 손(the hands of God)에 빠져 들어가는(fall into) 것은 심판을 받는 것을 가리킨다. 예수님은 말씀하셨다. "내가 내 친구 너희에게 말하노니 몸을 죽이고 그 후에는 능히 더 못하는 자들을 두려워하지 말라 마땅히 두려워할 자를 내가 너희에게 보이리니 곧 죽인 후에 또한 지옥에 던져 넣는 권세 있는 그를 두려워하라 내가 참으로 너희에게 이르노니 그를 두려워하라(눅 12:4, 5)." 하나님의 심판을 두려워하고 그런 죄에 빠지지 않도록 해야 한다.

"전날에 너희가 빛을 받은 후에 고난의 큰 싸움을 견디어 낸 것을 생각하라(32절)." '전날에(those earlier days)' 는 그리스도에 관한 복음을 듣고 영적으로 깨달아(enlightened spiritually) 열정적으로 복음에 응답하던 처음 시절을 말한다. 너희가 처음에 하나님의 빛을 받고 나서 많은 고난의 도전을 받으면서도 그것들과 싸우며 견디던 그 때를 생각해 보라. '고난의 큰 싸움' 은 초대교회의 경우 순교를 의미한다. 당시는 로마의 박해를 받던 때였기 때문에 그리스도인이 된다는 것은 박해와 고난뿐 아니라 죽음을 각오해야 했다. 이 싸움을 디모데후서 2:5에는 '경기' 에 비유했다. 32절에서도 고난에 직면해 그 싸움을 하기 위해 견딤, 곧 그 큰 경기에서 땅을 딛고 서는(stood your ground in a great contest) 것으로 보았다. 그리스도인은 세상에 맞서 고난의 경주를 해야 하는 사람들이다.

"혹은 비방과 환난으로써 사람에게 구경거리가 되고 혹은 이런 형편에 있는 자들과 사귀는 자가 되었으니(33절)." 그 환난의 시기에 여러분 중에는 모욕(insult)과 환난(persecution)을 당하여 사람들에게 구경거리가 된 적도 있었고 그런 형편에 빠진 사람들의 친구가 되기도 했다. '이런 형편에 있는 자들' 은 비방과 환난으로 구경거리가 된 자들을 말한다. 그런 사람들과 친구가 되는 것(sympathize, be a partner)도 고난을 각오하지 않으면 안 되었다.

"너희가 갇힌 자를 동정하고 너희 소유를 빼앗기는 것도 기쁘게 당한 것은 더 낫고 영구한 소유가 있는 줄 앎이라(34절)." 여러분은 갇힌 사람들을 동정하였고 또 가진 재산을 다(all you owned) 빼앗기면서도 그보다 더 좋고 영원한 유산(better and lasting possessions)이 있다는 것을 알고 그 일을 기쁘게 감당하였다. 박해를 받아 옥에 갇힌 자들을 사귀고 동정하는 것은 성도가 사랑을 실천하는 방법으로 초대교회의 큰 미덕 가운데 하나이다. 그러나 그것마저도 재산을 빼앗기고 추방당하는 위험이 늘 있었다. '더 낫고 영구한 소유' 는 그리스도 안에 있는 구원과 미래의 상급을 말한다.

"그러므로 너희 담대함을 버리지 말라 이것이 큰 상을 얻게 하느니라(35절)." 그러므로 여러분은 용기와 신념을 잃지 마십시오. 여기서 '너희 담대함

(your fearless confidence)' 은 그리스도에 대한 확신에서 나오는 강한 용기와 자신감을 말한다. 이것으로 인해 주님으로부터 큰 상(great reward)을 받게 될 것이다.

"너희에게 인내가 필요함은 너희가 하나님의 뜻을 행한 후에 약속하신 것을 받기 위함이라(36절)." 하나님의 뜻을 행한 후에 하나님이 약속하신 것을 받으려면 인내가 필요하다는(need to persevere) 말씀이다. 믿음의 전진을 위해서는 인내가 필수적임을 권면하고 있다. 36절의 '하나님의 뜻을 행함' 에는 하나님을 향한 믿음을 강하게 하여 모든 환란을 이기는 것도 포함하고 있다.

"잠시 잠깐 후면 오실 이가 오시리니 지체하지 아니하시리라(37절)." 멀지 않아 그리스도께서 오실 것이다. 조금 더 있으면 오실 이가 지체 없이 나타나리라(사 26:20;학 2:6;눅 18:8;히 2:34)는 확신이 담겨 있다. "이 묵시는 정한 때가 있나니 그 종말이 속히 이르겠고 결코 거짓되지 아니하리라 비록 더딜지라도 기다리라 지체되지 않고 반드시 응하리라(합 2:3)."

"나의 의인은 믿음으로 말미암아 살리라 또한 뒤로 물러가면 내 마음이 그를 기뻐하지 아니하리라 하셨느니라(38절)." 그러나 의로운 사람은 믿음으로 살아야 한다. 믿다가 뒤로 물러서면 하나님께서 기뻐하시지 않는다. 이 말씀은 "보라 그의 마음은 교만하며 그 속에서 정직하지 못하나 의인은 그의 믿음으로 말미암아 살리라(합 2:4;롬 1:17;갈 3:11)." 하신 말씀을 인용한 것이다. 히브리서 저자는 우리가 인내하면서 약속을 기다려야 할 이유가 여기에 있음을 밝히고 있다.

그리스도인의 신앙생활은 뒤로 물러가는 신앙, 후퇴하는 신앙이 아니라 전진하는 신앙이 되어야 한다. 하나님이 그것을 기뻐하시기 때문이다. 신앙은 결코 소극적인 것이 되어서는 안 되며 언제나 적극적이어야 한다. 하나님이 우리에게 복음의 빛으로 큰 은혜를 베풀어 주신 것은 우리로 하여금 하나님께 더욱 가까이 나아가도록 하는 데 목적이 있는 것이지 퇴보에 목적이 있는 것이 결코 아니다. 히브리서 저자는 인내가 필요하다고 말한 뒤 하박국 선지자의 말을 인용하여 주님은 지체하지 아니하고 정녕 오실 것이므로 의인은 오직 믿음으로 말미암아 살아야 한다는 것을 강조하였다.

믿음은 그 자체 안에 인내를 필연적으로 요구하고 있다. 믿음은 우리가 아직 도달하지 못한 먼 곳으로 우리를 초대하기 때문에 기다림과 인내가 필요하다. "의인은 믿음으로 말미암아 살리라"는 말씀도 더 깊이 살펴보면 성도는 인내를 가지고 소망하는 것을 기다릴 줄 알아야 한다는 것을 가르쳐 준다.

믿음을 인내로부터 분리시킬 수 없다는 것을 다른 말로 표현하면 우리가 인내심을 갖추고 있지 않을 때 우리는 구원의 목표에 도달하지 못한다는 것이다. 히브리서 저자는 11장에서 "믿음은 실상이다", "믿음은 증거다", "그러므로 이 실상을 가지려면 인내하라"는 식의 삼단논법을 전개함으로써 믿음을 인내와 굳게 결합시키고 있다.

그가 믿음에 대한 정의를 내리고 난 다음 여러 믿음의 영웅들을 소개한 것은 바로 말씀을 믿고 참고 순종했을 때 믿음의 좋은 결과를 얻게 되었다는 것을 말하고자 한 것이다. 바라는 바가 더디 온다고 불만하고 돌아선다면 그것은 그리스도인으로서 바른 신앙의 태도가 아니다. 농부가 때를 기다려 곡식을 거둘 수 있는 것처럼 그리스도인은 주님이 오는 그 순간까지 참고 기다릴 줄 알아야 한다.

"우리는 뒤로 물러가 멸망할 자가 아니요 오직 영혼을 구원함에 이르는 믿음을 가진 자니라(39절)." 우리는 뒤로 물러나(shrink back) 멸망할 사람들이 아니라 믿고 구원을 받을 사람들이다. 39절은 그가 제시한 여러 권면의 결론이다. 뒤로 물러나면 멸망한다. 배교는 멸망의 길일뿐이다. 그러니 믿음에 대한 확신을 갖고 똑바로 걸어가야 한다.

제11장

믿음에 대한 정의와 믿음 생활에 성공한 사람들

요약

1. 믿음이란 무엇인가(1-3절)

1) (믿음) 믿음은 바라는 것들의 실상이요 보이지 않는 것들의 증거니 선진들이 이로써 증거를 얻었느니라
2) 믿음으로 모든 세계가 하나님의 말씀으로 지어진 줄을 우리가 아나니 보이는 것은 나타난 것으로 말미암아 된 것이 아니니라

2. 믿음의 선진들: 아벨에서 사라까지(4-12절)

1) (아벨) 믿음으로 아벨은 가인보다 더 나은 제사를 하나님께 드림으로 의로운 자라 하시는 증거를 얻었으니 하나님이 그 예물에 대하여 증언하심이라 그가 죽었으나 그 믿음으로써 지금도 말하느니라
2) (에녹) 믿음으로 에녹은 죽음을 보지 않고 옮겨졌으니 하나님이 그를 옮기심으로 다시 보이지 아니하였느니라 그는 옮겨지기 전에 하나님을 기쁘시게 하는 자라 하는 증거를 받았느니라
3) 믿음이 없이는 하나님을 기쁘시게 하지 못하나니 하나님께 나아가는 자는 반드시 그가 계신 것과 또한 그가 자기를 찾는 자들에게 상 주시는 이심을 믿어야 할지니라
4) (노아) 믿음으로 노아는 아직 보이지 않는 일에 경고하심을 받아 경외함으로 방주를 준비하여 그 집을 구원하였으니 이로 말미암아 세상을 정죄하고

믿음을 따르는 의의 상속자가 되었느니라
5) (아브라함) 믿음으로 아브라함은 부르심을 받았을 때에 순종하여 장래의 유업으로 받을 땅에 나아갈새 갈 바를 알지 못하고 나아갔으며
6) 믿음으로 그가 이방의 땅에 있는 것 같이 약속의 땅에 거류하여 동일한 약속을 유업으로 함께 받은 이삭 및 야곱과 더불어 장막에 거하였으니
7) 이는 그가 하나님이 계획하시고 지으실 터가 있는 성을 바랐음이라
8) (사라) 믿음으로 사라 자신도 나이가 많아 단산하였으나 잉태할 수 있는 힘을 얻었으니 이는 약속하신 이를 미쁘신 줄 알았음이라
9) 이러므로 죽은 자와 같은 한 사람으로 말미암아 하늘의 허다한 별과 또 해변의 무수한 모래와 같이 많은 후손이 생육하였느니라

3. 선진들의 믿음: 본향을 사모하는 자(13-16절)

1) 이 사람들은 다 믿음을 따라 죽었으며 약속을 받지 못하였으되 그것들을 멀리서 보고 환영하며 또 땅에서는 외국인과 나그네임을 증언하였으니
2) 그들이 이같이 말하는 것은 자기들이 본향 찾는 자임을 나타냄이라
3) 그들이 나온바 본향을 생각하였더라면 돌아갈 기회가 있었으려니와 그들이 이제는 더 나은 본향을 사모하니 곧 하늘에 있는 것이라 이러므로 하나님이 그들의 하나님이라 일컬음 받으심을 부끄러워하지 아니하시고 그들을 위하여 한 성을 예비하셨느니라

4. 아브라함, 이삭, 야곱, 요셉의 믿음(17-22절)

1) (아브라함) 아브라함은 시험을 받을 때에 믿음으로 이삭을 드렸으니 그는 약속들을 받은 자로되 그 외아들을 드렸느니라
2) 그에게 이미 말씀하시기를 네 자손이라 칭할 자는 이삭으로 말미암으리라 하셨으니 그가 하나님이 능히 이삭을 죽은 자 가운데서 다시 살리실 줄로 생각한지라 비유컨대 그를 죽은 자 가운데서 도로 받은 것이니라
3) (이삭) 믿음으로 이삭은 장차 있을 일에 대하여 야곱과 에서에게 축복하였으며

4) (야곱) 믿음으로 야곱은 죽을 때에 요셉의 각 아들에게 축복하고 그 지팡이 머리에 의지하여 경배하였으며
5) (요셉) 믿음으로 요셉은 임종 시에 이스라엘 자손들이 떠날 것을 말하고 또 자기 뼈를 위하여 명하였으며

5. 모세의 믿음(23-29절)

1) 믿음으로 모세가 났을 때에 그 부모가 아름다운 아이임을 보고 석 달 동안 숨겨 왕의 명령을 무서워하지 아니하였으며
2) 믿음으로 모세는 장성하여 바로의 공주의 아들이라 칭함 받기를 거절하고 도리어 하나님의 백성과 함께 고난 받기를 잠시 죄악의 낙을 누리는 것보다 더 좋아하고
3) 그리스도를 위하여 받는 수모를 애굽의 모든 보화보다 더 큰 재물로 여겼으니 이는 상 주심을 바라봄이라
4) 믿음으로 애굽을 떠나 왕의 노함을 무서워하지 아니하고 곧 보이지 아니하는 자를 보는 것 같이 하여 참았으며
5) 믿음으로 유월절과 피 뿌리는 예식을 정하였으니 이는 장자를 멸하는 자로 그들을 건드리지 않게 하려 한 것이며
6) 믿음으로 그들은 홍해를 육지 같이 건넜으나 애굽 사람들은 이것을 시험하다가 빠져 죽었으며

6. 기타 선진들의 믿음(30-32절)

1) (여호수아) 믿음으로 칠 일 동안 여리고를 도니 성이 무너졌으며
2) (라합) 믿음으로 기생 라합은 정탐꾼을 평안히 영접하였으므로 순종하지 아니한 자와 함께 멸망하지 아니하였도다
3) (기타 선진들) 내가 무슨 말을 더 하리요 기드온, 바락, 삼손, 입다, 다윗 및 사무엘과 선지자들의 일을 말하려면 내게 시간이 부족하리로다

7. 이런 사람은 세상이 감당하지 못하느니라(33-40절)

1) 그들은 믿음으로 나라들을 이기기도 하며 의를 행하기도 하며 약속을 받기도 하며 사자들의 입을 막기도 하며
2) 불의 세력을 멸하기도 하며 칼날을 피하기도 하며 연약한 가운데서 강하게 되기도 하며 전쟁에 용감하게 되어 이방 사람들의 진을 물리치기도 하며
3) 여자들은 자기의 죽은 자들을 부활로 받아들이기도 하며 또 어떤 이들은 더 좋은 부활을 얻고자 하여 심한 고문을 받되 구차히 풀려나기를 원하지 아니하였으며
4) 또 어떤 이들은 조롱과 채찍질뿐 아니라 결박과 옥에 갇히는 시련도 받았으며
5) 돌로 치는 것과 톱으로 켜는 것과 시험과 칼로 죽임을 당하고 양과 염소의 가죽을 입고 유리하여 궁핍과 환난과 학대를 받았으니
6) (이런 사람은 세상이 감당하지 못하느니라) 그들이 광야와 산과 동굴과 토굴에 유리하였느니라
7) 이 사람들은 다 믿음으로 말미암아 증거를 받았으나 약속된 것을 받지 못하였으니 이는 하나님이 우리를 위하여 더 좋은 것을 예비하셨은즉 우리가 아니면 그들로 온전함을 이루지 못하게 하려 하심이라

히브리서 11장은 믿음이란 무엇인가를 밝혀주고 그 보기로서 믿음의 영웅들을 자세히 소개하고 있다. 우리는 히브리서 11장을 '믿음 장'이라 말한다. 믿음이 무엇인가를 가르쳐 주기 때문이다. 그러나 우리는 이에 앞서 히브리서 저자가 왜 그토록 믿음을 강조하고 있는가를 간과해서는 안 된다. 그것은 믿음을 끝까지 고수하지 못하고 중도하차하는 교인들이 있었고, 또 그럴 가능성이 있는 교인들이 보이기 때문이다. 배교는 주로 핍박 때문이기도 하지만 믿음이 확고하지 못하기 때문이기도 하다.

믿음은 허상이 아니라 실상을 붙잡는 것이다. 보이는 세상의 허상이 아니라 영원한 실상이다. 히브리서 기자는 복음을 받은 후 참고 견디지 못하고 다시 죄 속에 빠져들며 믿음을 저버리는 교인들을 향해 "전날에 너희가 빛을 받은 후 고난의 큰 싸움에 참은 것을 생각하라 너희 담대함을 버리지 말라 이것이 큰 상을 얻느니라(히 10:32,36)," "땅이 그 위에 자주 내리는 비를 흡수하여 밭가는 자들의 쓰기에 합당한 채소를 내면 하나님께 복을 받고 만일 가시와 엉겅퀴를 내면 버림을 당하고 그 마지막은 불사름이 되리라(히 6:7,8)"고 경고하였다. 이것은 교인들이 한 때 가졌던 그리스도인으로서의 높은 수준에서 타락하거나 추구해야 할 목표에서 멀리 떨어져 있음을 보여주고 있다. 우리 눈에는 보이지 않으나 그것이 궁극적으로 실상인 믿음을 버리고 결국 허상일 수밖에 없는 보이는 이 세상의 것에 매달리기 때문이다.

히브리서 저자는 허상을 좇아 배교하는 무리들을 향해 끝까지 참고 믿음을 이루라고 역설하고 있다. 이 말씀은 그리스도인이라 하면서 지나치게 허상을 바라보고 사는 현대인들에게 경종이 되는 말씀이 아닐 수 없다.

1. 믿음은 무엇인가(1-3절)

"믿음은 바라는 것들의 실상이요 보이지 않는 것들의 증거니(1절)." 믿음(pistis, faith)은 우리가 바라는 것들에 대한 실물(hypostasis pragmaton, substance of things)이며 보이지 않는 것들에 대한 증거(elenchos, conviction, evidence)다. 믿음은 우리가 바라는 것들을 보증해 주고 볼 수 없는 것들을 확증해 준다는 말이다. 믿음은 바로 우리가 보지 못하는 것을 바라고, 또한 그것을 확신하는 것이다. 지금 우리 눈에 보이지 않는다 해도 확신을 가지고 믿는 것이다.

실상은 본질(substance), 자신감 있는 확신(confident assurance), 사실임을 보여주는 확인(confirmation), 권리증서(title deed) 등 여러 가지로 해석된다. 이 모두는 믿음이 확실한 것이라는 말이다. 증거는 진실한 사실(real fact), 실제에 대한 확신(conviction of realities), 증명(proof)으로 해석된다. 이 또한 믿음이 진실이라는 말이다.

그리스도인이 때로 뒤로 물러가는 이유 가운데 하나는 실상과 허상을 구분하지 못하기 때문이다. 사람은 누구나 보이지 않는 것보다 보이는 것을 찾게 되고 기다려서 갖게 되는 것보다 당장에 잡을 수 있는 것을 선호한다. 눈앞에 보이는 것, 그리고 금방 손에 쥘 수 있는 것을 사람들은 실상이라 생각한다. 그러나 성경은 그것이 실상이 아니라 허상이라 말한다. 참다운 실상은 잠시 잠간의 것이 아니라 영원한 것이며, 인간으로부터 나오는 것이 아니라 하나님으로부터 나오는 것이라고 가르친다. 믿음의 눈을 가지고 참다운 실상을 바라보라고 말한다. 사람은 이 세상에 살고 있고 또 이 세상의 삶에 매어있기 때문에 믿음의 눈을 가지기보다는 세상의 눈을 가지기 쉽다. 따라서 그리스도인이라 할지라도 세상의 눈으로 자꾸 보기 시작하면 믿음으로부터 떨어져 나가기란 그리 어려운 일이 아니다.

히브리서 기자는 그리스도인이라 할지라도 세상의 속성에 빠지기 쉽다는 것을 잘 알고 있었다. 그는 세상이 실상으로 보는 그것들이 결코 실상이 될 수 없으며 성도가 가져야 할 실상은 믿음을 통한 실상이어야 함을 밝히 가르쳐 실상에 대한 확신을 바르게 갖도록 촉구하였다. 그가 '믿음은 바라는 것들의 실상이요 보지 못하는 것들의 증거' 라고 말하는 것은 바로 이 때문이다.

실상은 허구가 아니라 본체이자 확실한 것이다. 이것은 믿음을 통해 얻을 수 있는 것이다. 따라서 믿음은 우리가 궁극적으로 바라는 것들을 확신시켜주고 확실히 갖게 만든다. 그것은 세상적인 눈으로 볼 수 없다. 그러나 세상적인 눈으로 볼 수 없는 것들을 믿음은 확실히 보여준다. 믿음이 증거 됨은 이 때문이다. '바라는 것들' 은 우리가 미래에 경험할 것들이며, '보지 못하는 것들' 은 육적인 눈으로는 결코 볼 수 없는 영적 경험의 영역이다.

바울은 실상을 얻기 위해 자기에게 유익하던 것을 모두 해로 여겼다. 영원한 생명 · 영원한 실상을 얻기 위해 이 세상의 부귀 · 영화 모두를 배설물로 여겼다. 그리스도 안에서 참된 실상을 얻기 위하여 일시적인 허상을 버린 것이다. 그는 세상에서 자기를 찾기보다는 예수 그리스도 안에서 자기를 찾고자 했다. 빌립보서 3장 7-9절에 나타난 그의 이 같은 생각은 이 세상의 모든 것을 포기해도 그리스도를 포기할 수 없고, 모든 것 다 잃어도 믿음의 실상만큼은 잃을 수 없다고 선언하고 있다. 그에게 있어서 믿음을 잃는다는 것, 예수를 잃는다는 것은 전부를 잃는 것과 같다. 믿음은 이처럼 중요한 것이다. 실상에 대한 확신이 없는 믿음, 그것은 죽은 믿음이다.

"선진들이 이로써 증거를 얻었느니라(2절)." 선진들(the ancients), 곧 이스라엘의 조상들, 특히 구약의 조상들을 가리키다. 그들이 이 믿음으로 증거를 얻었다. 이것은 '하나님의 인정을 받았다(divine approval),' '거룩한 증언(divine testimony)이 되었다,' '좋은 성적을 얻었다(obtained good report)' 는 말이다. 히브리서 저자는 우리가 존귀하게 여기는 믿음의 조상들이 믿음을 통해 참다운 실상을 가졌기 때문에 승리의 삶을 살 수 있었다고 주장하였다. 아벨, 에녹, 노아, 아브라함, 이삭, 야곱, 요셉, 모세, 다윗 등 그가 히브리서 11장에 열거한 수많은 믿음의 조상들이 바로 이러한 증거를 얻은 자들이다. 그들은 보이지 않는 것을 보는 비저너리(visionary)들이다.

"믿음으로 모든 세계가 하나님의 말씀으로 지어진 줄을 우리가 아나니 보이는 것은 나타난 것으로 말미암아 된 것이 아니니라(3절)." 믿음으로 우리는 이 세상의 모든 것이 하나님의 말씀으로(by word of God) 창조되었으며 보이는 것(what we see)이 보이지 않는 것으로 만들어졌다(made from nothing)는 것을 안다. 눈에 보이는 이 세상은 보이는 것으로 말미암아 창조된 것이 아니라 보이지 아니하는 하나님의 말씀으로 창조되었다. 이것은 믿음의 기본 조건이다. 창조의 기원을 아는 것, 특히 하나님이 살아 역사하시는 말씀으로 모든 것이 창조되었음을 아는 것이 믿음의 첫 걸음이다. 천지만물이 하나님의 말씀으로 창조된 것을 직접 목격한 일은 없지만 믿음으로 알게 된다.

2. 믿음의 선진들: 아벨에서 사라까지(4-12절)

"믿음으로 아벨은 가인보다 더 나은 제사를 하나님께 드림으로 의로운 자라 하시는 증거를 얻었으니 하나님이 그 예물에 대하여 증언하심이라 그가 죽었으나 그 믿음으로써 지금도 말하느니라(4절)." 믿음으로(by faith, by believing God)가 강조되고 있다. 아벨(Abel)은 죄에 대한 첫 희생자이다(창 4:1-15). 그는 믿음으로 가인보다 더 나은 제사를 하나님께 드렸다. 믿음으로 드린 제사다. 하나님께서는 아벨이 믿음을 보시고 그가 드린 제물을 기꺼이 받으셨다. 그리고 그를 의로운 사람, 곧 올바른 사람으로 인정해 주셨다. 그는 죽었지만 지금도 여전히 믿음으로 말을 하고 있다. 다시 말해 아벨은 죽었음에도 불구하고 지금까지 그의 믿음이 효력을 나타내고 있다.

가인과 아벨의 제사는 창세기 4:2 이하에 소개되어 있다. 그곳에서 아벨이 믿음으로 제사를 드렸다는 말씀은 언급되지 않았다. 하지만 히브리서 저자는 분명히 '믿음으로' 제사를 드렸다고 말하고 있다. '하나님이 그 예물에 대하여 증언하심' 을 보아 아벨이 가인보다 더 나은 제사를 드렸음을 알 수 있다. 그 증거가 무엇인지는 확실히 말할 수는 없지만 하나님께서 그의 예물을 받으시고 제물을 완전히 태우는 어떤 기적적인 승인이 있었을 것으로 생각된다.

아벨의 제사가 더 나은 제사인 것은 제물의 차이일까? 그것은 아니다. 아벨은 곡식을 드렸다. 피의 제사가 아니었다. 이에 비해 가인은 첫 양과 그 기름을 드렸다. 가장 살찐 것을 드렸다는 것은 나름대로 가장 좋은 것을 드렸다는 것을 의미한다. 그럼에도 불구하고 가인의 제사를 열납하지 않으시고 아벨의 제사를 받으셨다. 이것은 그들의 제사에서 피의 제사일 필요성을 무시한 것이다. 제사자의 태도가 문제다. 예배는 진리로 드려야 한다. 올바른 예배를 드리라는 것이다. 성령과 함께 하나님께 최선을 다하라.

"믿음으로 에녹은 죽음을 보지 않고 옮겨졌으니 하나님이 그를 옮기심으로 다시 보이지 아니하였느니라 그는 옮겨지기 전에 하나님을 기쁘시게 하는 자라 하는 증거를 받았느니라(5절)." 에녹(Enoch)은 하나님과 동행하다 승천한 인물이다(창 5:22-24). 믿음으로 에녹은 죽지 않고 하늘로 옮겨 갔기 때문에 아무도 그를 볼 수 없었다. 하나님께서 그를 데려가신 것이다. 에녹은 믿음으로 하늘로 옮겨져서 죽음을 맛보지 않았다. 하나님께서 그를 데려가기 전부터 그는 하나님을 기쁘시게 하는 사람으로 인정을 받았다. 이에 관한 말씀이 성경에 기록되어 있다. "에녹이 하나님과 동행하더니 하나님이 그를 데려가시므로 세상에 있지 아니하였더라(창 5:24)." 히브리서에서는 에녹을 '하나님을 기쁘시게 하는 자' 라 했고, 창세기에서는 '하나님과 동행하는 자' 라 했다. 에녹은 하나님과 동행하며 하나님이 기쁘시게 하는 삶을 살았다는 말이다. 우리도 올바른 삶을 살아야 한다. 삶이 예배다.

"믿음이 없이는 하나님을 기쁘시게 하지 못하나니 하나님께 나아가는 자는 반드시 그가 계신 것과 또한 그가 자기를 찾는 자들에게 상 주시는 이심을 믿어야 할지니라(6절)." 믿음이 없이는 하나님을 기쁘시게 할 수 없다. 하나님에게 나아가는 사람은 그분이 계시는 것과 또 그분을 진정으로 찾는 사람들에게 상을 주신다는 것을 반드시 믿어야 한다. 히브리서 저자는 하나님을 기쁘시게 하기 위해서는 믿음이 필수적임을 강조하고 있다.

"믿음으로 노아는 아직 보이지 않는 일에 경고하심을 받아 경외함으로 방주를 준비하여 그 집을 구원하였으니 이로 말미암아 세상을 정죄하고 믿음을 따르는 의의 상속자가 되었느니라(7절)." 노아(Noah)는 모두가 소용이 없다고 생각할 때 하나님의 말씀을 믿고 방주를 만들었다(창 6:14-22). 그는 믿음이 있었기 때문에 하나님께서 아직 보이지 않는 일들, 곧 홍수심판에 대해 경고를 하셨을 때 그 말씀을 두려워하는 마음으로 받아들였다. 그리고 지체 없이 방주, 곧 배를 만들어 홍수 때에 가족을 구원해 냈다. 그 믿음으로 그는 하나님과의 올바른 관계를 차지하게 되었다. 그로 말미암아 믿지 않은 세상은 단죄를 받았다. 즉, 노아가 믿음으로 방주를 지은 것은 그의 가족을 구원하는 것이었지만 다른 한편으로는 믿음이 없었던 당시 사람들에게 하나님의 심판의 징표가 되었다. 그리고 그는 믿음에 의한 의의 상속자가 되었다. 이것은 믿음으로 말미암아 의롭게 되었음을 말한다. 이 점에 대해서는 히브리서 저자나 바울 모두 같은 사상을 가지고 있음을 알 수 있다.

노아는 하나님이 이해할 수 없는 명령을 하셔도 순종했다. 바다가 아니라 산위에 지어라 하셔도 청춘을 다 바쳐 방주를 지었다. 사람들이 놀려도 괘념하지 않았다. 보이지 않는 일이지만 하나님이 말씀하셨으므로 그대로 믿은 것이다. 그리고 순종했다. 올바른 순종이다. 그는 세상이 감당치 못할 믿음을 가졌고, 증거를 얻는 자가 되었다. 힘들어도 낙심하지 말고 저 하늘을 바라보자.

"믿음으로 아브라함은 부르심을 받았을 때에 순종하여 장래의 유업으로 받을 땅에 나아갈 새 갈 바를 알지 못하고 나아갔으며(8절)." 아브라함(Abraham)은 믿음의 인물이었다. 그는 하나님의 성이 어디에 있는지도 모르고 떠나라 하실 때 떠났다. 또한 하나님이 그의 아들 이삭까지 바치라 하셨을 때 살려주실 것을 확신하고 순종했다(창 12:1-7, 22). 그가 '부르심을 받았을 때' 는 그의 고향인 갈대아 우르에서 하나님의 부르심을 받고 가나안에 들어간 때를 말한다. 하나님께서 그를 불러 장차 그의 유업(his inheritance), 곧 그의 몫으로 물려주실 땅을 향하여 떠나라고 하실 때 그대로 순종했다. 사실 그는 자기가 가는 곳이 어떤 곳인지도 모르고 떠났다. '갈 바를 알지 못하고' 는 아브라함이 하나님의 부르심을 받았을 때 어느 곳으로 인도되는지 전혀 알지 못한 채 믿음으로 나아갔다는 말이다. 하나님만 믿고 떠난 것이다.

아브라함은 그가 가는 곳이 어딘지 알지 못했지만 "내 본토 친척집을 떠나 내가 지시할 곳으로 가라"는 명령에 순종했다. 믿음은 내가 이해하지 못한다 해도 순종하며 따르는 것이다. 하나님이 아브라함에게 "네 본토 친척 아비의 집을 떠나라"고 명령했을 때나 그의 아들 이삭을 제물로 바치라 명령했을 때 자기의 뜻을 내세워 토를 달거나 반대의사를 표명했다면 그는 결코 하나님께서 기뻐하는 자가 될 수 없었을 것이다. 그는 자신을 내세우지 않고 하나님께 전적으로 순종함으로써 열국의 아비가 될 수 있었다.

"믿음으로 그가 이방의 땅에 있는 것 같이 약속의 땅에 거류하여 동일한 약속을 유업으로 함께 받은 이삭 및 야곱과 더불어 장막에 거하였으니(9절)." 믿음으로 그는 약속받은 낯선 땅으로 가서 같은 약속을 받은 이삭과 야곱과 함께 나그네처럼 장막을 짓고 생활을 했다. 그는 다른 민족의 소유인 땅을 약속받고 그 민족의 땅으로 가서 나그네처럼 살았다. 말씀대로 이뤄질 것을 믿은 것이다. 아브라함뿐 아니라 그의 후손인 이삭과 야곱도 그 약속을 신뢰하며 그곳에서 생활했다. 믿음이 아니라면 불가능한 일이다.

"이는 그가 하나님이 계획하시고 지으실 터가 있는 성을 바랐음이라(10절)." 그것은 하나님께서 설계자가 되시고 건축가가 되셔서 세우신 견고한 하늘의 도성(the city), 곧 본향을 바라고 있었기 때문이다.

8절에서부터 10절은 아브라함이 약속의 땅 가나안에서 장막에 거하며 살았을 당시 하나님이 경영하시고 지으실 터가 있는 도성을 바라며 살았음을 명시하고 있다. 땅에서는 비록 장막을 치고 이주하며 외국인과 나그네처럼 살았지만 하늘에 소망을 두고 살았다. 16절에서도 그 도성에 대해 언급하고 있다. 하늘의 도성은 이 땅의 도성이 아니라 하나님이 하늘에 세우신 성이다. 요한계시록에 소개되는 새 예루살렘을 보는 것 같다. 기대에 응답하시는 하나님을 보라.

작은 일에 너무 신경 쓰다 지치고, 삶이 왜 이런 것인가 한탄하기도 하고, 때론 주님 없는 듯 살아가는 우리 모습이 부끄럽다. 주님으로부터 최고를 기대하며 하늘의 신비를 맛보며 살 순 없을까? 신앙의 사람들을 보면 영적인 눈을 뜰뿐 아니라 이 땅에서 믿음의 삶을 구체화시켰다. 이 땅보다 하늘에 소망을 두고, 영광의 순간을 생각하며, 믿음으로 승리하는 삶을 산다. 하늘에 소망을 둔 자는 삶의 태도가 다르다.

"믿음으로 사라 자신도 나이가 많아 단산하였으나 잉태할 수 있는 힘을 얻었으니 이는 약속하신 이를 미쁘신 줄 알았음이라(11절)." 그의 아내 사라도 너무 늙어 아기를 낳을 수 없었다. 그러나 믿음으로 임신하게 되었다. 히브리서 저자는 사라는 아들을 주시리라 약속하신 하나님을 진실한 분으로 믿었다고 보았다.

11절은 사라의 믿음에 대한 예증이다. 하지만 창세기를 보면 아기를 낳으리라 하신 하나님의 약속에 사라가 웃었기 때문에 사라의 믿음에 대해 의문을 가질 수 있다(창 17:19, 18:11-14, 21:2). 이런 경우 11절을 쉽게 받아들이기 어려울 수 있다. 그러나 하나님의 약속과 아브라함의 믿음에 따라 결국 아기를 낳았기 때문에 사라를 아브라함의 믿음에 종속시켜 이해할 수 있다. 이 경우 11절에 대한 이해가 쉬워진다. 사라가 아기를 낳은 것은 아브라함의 믿음과 직결되어 있고, 사라도 결국 하나님의 약속을 받아들였다 말할 수 있다. 단

산된 나이에 아이를 갖는다는 것은 사라뿐 아니라 다른 사람들도 불가능하다고 생각했을 터이다.

"이러므로 죽은 자와 같은 한 사람으로 말미암아 하늘의 허다한 별과 또 해변의 무수한 모래와 같이 많은 후손이 생육하였느니라(12절)." 이렇게 해서 죽은 사람이나 다름없는 늙은 아브라함 한 사람에게서 난 자손이 하늘의 별과 바닷가의 모래처럼 수많은 후손이 나오게 되었다(창 15:5-6, 22:17). '죽은 자와 같은' 은 아브라함이 100세나 되었기 때문이다.

히브리서 저자는 믿음의 선진들이 구원을 얻고 하나님께서 기뻐하는 자가 된 것은 오직 믿음 때문이었다고 말한다. 신앙이란 간단히 말해서 자신보다 하나님의 약속을 믿고 그 믿음 위에 행동하는 것이다. 믿음이란 결코 자기 자신을 의지하는 것이 아니라 전적으로 하나님을 믿고 의지하는 것이다. 하나님에 대한 전적 의지가 있을 때 그의 말씀에 순종할 수 있다.

히브리서 기자는 믿음의 영웅들을 소개하면서 그들 모두가 믿음을 소유했다고 적고 있다. 믿음으로 아벨은 가인보다 더 나은 제사를 하나님께 드렸다(4절). 믿음으로 노아는 방주를 예비했다(7절). 믿음으로 아브라함은 부르심을 받았을 때 순종했다(8절). 하나님께 순종하지 않는 믿음은 더 이상 믿음이 될 수 없다. 그것은 고집이요 억측일 뿐이다. 히브리서 기자는 믿음에 관해 다음과 같이 결론을 내렸다. "믿음 없이는 기쁘시게 못하나니 하나님께 나아가는 자는 반드시 그가 계신 것과 또한 그가 자기를 찾는 자들에게 상 주시는 이심을 믿어야 할지니라(히 11:6)."

3. 선진들의 믿음: 본향을 사모하는 자(13-16절)

"이 사람들은 다 믿음을 따라 죽었으며 약속을 받지 못하였으되 그것들을 멀리서 보고 환영하며 또 땅에서는 외국인과 나그네임을 증언하였으니(13절)." 이 사람들, 곧 아브라함, 이삭, 야곱 등 이스라엘의 조상들은 모두 믿음으로 살다가 죽었다. 그들은 약속된 것(the things promised)을 얻지는 못했지만 그것을 멀리서 바라보고 기뻐하며 살았다. 당대엔 이뤄지지 않았지만 먼 훗날 본향에 거할 자신의 영광스런 모습을 생각하며 기쁨으로 산 것이다. 그리스도인은 바로 미래를 긍정적으로 보며 사는 사람들이다. 그리고 그들은 이 땅에서는 타향사람(aliens)이며 잠시 머무는 나그네(strangers)에 불과하다는 것을 고백했다. 아브라함의 고백은 창세기 23:4에, 이삭의 고백은 창세기 28:4에, 그리고 야곱의 고백은 창세기 47:9에 나타나 있다. 이 땅의 삶이 모두가 아니라는 믿음이다.

"그들이 이같이 말하는 것은 자기들이 본향 찾는 자임을 나타냄이라(14절)." 그들이 이와 같이 생각하는 것은 그들이 찾고 있는 본향, 곧 고향(homeland, a country of their own)이 따로 있다는 것을 분명히 드러내는 것이다. 히브리서 저자는 믿음의 선진들이 이 땅에서는 외국인과 나그네로 자처하고 더 나은 본향, 곧 하늘에 있는 것을 사모했다고(히 11:13, 16) 했다. 이 땅의 것을 허상으로 간주하고 영원한 실상, 곧 하늘의 것을 사모했다는 것이다. 야곱은 바로에게 자신의 나그네 길이 그의 조상의 나그네 길의 세월에 비하면 짧지만 험악한 세월을 보냈다고(창 47:9) 말한다. 칼빈은 야곱이 그의 조상이 그랬듯이 자신도 이 세상의 삶을 나그네의 삶으로 생각했다고 말하고, 이것은 그의 마음이 이 세상에 붙들려 있지 않고 하늘에 있음을 보여주는 명백한 고백이라고 해석했다.

"그들이 나온바 본향을 생각하였더라면 돌아갈 기회가 있었으려니와(15절)." 그들이 떠나온 곳을 고향으로 생각하고 있었다면 돌아갈 수도 있었을 것이다.

“그들이 이제는 더 나은 본향을 사모하니 곧 하늘에 있는 것이라 이러므로 하나님이 그들의 하나님이라 일컬음 받으심을 부끄러워하지 아니하시고 그들을 위하여 한 성을 예비하셨느니라(16절).” 그러나 그들은 실지로 ‘더 나은 고향(better country),’ 곧 하늘에 있는 고향, 하나님의 나라(a heavenly country)를 그리워하고 있었습니다. 그래서 하나님께서는 그들의 하나님이라고 불리는 것을 부끄러워하지 않으시고 오히려 그들을 위해 기꺼이 한 도성을 마련해 주셨다. 그 도성은 이 땅의 도성이 아니라 하나님이 하늘에 세우신 도성이다. 요한계시록에 소개되는 새 예루살렘을 보는 것 같다. 사모함에 응답하시는 하나님을 보라.

이 도성은 하나님과 아브라함의 진솔한 영적 관계에서 바탕을 두고 있다. 아무에게나 그 도성을 예비하는 것이 아니라 믿음에 믿음을 더한 신실한 종들을 위해 마련하신 것이다. 아브라함은 하나님이 세우실 그 도성을 고대하며 살았고, 하나님은 자신을 하나님으로 신앙하는 그들의 모습을 보며 기뻐하셨다. 영의 사람은 이 땅에 소망을 두지 않는다. 죽기 전까지 비록 몸은 이 땅에 있지만 이 땅의 삶을 영원한 것으로 보지 않는다. 아브라함은 이 땅에 살면서도 영원한 본향, 곧 하나님이 우리를 위해 지으신 그 도성을 그리워하며 살았다.

그 성에는 자기 혼자서만 살지 않는다. 혼자만을 위해서라면 그저 집이라 했을 것이다. 그러나 엄연히 도시다. 도시엔 많은 사람들이 산다. 그 사람들이 누구일까? 바로 믿음의 후손들이다. 아브라함은 그의 후손이 하늘의 별, 바닷가의 모래와 같이 많아질 것이라는 약속을 받았다. 당대에 그는 그 많은 후손을 볼 수 없었다. 하지만 훗날 하늘의 별들처럼 수많은 믿음의 후손들이 주님께 돌아올 것을 보며 기뻐했다.

믿음의 사람은 과거에도 그랬고, 앞으로도 본향을 사모하며 사는 사람들이라는 점에서 공통된다. 본향을 찾는 자다. 그리스도인은 이 땅을 본향으로 삼는 자가 아니다. 더 나은 본향, 곧 하늘에 있는 본향이다. 하나님은 믿음의 사람을 위해 그 성을 예비하셨다. 우리 모두 그 성에 들어갈 자들이다.

찬송가 221장은 이렇게 시작된다. "나 가난 복지 귀한 성에 들어가려고 내 중한 짐을 벗어 버렸네." 그 귀한 성은 우리가 들어가야 할 본향이다. 그곳엔 세상의 것을 지고 들어갈 수 없다. 모두 벗어버리고, 오직 주님 한분만 사모하며 가볍게 들어간다. 주님이 우리를 향해 팔을 벌리시지 않는가.

그러므로 이 세상에서 살면서 아옹다옹하지 말자. 더 큰 것을 바라보며 작은 것을 상대화하자. 아무리 세상에서 큰 문제라 해도 하늘의 관점에서 보면 그것은 보잘 것 없다. 싸울 가치도 없다. 그러니 세상의 작은 문제 때문에 일희일비 하지 말자. 그리스도인은 이미 이 세상에서 나그네요 세상 것을 버린 자들이다. 믿음의 근육을 더 강하게 하고, 주님을 더 기대하며 살자. 오늘도 주님이 예비하신 그 성을 생각하고, 당신이 입성할 그 날의 영광을 바라보라.

히브리서 저자는 그들의 이 같은 믿음에 대해 하나님이 두 가지 대답을 하셨다고 했다.

첫째는, 하나님이 저희 하나님이라 일컬음 받으심을 부끄러워 아니 하셨다. 이것은 하나님께서 그들의 믿음을 기쁘게 받으셨음을 의미한다. 그리하여 하나님은 자신을 가리켜 "아브라함의 하나님, 이삭의 하나님, 야곱의 하나님"이라 하셨다. 이것은 그들의 믿음을 기뻐 받으셨으며, 하나님이 저희의 하나님이 되셨음을 의미한다. 바로 저희의 하나님이 우리의 하나님, 나의 하나님이 되어야 한다. 그렇기 위해서는 하나님이 기뻐하는 믿음을 가질 뿐 아니라 그 믿음을 실제로 보여주어야 한다. 하나님이 우리의 하나님이라 일컬음 받기를 부끄러워 하실 만큼 우리의 믿음이 허약하다면 어찌 될 것인가.

둘째는, 하나님이 저희를 위하여 한 성을 예비하셨다. 이 성은 믿음의 조상들이 가기를 소원했던 더 나은 본향이다. 히브리서 11:10에는 하나님이 경영하고 지으실 터가 있는 성이 언급되어 있다. 이 성은 아브라함이 이 땅에서 살았던 장막과 대조되는 것으로 없어질 이 세상의 장막이 아니다. 이 성은 하늘의 예루살렘(히 12;22)이요 장차 올 것(히 13:14)이요 새 예루살렘(계 21:2-4)이다. 이 성은 바로 우리가 하나님과 영원히 거할 실상이다. 하나님이 우리를 위해 예비하신 성이다.

그리스도인은 자신보다 그리스도를 향한 확신과 소망이 강한 사람이어야 한다. 우리는 자신을 가리켜 스스럼없이 그리스도인이라 말하지만 우리의 속을 들여다보면 그리스도인다운 데가 없다. 이 세상사람 못지않게, 때로는 더 이 세상 것을 사랑하고 자기 유익만을 추구한다. 남보다 더 많이 차지하고 싶은 욕심, 남보다 결코 뒤지지 않으려는 마음, 자신을 더 내세우려는 욕심들로 가득 차 있다. 이것은 우리가 얼마나 허상을 추구하고 있는가를 단적으로 보여준다.

사람은 누구나 이 세상에서 영원히 살 것처럼 말하고 행동한다. 그리고 자신의 것을 자랑스럽게 내 보이고 과시하고 싶어 한다. 그러나 믿음의 조상들은 이 세상을 이방인처럼, 나그네처럼 살아야 한다고 말한다. 그들은 이 세상을 결코 실상으로 보지 않았고, 하늘의 것을 궁극적인 실상으로 인식하였다. 그들은 믿음의 눈으로 세상을 바라보았으며, 결코 이 세상의 유혹에 빠지지 않았다. 이 세상의 방식대로 살아가지 않는 것은 고난의 길이었지만 이 길을 따라가며 참고 견디었다.

히브리서 기자는 모세를 이렇게 표현하고 있다. "그리스도를 위하여 받는 능욕을 애굽의 모든 보화보다 더 큰 재물로 여겼으니 이는 상 주심을 바라봄이라(히 11:26)." 그는 목전의 상을 바라본 것이 아니라 궁극적인 상을 바라보았다. 어떤 이들은 희롱, 채찍질, 결박, 투옥, 돌로 침을 당함, 칼에 죽임을 당함, 가죽 옷을 입는 형벌 등 각가지 고통, 시련, 학대, 환난을 받았다. 그럼에도 불구하고 그들은 구차하게 변명하지 않았다. 성경은 이런 사람을 가리켜 세상이 감당치 못하는 자들(히 11:38)이라고 말한다. 세상의 허상을 바라보지 않고 영원한 실상을 바라보았기 때문이다.

하나님은 그들을 위해서 항상 더 좋은 것을 예비해 두고 계신다. 지금 당신은 세상의 것을 실상으로 착각하고 뒤로 물러가지 않는가? 주님의 약속을 기다리지 못하고 돌아서지는 않는가? 주님이 우리를 위해 예비하신 더 나은 본향을 사모하기보다 이 땅의 것으로 만족하려 하지 않는가? 주님은 말씀하신다. "너희가 그것과 함께 망하려 하느냐. 네가 뒤로 물러가면 내 마음이 너를 기뻐하지 아니 하리라."

4. 아브라함, 이삭, 야곱, 요셉의 믿음(17-22절)

"아브라함은 시험을 받을 때에 믿음으로 이삭을 드렸으니 그는 약속들을 받은 자로되 그 외아들을 드렸느니라(17절)." 17-19절은 아브라함의 믿음의 절정, 곧 아들 이삭을 제물로 바친 사건을 두고 그의 믿음을 말하고 있다. 아브라함은 시험을 받을(tested) 때, 즉 하나님께서 이삭을 바치라고 명령하셨을 때 믿음으로 기꺼이 그를 바쳤다. '시험을 받을 때'는 '연단을 받을 때'를 의미한다. 하나님은 그를 두고 많은 후손을 보게 될 것이라 약속까지 하셨다. 그럼에도 불구하고 그는 하나밖에 없는 외아들을 바친 것이다. 아브라함은 이삭 이외에도 아들이 7명이나 있었지만 하나님의 약속을 받은 아들은 이삭뿐이었다. 그런 뜻에서 외아들(his one and only son)이라 했다. 개역한글에서는 '독생자'라 했다.

"그에게 이미 말씀하시기를 네 자손이라 칭할 자는 이삭으로 말미암으리라 하셨으니(18절)." 하나님은 아브라함에게 '이삭을 통해서 난 사람이라야 네 후손으로 인정될 것이다.' 라고 말씀하셨다. 이것은 "이삭에게서 나는 자라야 네 씨라 부를 것임이니라" 한 창세기 21:12 후반부의 말씀을 인용한 것이다.

"그가 하나님이 능히 이삭을 죽은 자 가운데서 다시 살리실 줄로 생각한지라 비유컨대 그를 죽은 자 가운데서 도로 받은 것이니라(19절)." 아브라함은 이삭을 바친다 해도 하나님께서 죽은 사람들까지도 다시 살리실 수 있는 전능하신 분이라 믿었다. 따라서 아브라함은 죽은 사람들 가운에서 이삭을 다시 받은 셈이 되었다.

"믿음으로 이삭은 장차 있을 일에 대하여 야곱과 에서에게 축복하였으며(20절)." 믿음으로 이삭(Isaac)은 야곱과 에서의 장래를 축복해 주었다. 미래를 예언한 것이다(창 27:27-29). 이삭은 하나님으로부터 예언의 계시를 받고 장차 오는 일에 대하여 야곱과 에서에게 축복했다. 이삭은 자신의 실수를 알았을 때 그가 했던 예언이 하나님께로부터 온 것임을 확신하고 변경하지 않았다. 에서에 대한 자신의 애정에 몰입되지 않고 하나님의 결정에 따른 것이다. 예언자는 자기의 뜻을 말하는 것이 아니라 하나님의 뜻을 그대로 전하는 사람이다. "예언은 언제든지 사람의 뜻으로 낸 것이 아니요 오직 성령의 감동하심을 받은 사람들이 하나님께 받아 말한 것임이라(벧후 1:21)."

"믿음으로 야곱은 죽을 때에 요셉의 각 아들에게 축복하고 그 지팡이 머리에 의지하여 경배하였으며(21절)." 믿음으로 야곱(Jacob)은 죽을 때 요셉의 아들들을 하나하나 축복해 주었다. 하나님이 약속을 지키실 것을 믿었기(창 49장) 때문이다. 그리고 그의 지팡이를 의지하여 하나님께 경배를 드렸다. '지팡이(matteh, staff)' 를 의지하여 하나님께 경배 드렸다는 것은 70인 역 창 47:31에 따른 것이며 히브리 원문에는 '침상(mitta, bed) 머리' 로 되어 있다. "이스라엘이 침상 머리에서 하나님께 경배하니라(창 47:31 하반부)." 야곱의 축복 행위는 예배의 한 행위로 보인다.

“믿음으로 요셉은 임종 시에 이스라엘 자손들이 떠날 것을 말하고 또 자기 뼈를 위하여 명하였으며(22절).” 요셉(Joseph)은 죽을 때 믿음으로 이스라엘 백성이 이집트를 빠져나갈 것을 말하고 또한 자기 뼈를 가나안 땅에 묻도록 지시했다. 이집트에서 벗어날 일과 그 때 자기 뼈를 이집트에 두지 말고 가나안에 묻도록 했다(창 50:24, 25). 이것은 요셉이 하나님이 아브라함에게 주신 출애굽의 약속을 이스라엘에게 상기시킨 것이다. 이집트가 이스라엘이 머물 영원한 고향이 아니란 말이다.

5. 모세의 믿음(23-29절)

“믿음으로 모세가 났을 때에 그 부모가 아름다운 아이임을 보고 석 달 동안 숨겨 왕의 명령을 무서워하지 아니하였으며(23절).” 모세(Moses)가 태어났을 때 그의 부모는 믿음으로 그를 석 달 동안이나 숨겨 두었다. 그는 보기에도 아름다운 아이였다. 아름다운 아이란 ‘범상치 않은 아이(no ordinary child)’라는 뜻이다. 부모는 이집트왕의 명령도 두려워하지 않았다.

“믿음으로 모세는 장성하여 바로의 공주의 아들이라 칭함 받기를 거절하고(24절).” 성장한 모세는 믿음으로 이집트 공주의 아들이 되는 것을 거절했다. 히브리서 저자는 이를 ‘믿음으로’ 거절했다고 말하고 있다. 모세는 여기서 “나는 누구인가”에 대한 정체성(identity) 문제에서 자신은 ‘바로 공주의 아들(the son of Pharaoh's daughter)’이 아니라 하나님의 백성으로서의 정체성을 확실히 했다. 믿음이 있는 자는 “내가 누구인가”를 확실히 한다. 정체성을 확실히 할 때 그에 합당한 행동을 할 수 있다. 모세는 이 때부터 나머지 삶을 이집트 사람이 아니라 하나님의 백성으로서 확고히 살게 된다. 이집트인으로서의 정체성을 과감히 버린 것이다.

"도리어 하나님의 백성과 함께 고난 받기를 잠시 죄악의 낙을 누리는 것보다 더 좋아하고(25절)." 그는 일시적인 죄의 쾌락을 누리는 것보다는 하나님의 백성(the people of God)과 함께 고통당하는 길을 택한 것이다. '하나님의 백성과 함께 고난 받기를 더 좋아하고.' 자기의 정체성을 확실히 한 사람은 그것이 요구하는 삶에 합당한 행동을 한다. 책임(responsibility)을 수용(accept)한다.

모세는 이 세상에서 잠시 낙을 누리는 것, 곧 바로 공주의 아들로서의 높은 지위와 영광을 누리고 사는 것을 택하지 않고 하나님의 백성과 함께 고생하는 길을 택했다. 인간의 길이 아니라 하나님의 길을 선택한 것이다. 이것은 모세가 하나님의 백성으로서 다가올 책임을 기꺼이 수용했음을 의미한다. 그리스도인도 그것이 어떤 고난이라 할지라도 그에 합당한 책임을 받아들이고 행동해야 한다. 그리스도인은 그 결과로 오는 불편함을 오히려 하늘의 자부심으로 바꿀 수 있는 사람이어야 한다.

"그리스도를 위하여 받는 수모를 애굽의 모든 보화보다 더 큰 재물로 여겼으니 이는 상 주심을 바라봄이라(26절)." 모세는 약속된 메시야를 위해서 당하는 고난을 이집트의 보물보다 더 값진 것으로 여겼다. 그것은 장차 상 받을 것을 바라보고 있었기 때문이다.

'그리스도를 위하여 받는 수모를 애굽의 모든 보화보다 더 큰 재물로 여겼으니.' 그리스도인은 삶에서 우선순위(priority)가 무엇인가를 알아야 한다. 모세는 이집트의 모든 보화, 곧 권력, 인기, 세상의 기쁨, 재산보다 그리스도를 위한 고난의 삶이 더 값지다고 생각했다. 세상의 가치가 하나님의 가치를 능가할 수 없다. 그는 세상의 가치를 아낌없이 버렸다. 그리스도인의 최우선순위는 하나님이다.

'그리스도를 위하여 받는 수모(disgrace for the sake of Christ)' 는 난해

구절이다. 모세가 받는 수모에 대해 두 가지 해석이 있다. 하나는, 그리스도가 겪은 고난과 유사한 고난이라는 주장이다. 이것은 모세가 그리스도께서 겪은 고난과 유사한 고난을 기꺼이 감수했다는 뜻을 갖게 된다. 다른 하나는 하나님의 백성의 고난이다. 이 해석에 따르면 모세가 이스라엘 백성이 받았던 고난에 참여했다는 뜻을 가진다.

"믿음으로 애굽을 떠나 왕의 노함을 무서워하지 아니하고 곧 보이지 아니하는 자를 보는 것 같이 하여 참았으며(27절)." 모세는 믿음으로 이집트를 떠났다. 그는 바로의 분노를 두려워하지 않았다. 그는 보이지 않는 하나님을 보는 것 같은 확신을 가지고 참고 견디어 나갔다.

'믿음으로 참았으며.' 모세는 믿음으로 모든 고난에 직면하고 참고 이겨냈다. '참았다' 는 것은 자신의 목적을 끝까지 견지했다는 뜻이다. 믿음은 내가 하고 싶지 않을 때라도 지속적으로 준행하는 것이다. 성공하는 사람은 인간적으로 하고 싶지 않다 할지라도 목적을 세우고 그 일을 기꺼이 참고 끝까지 유지하는 사람들이다. 그는 보이는 바로의 노함보다 보이지 않는, 그러나 그와 함께 하실 하나님을 바라보며 참았다. 인내(perseverance)는 그리스도인이 가져야 할 중요한 덕목이다. 그리스도인의 삶은 고난을 피하는 삶이 아니라 고난에 직면하는 삶이며 인내로서 그 고난을 극복한다. 고난의 자리에, 우리가 인내하는 자리에 주님이 찾아오신다.

"믿음으로 유월절과 피 뿌리는 예식을 정하였으니 이는 장자를 멸하는 자로 그들을 건드리지 않게 하려 한 것이며(28절)." 믿음으로 모세는 유월절(the Passover)과 피 뿌리는 의식(the sprinkling of blood)을 행하여 맏아들을 죽이는 천사가 이스라엘의 장자들을 다치지 못하게 했다. 유월절은 '넘어가다(pascha)' 는 말에서 나왔다. 히브리인의 문설주에 양의 피가 뿌려진 것을 보고 재앙이 넘어간 데서 유래한 것이다.

하나님에 의해 믿음의 사람으로 만들어진다. 모세가 위대한 것이 아니다. 이집트에 대한 재앙을 통해, 유월절 피 뿌림 의식을 통해 그는 하나님의 위대하심과 그분의 섭리를 알았다. 하나님은 그것들을 통해 모세를 키우셨다. 하나님을 경험하며 성숙하게 하신 것이다. 우리에게 어려움을 주신 이유가 있다. 나 자신을 의지하는 것이 아니라 주님을 의지하기 위함이다.

"믿음으로 그들은 홍해를 육지 같이 건넜으나 애굽 사람들은 이것을 시험하다가 빠져 죽었으며(29절)." 믿음으로 이스라엘 백성들은 마른 땅을 지나가듯 홍해를 건넜다. 그러나 이집트 사람들은 그렇게 건너려고 했으나 모두 빠져 죽고 말았다. 이 절은 이스라엘 백성의 믿음을 높이 평가하고 있다. 그들은 진퇴양난의 절망 상태에서 오직 하나님의 능력을 믿고 모세의 명령에 따라 홍해를 육지같이 건넜다. 이스라엘이 하나님의 통치 속에 있음을 보여준다.

6. 기타 선진들의 믿음(30-32절)

"믿음으로 칠 일 동안 여리고를 도니 성이 무너졌으며(30절)." 믿음으로 이스라엘 백성들이 여리고성 둘레를 7일 동안 돌자 성이 무너지고 말았다(수 6:20). 여리고 성 함락사건이다. 이 사건에서 여호수아의 역할이 컸는데, 그의 이름이 빠져 있다. 히브리서 저자는 여기서 한 개인보다 이스라엘 전체의 믿음을 소개하고자 한 것으로 보인다. 이스라엘은 여리고가 무너질 것을 확신하고, 오히려 무너질 것에 대해 미리 감사하고 찬양하며 여리고 주변을 돌았다. "그러므로 내가 너희에게 말하노니 무엇이든지 기도하고 구하는 것은 받은 줄로 믿으라 그리하면 너희에게 그대로 되리라"(마 11:24). 믿음의 기도와 간구는 구하는 것을 받기 전에 받을 줄 알고 미리 감사하는 것이다.

"믿음으로 기생 라합은 정탐꾼을 평안히 영접하였으므로 순종하지 아니한 자와 함께 멸망하지 아니하였도다(31절).” 믿음으로 기생 라합(the prostitute Rahab)은 여리고성을 정탐하러 온 이스라엘 사람들을 친절하게 자기편처럼 도와주었다. 그로 인해 라합은 하나님을 거역하는 자들이 멸망을 당할 때 같이 당하지 않고 구원을 받았다(수 2:9, 6:23). 여기서는 그녀의 천한 신분을 거론하고자 한 것이 아니라 이스라엘 정탐꾼에 대한 그녀의 믿음을 높이 평가하고 있다. 하나님에 대한 믿음이 없다면 불가능한 일이기 때문이다.

“내가 무슨 말을 더 하리요 기드온, 바락, 삼손, 입다, 다윗 및 사무엘과 선지자들의 일을 말하려면 내게 시간이 부족하리로다(32절).” 그 밖에 기드온(Gideon), 바락(Barak), 삼손(Samson), 입다(Jephthah), 다윗(David), 사무엘(Samuel), 그리고 다른 예언자들(the prophets)도 있다. 그들에 대하여 하나하나 다 말하자면 끝이 없다.

기드온은 길르앗 산에 모여온 32,000명 중에서 300명을 선발해 미디안 대군을 물리침으로써 7년간 학대받던 이스라엘을 구출하고 40년간 태평을 누리게 했다. 전쟁에서 힘을 증가시킨 것이다(삿 7:21). 바락은 여자 사사 드보라의 군대장관으로 스불론과 납달리 지파에서 1만 명을 소집하여 드보라와 함께 가나안 왕 야빈의 군대장관 시스라 군대와 철 병거 900승을 전멸시키고 20년 간 폭정에 시달리던 민족을 구원했다. 바락은 여러 나라를 정복했다(삿 4장). 삼손은 20년간 이스라엘을 지배하였으나 블레셋의 앞잡이 델릴라의 꾐에 빠져 긴 머리를 잘리고 두 눈을 뽑혔다. 그러나 그는 최후의 기적을 하나님께 기원하고 힘을 회복하여 이교도 신전의 두 기둥을 무너뜨림으로써 많은 블레셋인 사람을 죽이고 자신도 장렬하게 죽었다. 그는 약해졌다 주님의 힘으로 다시 강해진 인물이다(삿 16:28). 입다는 이스라엘 자손이 암몬 자손에게 억눌릴 때 이스라엘을 구원한 인물이다(삿 11장). 다윗은 하나님으로부터 약곡을 받은 인물이다(삼하 7:11-13). 이스라엘의 두 번째 왕으로 예루살렘으로 언약궤를 옮기고, 제사제도를 정했다. 사무엘은 이스라엘의 사사이자 선지자로 사울과 다윗에게 기름을 부은 인물이다. 기타 선지자들은 많다. 북 왕국 이스라엘 선지자들로 엘리야, 엘리사, 아모스, 요나, 호세아를 들 수 있고 남 왕국 유다 선지자들로 오바댜, 요엘, 미가, 이사야, 스바냐, 예레미야, 나훔, 하박국, 다니엘, 에스겔, 학개, 스가랴, 에스라, 느헤미야, 말라기를 들 수 있다.

7. 이런 사람은 세상이 감당하지 못하느니라(33-40절)

"그들은 믿음으로 나라들을 이기기도 하며 의를 행하기도 하며 약속을 받기도 하며 사자들의 입을 막기도 하며(33절)." 그들은 믿음을 가지고 여러 나라를 정복하였고 정의를 실천하였으며 약속해 주신 것을 받기도 하고 사자들의 입을 막기도 했다. 사자의 입을 막기도 했다는 것은 다니엘이 사자 굴에서 건짐을 받은 사건을 가리킨다.

"불의 세력을 멸하기도 하며 칼날을 피하기도 하며 연약한 가운데서 강하게 되기도 하며 전쟁에 용감하게 되어 이방 사람들의 진을 물리치기도 하며(34절)." 불 가운데서 구원을 받았고 칼날도 피했으며 약한 사람이 강해졌고 싸움터에서 용감하게 외국 군대를 물리치기도 했다. 불의 세력을 멸하기도 한 것은 다니엘의 세 친구가 풀무 불에서 건짐을 받은 사건을 말한다. 그들은 하나님이 그들을 지켜주시리라는 믿음 하나로 승리했다. 칼날을 피한 것은 극단적인 위험 상황에서 구원을 받았음을 나타내는 표현이다. 연약한 가운데서 강하게 된 것은 삼손의 경우를 가리킨다.

"여자들은 자기의 죽은 자들을 부활로 받아들이기도 하며 또 어떤 이들은 더 좋은 부활을 얻고자 하여 심한 고문을 받되 구차히 풀려나기를 원하지 아니하였으며(35절)." 어떤 여자들은 죽은 가족을 다시 살아난 상태에서 맞이하기도 하였다. 이것은 엘리야와 엘리사에 의해 사르밧 과부의 아들과 수넴 여인의 아들이 살아난 것을 말한다. 어떤 사람들은 더 나은 부활, 곧 더 나은 생명을 얻기 위해 석방도 거부하고 고문을 달게 받았다. 구차하게 풀려나기를 바라지 않고 당당하게 죽음을 맞았다. 악형을 받으면서도 이런 부활을 얻기 위해 배교하지 않았음을 보여준다. 이것은 외경에 나타나는 마카베오 독립운동 때의 일이라는 주장도 있다.

"또 어떤 이들은 조롱과 채찍질뿐 아니라 결박과 옥에 갇히는 시련도 받았으며(36절)." 어떤 사람들은 조롱을 받고 채찍으로 얻어맞았으며 결박을 당하여 감옥에 갇히기도 했다. 유다의 멸망 직전에 활동한 눈물의 선지자 예레미야는 유다와 예루살렘에 나타날 심판(멸망)만을 전했기 때문에 많은 핍박을 당했다. 갇히기도 하고 고문도 받았다.

"돌로 치는 것과 톱으로 켜는 것과 시험과 칼로 죽임을 당하고 양과 염소의 가죽을 입고 유리하여 궁핍과 환난과 학대를 받았으니(37절)." 돌에 맞아 죽고 톱으로 몸이 잘리거나 칼날에 죽임을 당하기도 했다. 스가랴는 돌에 맞아 죽었다. 톱으로 켜는 것은 이사야의 순교를 가리키는 것으로 보기도 한다. 므낫세 왕이 그를 나무 톱으로 두 동강이 냈다는 기록이 있다. 그리고 양이나 염소의 가죽으로 옷을 삼아 두르고 돌아다녔으며 가난과 고통에 시달리고 온갖 학대를 받았다. 양이나 염소의 가죽으로 옷을 해 입고 다닌 것은 박해를 받아 남루한 옷을 입고 쫓겨 다녔음을 말한다. 엘리야나 엘리사 등이 이런 차림으로 유랑했다.

"(이런 사람은 세상이 감당하지 못하느니라) 그들이 광야와 산과 동굴과 토굴에 유리하였느니라(38절)." '이런 사람은 세상이 감당하지 못하느니라'는 말은 이런 사람들에게는 이 세상이 살 만한 곳이 되지 못했다는 뜻이다. 직역하면 '세상은 이들보다 값이 없었다(the world was not worthy of them).' 는 말이다. 그들에게 있어서 세상은 아무 가치가 없었다. 핍박을 하는 사람들 눈에 그들은 무가치한 사람들로 보였을 것이다. 그러나 그들은 세상보다 훨씬 가치가 있는 사람들이었다. 그래서 그들은 광야와 산과 동굴과 땅굴을 찾아다니며 지냈다.

믿음의 선진들은 한 마디로 세상이 감당치 못하는 믿음의 사람들이다. 감당치 못한다는 것은 세상에서 살지만 세상 사람과는 다르다, 그들을 세상에 묶어둘 수 없다는 뜻이다. 믿음의 사람들이 승리하는 이유는 무엇일까? 무엇보다 믿음으로 세상을 이기기 때문이다. 나아가 믿음으로 견디기 때문이다. 그들은 고문을 받아도 구차하게 풀려나기를 원치 않았다. 유혹에 넘어가지 않고, 세상과 연합하지 않았다는 말이다. 그리고 그들은 세상에서 믿음을 지키기 때문이다. 어떤 이들은 더 좋은 구원을 얻고자 했다. 믿음은 더 좋은 것을 바라보게 한다. 그들은 이 땅에서 나그네, 이방인으로 살았다. 이 땅은 모든 것이 아니다. 그들에게 있어서 세상은 영원한 가치가 있는 것이 아니다.

"이 사람들은 다 믿음으로 말미암아 증거를 받았으나 약속된 것을 받지 못하였으니(39절)." 이 사람들은 모두 믿음으로 여러 가지 증거를 받았다(attested). 하나님의 인정을 받았다는 말이다. 하지만 약속된 것(what was promised)을 받지는 못했다. 믿음의 선진들이 받지 못한 약속이란 약속의 성취, 곧 그리스도의 오심을 가리킨다.

"이는 하나님이 우리를 위하여 더 좋은 것을 예비하셨은즉 우리가 아니면 그들로 온전함을 이루지 못하게 하려 하심이라(40절)." 그것은 하나님께서 우리를 위해 더 좋은 것, 곧 그리스도로 말미암은 구속을 마련해 두셨으므로 우리와 함께 그들이 완전해지도록 하셨다. 다시 말해 그들은 우리가 아니면(우리를 제쳐 놓고는, without us) 결코 완성에 이르지 못하게 되어 있었다(they should not be made perfect)는 말이다. 온전함을 이룬다는 것은 구약의 성도들에 대한 구원의 완성을 뜻한다. 만일 우리가 체험한 그리스도의 속죄가 실현되지 않았다면 구약의 성도들이 바라보던 약속의 실현은 없었을 것이다. 하나님은 그들로 하여금 기다리게 하셔서 우리를 위해 예비해두신 더 좋은 것(better rewards)을 나누도록 하셨다.

믿음의 선조들은 비록 받기로 약속된 것을 당대에 받지 못했지만 오히려 하나님을 신뢰했다. 하나님이 이보다 좋은 것을 계획하고 계시다는 것을 이미 알았기 때문이다. 잠시 이루지 못했다고 실망하지 말자. 하나님은 믿음의 사람들에게 영원하고 좋은 것을 예비하고 계신다. 하박국 선지자는 외친다. "비록 무화과나무가 무성치 못하며 외양간에 소가 없을지라도 나는 여호와를 인하여 즐거워하며 나의 구원의 하나님을 인하여 기뻐하리로다(합 3:17,18)." 믿음은 얻지 못한다 할지라도 하나님을 신뢰하는 것이다.

제12장

믿음의 경주와 새 언약 아래서의 그리스도인의 행실

요약

1. 믿음의 주요 온전케 하시는 예수를 바라보자(1-4절)

1) (믿음의 경주) 이러므로 우리에게 구름 같이 둘러싼 허다한 증인들이 있으니 모든 무거운 것과 얽매이기 쉬운 죄를 벗어 버리고 인내로써 우리 앞에 당한 경주를 하며

2) (예수) 믿음의 주요 또 온전하게 하시는 이인 예수를 바라보자 그는 그 앞에 있는 기쁨을 위하여 십자가를 참으사 부끄러움을 개의치 아니하시더니 하나님 보좌 우편에 앉으셨느니라

3) (인내) 너희가 피곤하여 낙심하지 않기 위하여 죄인들이 이같이 자기에게 거역한 일을 참으신 이를 생각하라 너희가 죄와 싸우되 아직 피 흘리기까지는 대항하지 아니하고

2. 하나님 아버지의 징계와 우리의 유익(5-11절)

1) (징계) 또 아들들에게 권하는 것 같이 너희에게 권면하신 말씀도 잊었도다 일렀으되 내 아들아 주의 징계하심을 경히 여기지 말며 그에게 꾸지람을 받을 때에 낙심하지 말라

2) 주께서 그 사랑하시는 자를 징계하시고 그가 받아들이시는 아들마다 채찍질하심이라 하였으니

3) 너희가 참음은 징계를 받기 위함이라 하나님이 아들과 같이 너희를 대우하시나니 어찌 아버지가 징계하지 않는 아들이 있으리요

4) 징계는 다 받는 것이거늘 너희에게 없으면 사생자요 친아들이 아니니라
5) 육신의 아버지가 우리를 징계하여도 공경하였거든 하물며 모든 영의 아버지께 더욱 복종하며 살려 하지 않겠느냐
6) 그들은 잠시 자기의 뜻대로 우리를 징계하였거니와 오직 하나님은 우리의 유익을 위하여 그의 거룩하심에 참여하게 하시느니라
7) 무릇 징계가 당시에는 즐거워 보이지 않고 슬퍼 보이나 후에 그로 말미암아 연단 받은 자들은 의와 평강의 열매를 맺느니라

3. 새 언약아래서의 그리스도인의 행실: 반역자에 대한 경고(12-29절)

1) 그러므로 피곤한 손과 연약한 무릎을 일으켜 세우고 너희 발을 위하여 곧은길을 만들어 저는 다리로 하여금 어그러지지 않고 고침을 받게 하라
2) (화평함과 거룩함을 따르라) 모든 사람과 더불어 화평함과 거룩함을 따르라 이것이 없이는 아무도 주를 보지 못하리라
3) 너희는 하나님의 은혜에 이르지 못하는 자가 없도록 하고 또 쓴 뿌리가 나서 괴롭게 하여 많은 사람이 이로 말미암아 더럽게 되지 않게 하며
4) 음행하는 자와 혹 한 그릇 음식을 위하여 장자의 명분을 판 에서와 같이 망령된 자가 없도록 살피라 너희가 아는 바와 같이 그가 그 후에 축복을 이어 받으려고 눈물을 흘리며 구하되 버린 바가 되어 회개할 기회를 얻지 못하였느니라
5) (그들이 이른 곳) 너희는 만질 수 있고 불이 붙는 산과 침침함과 흑암과 폭풍과 나팔 소리와 말하는 소리가 있는 곳에 이른 것이 아니라 그 소리를 듣는 자들은 더 말씀하지 아니하시기를 구하였으니 이는 짐승이라도 그 산에 들어가면 돌로 침을 당하리라 하신 명령을 그들이 견디지 못함이라 그 보이는 바가 이렇듯 무섭기로 모세도 이르되 내가 심히 두렵고 떨린다 하였느니라
6) (너희가 이른 곳) 그러나 너희가 이른 곳은 시온 산과 살아 계신 하나님의 도성인 하늘의 예루살렘과 천만 천사와 하늘에 기록된 장자들의 모임과 교회와 만민의 심판자이신 하나님과 및 온전하게 된 의인의 영들과 새 언약의

중보자이신 예수와 및 아벨의 피보다 더 나은 것을 말하는 뿌린 피니라

7) (말씀하신 이를 거역하지 말라) 너희는 삼가 말씀하신 이를 거역하지 말라 땅에서 경고하신 이를 거역한 그들이 피하지 못하였거든 하물며 하늘로부터 경고하신 이를 배반하는 우리일까보냐

8) (그 때에는 하늘도 진동하리라) 그 때에는 그 소리가 땅을 진동하였거니와 이제는 약속하여 이르시되 내가 또 한 번 땅만 아니라 하늘도 진동하리라 하셨느니라 이 또 한 번이라 하심은 진동하지 아니하는 것을 영존하게 하기 위하여 진동할 것들 곧 만드신 것들이 변동될 것을 나타내심이라

9) (흔들리지 않는 나라) 그러므로 우리가 흔들리지 않는 나라를 받았은즉 은혜를 받자 이로 말미암아 경건함과 두려움으로 하나님을 기쁘시게 섬길지니 우리 하나님은 소멸하는 불이심이라

성경은 믿음에 대해 여러 가지로 표현하고 있다. 선한 싸움이다, 경주다 하는 것은 대표적인 보기에 속한다. 싸움이라 할 경우 믿음의 전신갑주를 입으라, 방패와 검을 가지라, 흉배를 붙이라는 표현들이 은유적으로 사용되고 있다. 히브리서 12장은 믿음은 경주라고 말하고, 우리에게 그 경주를 어떻게 해야 하는가를 가르쳐 주고 있다. 성경은 이 땅에 많은 사람들이 살고 갔지만 믿음의 경주에서 파선한 사람들이 많았다는 것을 보여줌으로써 바른 경주를 하도록 경고하고 있다. 그러므로 믿음의 경주에 관한 말씀 한 마디 한 마디가 우리 모두에게 주어진 말씀임을 뼈 속 깊이 인식하지 않으면 안 된다. 히브리서 12장이 가르쳐주는 믿음의 경주방법을 살펴보면 다음과 같다.

1. 믿음의 주요 온전케 하시는 예수를 바라보자(1-4절)

1-3절에서는 주 예수를 바라보라 한다. 이것이 히브리서의 핵심주제이다.

구약에서는 하나님의 임재 장소인 지성소에 나가 하나님을 만나는 것이 얼마나 어려운 것인가를 가르쳐 준다. 하나님을 만날 수 있는 사람은 대제사장뿐이었다. 거룩함을 나타내지 못하면 잘못하면 죽을 수도 있다. 그러나 우리는 예수 그리스도로 말미암아 새롭게 되었다. 담대히 지성소에 들어갈 수 있게 되었다. 주님으로 인해 은혜의 보좌 앞에 담대히 나갈 수 있다. 하나님 앞에 나아가는 자에게는 상급이 있다. 바로 하나님이 내편이 되어 주신다. 우리는 하나님 중심으로 살아가고, 하나님의 임재로 기뻐하며, 하나님의 말씀을 묵상하며 살아간다. 도움이 필요할 때 주님은 언제든 우리를 만나주신다. 하나님은 이미 해결해 놓고 계신다. 주의 긍휼을 구하라. 예배 중심의 삶을 살라. 주님과의 관계는 언제나 열려있다. 우리는 주님의 임재 안에 있음을 잊지 말자.

그리스도인은 예수를 바라보는 자다. 그리고 그를 따라 산다. 그러므로 히브리서 12장에서 이것을 강조한다 해도 하등 틀린 말이 아니다. 그러나 이 말씀 속에 예수 그리스도의 고난이 있다. 우리는 과연 그의 고난에 참여할 수 있으며, 고난 가운데서도 그리스도를 바라볼 수 있는가. 과연 우리도 그리스도의 본을 따라 고난을 이길 수 있을까. "허다한 증인들이 있으니." 믿음의 영웅들이 있다. 그 많은 믿음의 증인들이 우리가 어떻게 믿음의 경주를 하고 있나 보고 있다. 뛰지 않을 수 없다.

"이러므로 우리에게 구름 같이 둘러싼 허다한 증인들이 있으니 모든 무거운 것과 얽매이기 쉬운 죄를 벗어 버리고 인내로써 우리 앞에 당한 경주를 하며(1절)." 이렇게 많은 증인들이 구름처럼 우리를 둘러싸고 지켜보고 있다. 그러므로 우리도 모든 무거운 짐과 얽매이기 쉬운 죄를 벗어 버리고 인내하며 우리가 달려야 할 길, 곧 목표를 향해 꾸준히 달려가라는 것이다.

우리의 믿음의 경주는 단순한 경주가 아니다. 육의 경주가 아니라 영의 경주이며 경주의 관람자는 사람이라기보다 하나님이시다. 하나님만이 우리의 경주 모습을 끝까지 지켜보시고 판단하신다. 그 하나님은 오늘도 우리의 경주에 관심을 보이실 뿐 아니라 우리의 경주가 보다 힘이 있고 믿음에 확고히 선 경주가 되도록 우리를 붙드신다. 이에 반해 사단은 우리를 향해 왜 그런 경주에 참여하느냐고 말하고 경주가 아무런 의미가 없다고 꼬드긴다. 우리는 결코 우리 자신을 사단에 내어주는 우를 범해서는 안 된다. 믿음의 경주는 목적이 뚜렷한 경주이며 소망이 있는 경주이며 무엇보다 하나님이 기뻐하시는 경주이다.

히브리서 저자는 12장을 시작하면서 많은 증인들이 우리를 지켜보고 있음을 먼저 밝히고 있다. '우리에게 구름같이 둘러싼 허다한 증인들(such a great cloud of witnesses)' 은 다름 아닌 히브리서 11장에 언급된 믿음의 선진들이다. 그들은 믿음의 능력과 하나님의 신실하심을 증거 한 믿음의 승리자들이다. 믿음의 경주는 하나님과 수많은 믿음의 증인들이 지켜보는 가운데 진행되는 위대한 경주이다. 우리를 향한 그들의 박수소리, 격려의 외침을 이 시간 들을 수 있어야 한다. 믿음의 경주는 결코 외로운 경주가 아니다. 하나님과 함께 그리고 믿음의 선진들과 함께 뛰는 경주이다. 우리는 그 어떤 경기보다 이 믿음의 경기에서 기필코 승리하는 위대한 그리스도인들이 되어야 한다. 우리 모두도 힘을 합하여 함께 이 경주를 완주함으로써 이 땅의 교회가 주님의 교회가 되고, 하나님이 함께 하시는 교회가 되도록 노력해야 할 것이다.

"모든 무거운 것(hinders)과 얽매이기 쉬운 죄(the sin that so easily entangles)를 벗어 버리고." 경주에 임함에 있어서 모든 무거운 짐(거리끼는 것, unnecessary weight)과 얽매이기 쉬운 죄를 벗어 버리고 뛰라는 것이다. '모든 무거운 것들' 은 로마 시대 때 운동선수가 옷을 벗고 달리 듯 영적 달리기에 장애되는 것을 다 버려야 한다는 것을 말한다. '얽매이기 쉬운 죄' 는 신앙생활을 방해하는 것들이다. 버려야 할 것을 과감히 버리라는 말이다.

믿음의 경주를 위해서는 모든 무거운 것과 얽매이기 쉬운 죄를 벗어 버린다. 경주자는 무겁게 짐을 지고 경주하지 않는다. 믿음생활에 방해되는 요소, 장애물을 벗어버린다. 경주에 방해되는 것(encumbrance)과 얽매이기 쉬운 죄(sin)를 벗어버리는(lay aside) 일이 중요하다. 고의적인 죄, 비생산적인 습관은 영적 성장에 방해가 된다. 습관적으로 짓는 여러 죄들은 우리의 삶을 이리 저리 꼬이게(entangle) 한다. 우리 각자는 신앙생활에 방해가 되는 요소들을 잘 알고 있다. 우선 그 불필요한 짐들을 주님 앞에 내려놓는 것이 중요하다.

짐을 무겁게 지고 경주해서는 안 된다. '무거운 것' 이란 믿음생활하기에 '거리끼는 것' 을 말한다. 경주하는 자가 무거운 짐을 지고 경주하지 않는 것처럼 믿음의 경주자도 경주에 방해되는 생각, 성격, 행위 등을 벗고 가벼운 마음으로 경주를 해야 한다.

믿음의 경주를 하려는 자는 인생의 모든 짐을 주께 맡기고 모든 죄의 짐까지도 용서받아야 한다. 사람을 만나 하나님을 믿으라고 말하면 조건부터 단다. '이것 먼저 하고난 다음에 믿지요,' '저것만 끝나면 믿지요' 라고 말한다. 이것은 그 시점까지 계속해서 짐을 자신이 지고 가겠다는 것이다.

예수님께서도 사람들의 이러한 핑계의 모습을 이미 간파하셨다. 천국잔치를 배설해놓고 사람들을 모으자 장사하러 가야 한다, 장가가야 한다며 빠진다는 것이다. 우리들 가운데는 심지어 '늙으면 믿지요' 라고 말하는 사람조차 있다. 이것저것 다 한 다음에 믿어주겠다는 투다. 사람들이 말하는 '이것, 저것' 은 대부분 이기적인 것들이다. 우리는 경주를 하기 전 이런 것들을 하나씩 하나씩 벗어버리고, 결국은 모든 것을 주 앞에 내어놓고 온 마음을 다해 경주에 임해야 한다. 믿음의 경주에서 우리를 잡고 끝까지 놓아주지 않는 것은 바로 우리 속에 있는 반하나님적인 것들이다. 그것은 '하나님이 기뻐하시지 않는 마음과 행위들' 이다. 우리는 그것을 과감히 버리고 경주를 해야 한다. 그것으로 인해 마음이 무겁고 혼잡하면 경주에 승리할 수 없다.

히브리서 저자는 인내하며 목표를 향해 꾸준히 달려갈 것을 주문한다. 끝까지 완주하지 않으면 안 되는 것이 믿음의 경주이다. 이를 위해 필요한 것이 인내이다. 인내에 집중하여(concentrate on endurance) 믿음의 달리기를 한다. 믿음의 경주는 어렵고 힘이 든다. 따라서 우리에게 요구되는 것이 인내이다. 좌절하거나 물러나면 경주를 할 수 없다. 인내는 기다리는 면과 뚫고 나가 이기는 면이 있다. 인내는 우리를 강하게 만든다. 이 과정은 하나님이 우리를 위해 거룩하게 계획해 놓으신 코스 중 일부라는 것을 알아야 한다. 믿음과 인내로 경주하며 끝까지 참고 견디어 내면 승리하고, 주님이 기뻐하신다. 우리를 위해 인내하신 주님을 생각하라.

경주를 완주하기 위해 무엇보다 필요한 것은 경기자의 인내이다. 1, 2, 3절은 각각 인내를 강조하고 있다. '인내로써 우리 앞에 당한 경주를 경주하며,' '십자가를 참으사 부끄러움을 개의치 아니하시더니,' '참으신 자를 생각하라.' 이 모두는 경주자가 고통을 참고 끝까지 인내할 경우 결승점에 도달하듯이 믿음의 경주자에게도 인내가 필요하다는 것을 가르쳐주고 있다.

모세의 믿음이 칭찬받는 이유가운데 하나는 그가 '보이지 않는 자를 보는 것 같이 하여 참았다(히 11:27)' 는데 있다. 히브리서 기자는 믿음의 경주를 함에 있어서 '인내로서 우리 앞에 당한 경주를 경주' 하되 먼저 '참으신 자를 생각하라(히 12:2)' 는 명령을 내리고 있다. 예수님은 자신을 거역하는 죄인들을 향해서도 참으셨고 십자가도 참으셨다. 주님이 이처럼 참으실 수 있었던 것은 '그 앞에 있는 즐거움(히 12:2)' 에 대한 믿음이 확실했기 때문이다. '그 앞에 있는 즐거움' 이란 소망을 나타낸다. 그리스도인에게도 이러한 소망이 주어져 있다. 그러므로 그리스도인의 경기는 소망이 있는 경기, 희망이 약속되어 있는 경기임을 알 수 있다. 우리도 주님이 약속하신 소망의 나라에 대해 확고한 믿음을 가지고 참고 달리면 기필코 그의 나라에 들어갈 수 있다.

경기자가 필수적으로 갖추어야 할 자세는 중간에서 포기하지 말고 끝까지 달리는 것이다. '중간에서 그만 둘 바에는 아니 감만 못하다'는 우리말이 믿음의 경주에도 그대로 적용된다. 단기지교(斷機之敎)라는 말이 있다. 맹자의 어머니가 공부를 다 마치지도 않았는데 어머니가 보고 싶어 왔다는 아들의 말을 듣는 순간 칼로 짜고 있던 베를 잘라 버렸다. 북이며 바디며 잉앗대가 바닥으로 떨어져 흩어졌다. 어머니는 '네가 공부를 도중에 그만 둔다면 내가 짜던 베를 다 마치지 못하고 끊어버리는 것과 같다. 사람이 학문을 닦지 않으면 도둑이나 남의 심부름꾼밖에 될 것이 없다'고 말했다. 베를 자름으로 학업을 중단해서는 안 된다는 교훈을 주었다는 이 단기지교의 고사성어는 중도에서 그만 두어서는 안 된다는 것을 가르쳐 준다. 믿음의 경주는 완주해야 할 경기이기 때문에 중도하차는 금물이다. 우리는 경기에서 늦게 골인을 하더라도 최선을 다하는 경기자에게 더 큰 박수를 보낸다. 하나님께서도 믿음의 경주에서 우리가 최선을 다할 때 박수를 치시는 분이시다.

"우리 앞에 당한 경주(the race marked out for us)를 경주하며." 우리가 달려갈 길을 달려가는 것이다. 이 경주는 모두 참여해야 한다. 운동회 경주는 대표만 참여하여 열심히 뛰고 다른 사람들은 관객이 되어도 무관하다. 하지만 믿음의 경주는 한 사람도 예외 없이 모두 뛰어야 한다. 사람은 누구나 이 세상에 태어나자마자 믿음의 경주를 해야 한다. 그럼에도 불구하고 우리는 이 경기에 관한 한 관객으로 남아 있으려 한다. 심지어 "나는 종교를 가지고 있지 않다"고 말함으로써 열외에 서고자 한다. 하지만 그 말을 한다고 해서 열외에 설 수 있는 것은 아니다. 왕도 대통령도 다 뛰어야 한다. 이 경기에서 오직 관객이 될 수 있는 분은 하나님 한 분뿐이시다. 하나님만이 우리의 경주

모습을 보고 평가하신다. 이 경주에는 개인만 참여하는 것이 아니라 교회도, 조직도, 국가도, 민족도 참여한다. 그 모두가 심판의 대상이 되기 때문이다.

믿음의 경주에는 시간과 장소가 한정되어 있지 않다. 일반적으로 경기는 시간과 장소를 정해놓고 그 시간 그 장소에 나와 뛰기만 하면 된다. 하지만 믿음의 경기에는 시간과 장소에 구애를 받지 않는다. 어느 때 어느 장소에서든 믿음의 경주가 있다. 믿음의 경주는 교회 안에서만 하는 것이 아니라 밖에서도 하고, 가정에서도 직장에서도 한다.

믿음의 경주에는 끝이 없다. 종착점이 없다. 믿음의 경주는 100m, 200m, 500m 등 거리를 정해놓고 뛰는 경기가 아니다. 거리의 한계가 없는 영원한 경기이다. 대학교에서 학생들은 한 학기를 마치면 종강파티를 갖는다. 그러나 믿음의 경주에는 종강파티가 없다. 하나님께서는 절대로 종강하는 일이 없기 때문이다. 믿음의 경주는 하나님의 나라가 완전히 이루어지는 그 날까지 계속되어야 할 경기이다. 뿐만 아니라 하나님의 나라에 들어가서는 그 경주는 일상이다.

"믿음의 주요 또 온전하게 하시는 이인 예수를 바라보자 그는 그 앞에 있는 기쁨을 위하여 십자가를 참으사 부끄러움을 개의치 아니하시더니 하나님 보좌 우편에 앉으셨느니라(2절)." 우리 믿음의 근원이자 우리 믿음을 완전케 하시는 예수님을 바라보라. 히브리서 저자는 예수님을 믿음의 주(archegos), 곧 창설자(the author, founder)요 우리의 믿음을 완전케 하시는 자(teleiotes, perfecter, completer, finisher), 곧 믿음의 알파요 오메가라 하였다. 그런데 그분은 장차 누릴 기쁨을 생각하며 부끄러움도 상관하지 않고 십자가의 고통을 참으셨다. 지금은 하나님의 영광스러운 보좌 오른편에 앉아 계신다.

2절은 '믿음의 주요 또 온전케 하시는 이인 예수를 바라보자' 고 말한다. '예수를 바라보자(let us fix our eyes on Jesus)' 라는 말은 '예수님을 목표로 하여 달리자' 라는 의미와 '예수님이 달리신 믿음의 경주를 본받자' 라는 의미 모두를 포함하고 있다. 전자의 경우는 예수님이 우리 경주의 최종 목표가 되는 것을 말하며 후자의 경우는 십자가의 고통을 참으시고 마침내 하나님의 우편에 앉으신 그 걸음걸음을 본받아야 한다는 것을 말한다. 2절 전체에 담긴 내용으로 보아 후자의 의미가 강하지만 우리를 향해 던지고 있는 명령에는 전자의 의미가 강하다. 이 모두는 우리의 믿음의 경주가 주님과 관계가 있음을 보여주고 있다. 믿음의 경주는 목표가 있는 경주요 목표가 확실한 경주임을 인식해야 한다. 우리의 목표를 세상에 두어서는 안 된다.

경주자는 골인 점을 향해 뛴다. 우리의 믿음의 경주 목표는 예수님이다. 따라서 달릴 때 예수님께 우리의 눈을 고정시킨다. 우리 주위를 산만하게 만드는 모든 것으로부터 벗어난다. 믿음을 가지고 변함없이 주님을 바라본다. 매일 기도함으로써 그분의 얼굴을 구하고, 주님의 말씀을 받아 유지해 나간다. 앞서 가신 예수님을 바라보라. 고난을 당하신 주님, 인내하신 주님, 그리고 부활의 영광을 맞으신 주님을 바라보라.

예수님을 바라보며 달려가라. '바라보자(aphorao)' 는 것은 고도의 집중력으로 한 곳에 집중시켜 나가는 것(fix our eyes on, looking to, look away from all else at)을 말한다. 한 눈 팔지 않고 한 목표에 주의 깊게 응시한다. 주님의 뜻을 알 때까지 매진한다. 주님은 우리의 믿음을 시작하게 하신 분이자 믿음을 잘 마치게 하시는 분이다. 이렇게 하여 우리를 하나님의 나라에까지 인도하신다.

주님은 조금 있으면 얻을 하늘의 기쁨을 바라보며 그 부끄럽고 수치스러운 십자가를 참아내셨다. 우리의 고난은 우리의 믿음을 단련시킨다. 정금 같은 믿음을 가지기 위해서는 강하게 연단되어야 한다. 그 때마다 시선을 주님께 고정시키자. 그리스도를 바라보자. 힘들 때마다 주를 바라보자. 참고 이겨내면 성숙한다. 하나님이 기뻐하시는 그리스도인이 된다. 단련된 사람은 하나님의 성품을 닮아 거룩한 사람이 된다. 그리스도의 강한 군사가 된다.

"너희가 피곤하여 낙심하지 않기 위하여 죄인들이 이같이 자기에게 거역한 일을 참으신 이를 생각하라(3절)." 히브리서 저자는 죄인들의 이런 증오를 몸소 참으신 예수님을 생각하면서 낙심하지 말고 용기를 내고, 예수님을 깊이 생각하며 달려가라고 권면한다. 죄인들에게서 이렇듯 심한 미움을 받으시고도 참아 내신 주님을 생각해 보라. 그러면 여러분은 지치거나 낙심하는 일이 없을 것이란 말이다. '자기에게 거역한 일'은 그리스도를 향한 죄인들의 거역적인 행위(such opposition from sinful men)를 가리킨다.

십자가의 예수를 묵상해보라. 죽은 시신마저 창에 찔려야했다. 확인 사살된 주님이시다. 양처럼 가장 연약한 모습으로 이 모든 것을 받아들이셨다. 죽을 때까지 잠잠히 순종하셨다. 하나님이심에도 불구하고 우리를 위해 철저히 자기를 부정하셨다. 그런 주님을 생각한다면 참지 못할 일이 없다.

"너희가 죄와 싸우되 아직 피 흘리기까지는 대항하지 아니하고(4절)." 지금까지 여러분은 피를 흘리면서까지 죄를 대항하여 싸운 일은 없다. 이에 대해서는 두 가지 해석이 있다. 하나는, 그들이 아직 피 흘리기까지 죄에 대항하라는 요구를 받지는 않았지만 곧 그렇게 될 것이라는 해석이다. 다른 하나는, 죄에 대하여 투쟁하고자 하는 의식이 적음을 질책하고 있다는 해석이다. '아직 피 흘리기까지(to the point of shedding your blood)'는 죄에 대한 철저한 투쟁을 비유한 말이다.

2. 하나님 아버지의 징계와 우리의 유익(5-11절)

"또 아들들에게 권하는 것 같이 너희에게 권면하신 말씀도 잊었도다 일렀으되 내 아들아 주의 징계하심을 경히 여기지 말며 그에게 꾸지람을 받을 때에 낙심하지 말라(5절).” 하나님께서 자녀들을 타이르듯 여러분에게 이렇게 격려하신 말씀을 잊지 말라는 것이다. 히브리서 저자는 잠언 3:11, 12과 욥기 5:17을 인용한다. “내 아들아 여호와의 징계를 경히 여기지 말라 그 꾸지람을 싫어하지 말라 대저 여호와께서 그 사랑하시는 자를 징계하시기를 마치 아비가 그 기뻐하는 아들을 징계함 같이 하시느니라.” 주의 징계(the Lord's discipline)를 가볍게 여기지 말며 꾸지람을 들더라도(rebuke you) 낙심하지 말라는 것이다. 여기서 징계는 훈련, 교육이라는 뜻을 가지고 있다.

“주께서 그 사랑하시는 자를 징계하시고 그가 받아들이시는 아들마다 채찍질하심이라 하였으니(6절).” 시편 94:12, 119:67, 75, 그리고 요한계시록 3:19을 인용한 말씀이다. 주님께서는 자기가 사랑하는 사람을 꾸짖고 나무라시며 그가 아들로 여기시는 자에게 매를 드신다(punish). 히브리서 저자는 하나님의 징계를 육신의 아버지의 징계와 비교하면서 하나님의 징계의 필요성을 강조하고 있다.

“너희가 참음은 징계를 받기 위함이라 하나님이 아들과 같이 너희를 대우하시나니 어찌 아버지가 징계하지 않는 아들이 있으리요(7절).” ‘너희가 참음은 징계를 받기 위함이라’ 는 말은 ‘징계를 향하여 참는 것이라’ 는 것으로, 하나님께서 징계(discipline)하신다면 그것은 여러분을 당신의 자녀로 여기고 하시는 것이니 고난(hardship)을 잘 참아 내라는 것이다. 자기 아들을 징계하지 않는 아버지가 어디 있겠는가.

“징계는 다 받는 것이거늘 너희에게 없으면 사생자요 친아들이 아니니라(8절).” 아들이면 누구나 징계를 받는다. 만일 여러분에게 그런 징계가 없다면 사생아이지 진짜 아들이 아니다. 징계가 없으면 그것은 사생자라는 증거가 될 만큼 징계는 누구에게나 주어지는 것이다. 그의 자녀를 향한 하나님의 징계는 말할 나위 없다.

“또 우리 육신의 아버지가 우리를 징계하여도 공경하였거든 하물며 모든 영의 아버지께 더욱 복종하며 살려 하지 않겠느냐(9절).” 우리 육체의 아버지가 우리를 징계하여도 우리는 공경한다. 하물며 우리 영의 아버지(the Father of our spirits)께 복종하며(should submit) 살아야(should live) 한다는 것은 당연하지 않는가?

“그들은 잠시 자기의 뜻대로 우리를 징계하였거니와 오직 하나님은 우리의 유익을 위하여 그의 거룩하심에 참여하게 하시느니라(10절).” 육체의 아버지는 그들이 좋다고 생각하는 대로(as they thought best) 잠시 우리를 징계한다. 징계의 목적도 다양할 것이다. 하지만 하나님 아버지는 우리의 유익을 위해서(for our good) 우리를 징계하시고 그 징계를 통해 그분의 거룩하심에 참여하게(share in his holiness) 하신다. 하나님이 우리를 징계하는 목적은 성도의 절대적인 유익을 위한 것이다. 무엇보다 하나님의 거룩하심에 참여하게 한다. 이것은 곧 내가 거룩하게 되는 것을 뜻한다. 이것이 바로 징계의 유익이다.

“무릇 징계가 당시에는 즐거워 보이지 않고 슬퍼 보이나 후에 그로 말미암아 연단 받은 자들은 의와 평강의 열매를 맺느니라(11절).” 징계를 받을 당시에는 그 징계가 달갑기보다 괴롭다(painful). 하지만 후에 그것으로 단련을 받은(trained) 사람들은 의와 평안의 열매(a harvest of righteousness and peace, peaceful fruit of righteousness)를 맺는다. 즉, 평화의 열매를 맺어 올바르게 살아가게 된다.

3. 새 언약 아래서의 그리스도인의 행실: 반역자에 대한 경고(12-29절)

"그러므로 피곤한 손과 연약한 무릎을 일으켜 세우고(12절)." 그러므로 여러분은 힘없이 늘어진 손을 쳐들고 쇠약한 무릎을 일으켜 세우라. 맥 빠진 손과 약해진 무릎에 힘을 주어 일어나라는 것이다. 이 말씀은 "너희는 약한 손을 강하게 하며 떨리는 무릎을 굳게 하며(사 35:3)"를 인용한 것이다. 이 말씀은 영의 체력을 높이라는 말이다. 피곤한 손, 연약한 무릎, 후들거리는 다리로는 안 된다. 영의 체력을 항상 단련시켜라.

"너희 발을 위하여 곧은길을 만들어 저는 다리로 하여금 어그러지지 않고 고침을 받게 하라(13절)." 그리고 너희 발을 위해 바른 길을 만들어라(make level paths). 그러면 절름거리는 다리도 뒤틀리지 않고 오히려 낫게 될 것이다. 진리의 발걸음을 멈추게 하거나 포기하게 만드는 모든 기질들을 제거하고 오직 진리의 길을 따라 걸으면 침체된 영혼도 고침을 받으리라는 말이다.

12절과 13절의 피곤한 손과 연약한 무릎 그리고 저는 다리는 모두 영적으로 믿음의 침체된 상태를 나타내는 말들이다. 우리는 몸의 아주 작은 부분이 아파도 병원을 찾고 그것에 온갖 신경을 집중한다. 그러나 자신의 영적인 문제에 대해서는 별로 신경을 쓰지 않는다. 만일 우리가 몸의 아픈 부분에 대해 신경을 쓰는 만큼 영적인 문제에도 관심을 둔다면 우리의 영이 그처럼 연약하지는 않을 것이다. 이 말씀은 자신의 영적인 문제뿐 아니라 다른 사람의 연약한 영적인 부분을 살피고 서로 돕고 일으키는 생활을 하라는 명령이기도 하다.

13절은 '너희 발을 위하여 곧은길을 만들라' 고 말하고 있다. 우리는 언제나 곧바로 달릴 수 있는 길을 만들고 부서진 부분은 수축하여 그 위를 힘 있게 달려야 한다. 이 일을 위해서 우리는 진리의 말씀을 확고히 붙잡고 나아감으로써 영의 체력을 더욱 단련시켜야 할 것이다.

"모든 사람과 더불어 화평함과 거룩함을 따르라 이것이 없이는 아무도 주를 보지 못하리라(14절)." 모든 사람들과 화목하게 지내고 거룩한 사람이 되도록 힘쓰라. 거룩해지지 않고서는 아무도 주님을 뵙지 못할 것이다. 주를 뵈옵는 것은 하늘의 복을 얻는 것이다. 우리가 화목하고 거룩하여 구별된 모습을 보이면 그 복을 누릴 수 있다.

믿음의 경주는 나만 뛰는 것이 아니라 함께 뛰는 것이다. 믿음의 경주는 이기적인 욕심을 허용하지 않는다. 우리는 믿음에 관해서도 흔히 '나만 잘되면 되지 남은 상관할 것 없다' 는 생각을 갖고 있다. 개인구원이라는 단어가 우리의 믿음생활을 더욱 이기적으로 만들고 있다. 그러나 성경은 그러한 태도에 대해 매우 비판적이다. 믿음의 경주에서 화평함과 거룩함이란 이웃과 함께 기쁘게 믿음 생활을 하는 것을 말한다. 우리가 믿지 않는 이웃에게 전도하는 것도 믿음의 경주를 함께 하기 위함이요 우리가 이 땅 위에 하나님의 나라를 건설하기 위해 노력하는 것도 함께 살기 위한 것이다. 성경이 우리로 하여금 가난한 자를 더 사랑하고, 억눌린 자에게 손을 펴라고 가르치는 것도 이 때문이다. 연약한 사람을 부축하며 함께 뛰는 모습은 언제나 아름답다.

"너희는 하나님의 은혜에 이르지 못하는 자가 없도록 하고 또 쓴 뿌리가 나서 괴롭게 하여 많은 사람이 이로 말미암아 더럽게 되지 않게 하며(15절)." 여러분 가운데 하나님의 은혜를 받지 못하는 사람이 하나도 나오지 않도록 조심하고 살피라. 그리고 공동체 안에 쓴 뿌리(bitter root), 곧 독초와 같은 사람들이 생겨 많은 사람을 괴롭히거나 더럽히지 못하게 하라. 이 말씀은 신명기 29:18을 인용한 것이다. "너희 중에 남자나 여자나 가족이나 지파나 오늘 그 마음이 우리 하나님 여호와를 떠나서 그 모든 민족의 신들에게 가서 섬길까 염려하며 독초와 쑥의 뿌리가 너희 중에 생겨서." 쓴 것은 거짓된 교리들과 그것들로 인한 부정한 행위를 뜻한다.

히브리서에서의 쓴 뿌리는 교회 공동체 안에 있는 독초를 말한다. 독초가 생겨나면 분란이 일어나고 그것 때문에 많은 사람들이 해를 입는 일이 발생한다. 은혜도 떠나간다. '하나님의 은혜'는 하나님의 돌보심의 결과이다. 쓴 뿌리로 인해 그 은혜를 저버리게 된다면 공동체에 큰 해악을 가져오는 일이다.

따라서 하나님 은혜에 이르지 못하거나 쓴 뿌리가 나서 다른 사람을 괴롭게 하는 사람이 되어서는 안 된다. 쓴 뿌리는 독성을 가지고 있어서 다른 뿌리를 해치고 자라지 못하게 한다. 진리의 말씀에서 벗어난 거짓된 것들은 모두 쓴 뿌리이다. 이것은 화평함과 거룩함에 이르지 못하게 하고 오히려 남을 괴롭게 하고 더럽힌다.

믿음의 경주는 모두가 함께 승리자가 되는 경주이다. 자기만 아는 교만한 경주자, 자기 이익을 위해 남을 이용하는 경주자, 오히려 남을 해치는 경주자는 사실상 믿음의 경주자가 아니다. 우리는 마음이 상한 이웃을 격려하고 연약한 이웃에 힘을 주며 자신이 쓴 뿌리가 되지 않도록 항상 말씀에 바로 서서 곧바로 달리는 사람이 되어야 한다.

"음행하는 자와 혹 한 그릇 음식을 위하여 장자의 명분을 판 에서와 같이 망령된 자가 없도록 살피라(16절)." 또 음란한 사람이나 한 그릇의 음식 때문에 장자의 특권을 팔아 버린 에서와 같이 불경스러운 자가 생기지 않도록 하라는 말이다. 성경에서 음란은 우상숭배를 뜻하기도 하고, 음란(sexually immoral) 그 자체를 의미하기도 한다. 에서는 일시적인 배고픔을 해결하기 위해 장자 상속권의 특권을 소홀히 여겼다. 이것은 당장의 즐거움을 위해 미래의 복을 차버리는 우를 범하지 말라는 것이다. 우리 중에도 에서와 같은 사람이 있음을 경고하는 말씀이다. '망령된(godless) 자'는 '대문간'이라는 의미를 가진 헬라어에서 유래된 말이다. 대문간에서 짓밟는 것처럼 노골적으로 하나님의 신성을 짓밟는 자를 가리킨다. 그 안에 하나님이 없었다는 말이다.

"너희가 아는 바와 같이 그가 그 후에 축복을 이어받으려고 눈물을 흘리며 구하되 버린 바가 되어 회개할 기회를 얻지 못하였느니라(17절)." 에서는 그 후에 아버지 이삭으로부터 축복을 받으려고 눈물을 흘리면서 애원했지만 거절을 당했다. 회개할 기회를 얻지 못했다는 것은 자기가 저질러 놓은 일을 돌이킬 길이 없었다는 말이다. 아버지의 마음을 바꿀 수 없었기(no change of mind) 때문이다.

"너희는 만질 수 있고 불이 붙는 산과 침침함과 흑암과 폭풍과(18절)." 너희가 믿음으로 다다른 곳은 옛날 이스라엘 사람들이 율법을 받던 시내 산이 아니다. 그 산은 손으로 만져 볼 수 있고 불이 타오르며 검은 구름과 짙은 어두움에 싸인 채 폭풍이 인다.

히브리서 기자는 에서의 경우를 확대하여 다시 구약과 신약을 대조시켰다. 18-19절은 출애굽기 19:16-19, 20:18-21을 인용한 것으로 모세가 시내 산에서 십계명을 받았을 때의 무서운 광경을 묘사하였다. 그리고 신약의 장소는 이런 곳이 아님을 말하고 있다.

"나팔 소리와 말하는 소리가 있는 곳에 이른 것이 아니라 그 소리를 듣는 자들은 더 말씀하지 아니하시기를 구하였으니(19절)." 시내 산은 나팔 소리 울리고 굉장한 음성이 들려오는 산이었다. 그때 그 소리를 들은 사람들은 하나님께 더 이상 말씀하시지 말아달라고 간청했었다.

"이는 짐승이라도 그 산에 들어가면 돌로 침을 당하리라 하신 명령을 그들이 견디지 못함이라(20절)." "비록 짐승이라도 이 산에 닿기만 하면 돌에 맞아 죽을 것이다"라고 하신 하나님의 명령이 너무나 두려워 감당할 수 없었다. 이것은 출 19:12-13을 인용한 것이다. "너는 백성을 위하여 주위에 경계를 정하고 이르기를 너희는 삼가 산에 오르거나 그 경계를 침범하지 말지니 산을 침범하는 자는 반드시 죽임을 당할 것이라 그런 자에게는 손을 대지 말고 돌로 쳐 죽이거나 화살로 쏘아 죽여야 하리니 짐승이나 사람을 막론하고 살아남지 못하리라."

"그 보이는 바가 이렇듯 무섭기로 모세도 이르되 내가 심히 두렵고 떨린다 하였느니라(21절)." 사실 그 광경을 본 모세도 얼마나 무서웠던지 "나는 너무나 무서워서 떨린다"고 말할 지경이었다. 이것은 모세가 "여호와께서 심히 분노하사 너희를 멸하려 하셨으므로 내가 두려워하였노라."고 한 신명기 9:19을 인용한 것이다.

"그러나 너희가 이른 곳은 시온 산과 살아 계신 하나님의 도성인 하늘의 예루살렘과 천만 천사와(22절)." 그러나 여러분이 다다른 곳은 두려움을 주었던 시내 산이 아니라 시온 산(Mount Zion)과 살아 계신 하나님의 성(the city of the living God)인 하늘의 예루살렘(the heavenly Jerusalem)이다. 그 곳에는 수많은 천사들이 있고 잔치가 벌어져 있다. 22-24절에서는 예수 그리스도를 믿는 이들이 이른 곳, 곧 영광스럽고 찬란한 곳을 말하고 있다. 시온 산은 문자적인 시온 산이 아니라 살아계신 하나님의 성, 곧 하나님의 나라를 가리킨다. 천만 천사(thousands upon thousands of angels)는 천사들이 수 없이 모여 있음을 말한다. 천사들이 이곳에 모여 있는 것은 축제를 위함이다. 이것은 시내 광야에서 대적을 무찌르기 위해 모인 경우와 대조를 이룬다. 히브리서 저자는 이 말씀을 통해 예수 그리스도를 믿는 이들은 시내 산의 두려운 옛 언약을 받은 것이 아니라 새 언약을 받은 곳이므로 옛 언약으로 돌아갈 생각을 하지 말라 하고 있다.

믿음의 경주에서 우리가 도달해야 할 곳은 '시온 산과 살아계신 하나님의 도성인 하늘의 새 예루살렘' 이요 '천만 천사와 하늘에 기록한 장자들의 총회와 교회와 만민의 심판자이신 하나님과 온전케 된 의인의 영들과 새 언약의 중보자이신 예수님' 이 계신 곳이다(22-24절). 그러므로 이곳에 도달하기 위해서는 오직 하나님이 기뻐하시는 길을 달리고, 그 길을 벗어나는 행동을 해서는 안 된다. 길을 벗어날 경우 우리는 그 목적지에 도달할 수 없기 때문이다.

“하늘에 기록된 장자들의 모임과 교회와 만민의 심판자이신 하나님과 및 온전하게 된 의인의 영들과(23절).” 그곳은 하늘에 등록된 장자들의 총회와 교회, 그리고 모든 사람의 심판자이신 하나님과 완전하게 된 의로운 사람들의 영이 있는 곳이다. 장자들의 모임과 교회(the church of the firstborn)에서 장자는 모든 것의 상속자, 곧 장자이신 그리스도와 믿음으로 연합하게 된 성도, 주님과 함께 그 나라를 상속 받은 성도들을 가리킨다. 온전케 된 의인의 영들(the spirits of righteous men)은 온전케 된 의인들로 우리를 온전케 하시는 주님(2절)으로 인해 온전케 된 믿음의 사람들, 곧 성도들을 가리킨다. 성도들은 믿음으로 의롭게 되고 온전케 된다.

“새 언약의 중보자이신 예수와 및 아벨의 피보다 더 나은 것을 말하는 뿌린 피니라(24절).” 또 우리에게는 새 언약의 중보자이신 예수님과 복수를 호소하던 아벨의 피보다 더 큰 힘을 발휘하는 뿌린 피, 곧 속죄의 피가 있다. 우리는 그리스도의 은혜로 그 피에 접하게 되었다. 예수님의 은혜로운 피는 아벨의 피보다 낫다. 아벨의 피는 복수를 위한 것이었다(창 4:10). 그러나 예수의 피는 용서를 위한 피였다. 하나님과 화평을 이루고 죄 사함을 얻게 하는 피기 때문이다.

“너희는 삼가 말씀하신 이를 거역하지 말라 땅에서 경고하신 이를 거역한 그들이 피하지 못하였거든 하물며 하늘로부터 경고하신 이를 배반하는 우리일까 보냐(25절).” 너희는 말씀해 주시는 이, 곧 하나님을 거역하지 말라. 이 땅에서 하나님의 말씀을 전한 모세를 거역한 경우 형벌을 면치 못했다. 하물며 하늘에서 말씀하시는 하나님을 거역한다면 어떻게 그 형벌을 면할 수 있겠는가. 언제나 하나님의 말씀을 순종하며 살라는 것이다.

25절은 ‘너희는 삼가 말하신 자를 거역하지 말라’ 고 마지막 경고를 하고 있다. ‘말하신 자’ 는 하나님을 가리킨다. 히브리서 1:1은 ‘여러 모양으로 우리 조상들에게 말씀하신 하나님' 이라고 표현함으로써 말씀하신 자가 곧 하나님임을 단적으로 보여주고 있다. 믿음의 경주자는 언제나 말씀하시는 하나님에 주목하고 그 말씀대로 달려야 하는 책임과 의무를 가지고 있다. 믿음의 경주자는 자기 마음대로 달리는 사람이 아니다. 오직 하나님의 말씀에 따라 경주를 해야 한다. 그분의 말씀을 따르지 아니하면 잘못된 길을 달리게 될 것이며 그 길은 결국 낙오와 실패로 인도할 뿐이다. 히브리서 저자는 하나님의 말씀을 거역할 경우 징계가 따를 것을 여러 절을 통해 강조하고 있다. 믿음의 징계는 사랑의 징계이다. 우리는 경주자로서 이 경고문을 계속 주시하고 징계를 당하지 않도록 노력하지 않으면 안 된다. 오늘도 하나님의 말씀을 따라 뛰라.

“그 때에는 그 소리가 땅을 진동하였거니와 이제는 약속하여 이르시되 내가 또 한 번 땅만 아니라 하늘도 진동하리라 하셨느니라(26절).” 그 때에는 그분의 음성으로 땅을 뒤흔들었다. 하지만 ‘또 한 번(once more),’ 곧 이번에는 “땅뿐 아니라 하늘까지도 뒤 흔들겠다.”고 약속하셨다. 이 말씀은 학개 2:6, 21을 인용한 것이다. 출애굽기 당시 시내 산에서는 땅만 진동했지만 그 약속이 성취되는 그 때에는 하늘까지 진동한다는 것이다(사 3:4;벧후 3:10-13). ‘이제는(now)’ 모세의 시대와 그리스도의 시대를 구분하는 말이다(롬 3:21;행 17:30).

“이 또 한 번이라 하심은 진동하지 아니하는 것을 영존하게 하기 위하여 진동할 것들 곧 만드신 것들이 변동될 것을 나타내심이라(27절).” 그런데 ‘또 한 번,’ 곧 ‘한 번 더'’라고 말씀하신 것은 흔들리지 않는 것들을 그대로 남기고, 흔들리는 것들 곧, 창조된 것들(created things)을 모두 없애 버리시겠다는 것을 가리킨다. 여기서는 신약과 구약의 장소를 각기 ‘진동하지 아니하는 것(하나님의 나라)’ 과 ‘진동할 것(피조 된 세상 나라)’ 으로 표현하고, 이를 대조시키고 있다.

"그러므로 우리가 흔들리지 않는 나라를 받았은즉 은혜를 받자 이로 말미암아 경건함과 두려움으로 하나님을 기쁘시게 섬길지니(28절)." 우리는 '흔들리지 않는 나라(kingdom that cannot be shaken),' 곧 견고한 하나님의 나라를 받았으니 감사하자. 그리고 경건하고 두려운 마음으로 하나님을 섬겨 그분을 기쁘게 해 드리자. '은혜를 받자'는 '감사하자(let us be thankful)'는 뜻이다. 그 은혜에 감사하고 예배하자는 것이다.

"우리 하나님은 소멸하는 불이심이라(29절)." 우리 하나님은 소멸하는 불(a consuming fire), 곧 태워 버리는 불이시다. 이 말씀은 신명기 4:24, 9:3, 이사야 33:14을 인용한 것이다. 하나님은 무조건 죄를 백지화하는 분이 아니시기 때문에 불의에 대해서는 반드시 형벌을 내리신다는 뜻이다.

제13장

바른 생활을 위한 여러 교훈, 기도의 요청, 축복과 작별 인사

요약

1. 성도의 바른 생활을 위한 교훈(1-9절)

1) (형제 사랑과 손 대접) 형제 사랑하기를 계속하고 손님 대접하기를 잊지 말라 이로써 부지중에 천사들을 대접한 이들이 있었느니라

2) (갇힌 자를 생각하라) 너희도 함께 갇힌 것 같이 갇힌 자를 생각하고 너희도 몸을 가졌은즉 학대 받는 자를 생각하라

3) (결혼을 귀히 여기라) 모든 사람은 결혼을 귀히 여기고 침소를 더럽히지 않게 하라 음행하는 자들과 간음하는 자들을 하나님이 심판하시리라

4) (있는 바를 족한 줄로 알라) 돈을 사랑하지 말고 있는 바를 족한 줄로 알라 그가 친히 말씀하시기를 내가 결코 너희를 버리지 아니하고 너희를 떠나지 아니하리라 하셨느니라

5) (주는 나를 돕는 자) 그러므로 우리가 담대히 말하되 주는 나를 돕는 이시니 내가 무서워하지 아니하겠노라 사람이 내게 어찌하리요 하노라

6) 하나님의 말씀을 너희에게 일러 주고 너희를 인도하던 자들을 생각하며 그들의 행실의 결말을 주의하여 보고 그들의 믿음을 본 받으라 예수 그리스도는 어제나 오늘이나 영원토록 동일하시니라

7) (다른 교훈에 끌리지 말라) 여러 가지 다른 교훈에 끌리지 말라 마음은 은혜로써 굳게 함이 아름답고 음식으로써 할 것이 아니니 음식으로 말미암아 행한 자는 유익을 얻지 못하였느니라

2. 그리스도인의 새 제단과 하나님이 기뻐하시는 제사(10-17절)

1) (우리도 그의 치욕을 짊어지고 영문 밖으로 그에게 나아가자) 우리에게 제단이 있는데 장막에서 섬기는 자들은 그 제단에서 먹을 권한이 없나니 이는 죄를 위한 짐승의 피는 대제사장이 가지고 성소에 들어가고 그 육체는 영문 밖에서 불사름이라
2) 그러므로 예수도 자기 피로써 백성을 거룩하게 하려고 성문 밖에서 고난을 받으셨느니라
3) 그런즉 우리도 그의 치욕을 짊어지고 영문 밖으로 그에게 나아가자
4) 우리가 여기에는 영구한 도성이 없으므로 장차 올 것을 찾나니 그러므로 우리는 예수로 말미암아 항상 찬송의 제사를 하나님께 드리자 이는 그 이름을 증언하는 입술의 열매니라
5) (선행과 나눔) 오직 선을 행함과 서로 나누어 주기를 잊지 말라 하나님은 이 같은 제사를 기뻐하시느니라
6) (영적 지도자에 대한 순종) 너희를 인도하는 자들에게 순종하고 복종하라 그들은 너희 영혼을 위하여 경성하기를 자신들이 청산할 자인 것 같이 하느니라 그들로 하여금 즐거움으로 이것을 하게 하고 근심으로 하게 하지 말라 그렇지 않으면 너희에게 유익이 없느니라

3. 기도의 요청(18, 19절)

1) 우리를 위하여 기도하라 우리가 모든 일에 선하게 행하려 하므로 우리에게 선한 양심이 있는 줄을 확신하노니
2) 내가 더 속히 너희에게 돌아가기 위하여 너희가 기도하기를 더욱 원하노라

4. 축복과 작별 인사(20-25절)

1) (하나님이 너희를 온전하게 하시기를 원하노라) 양들의 큰 목자이신 우리 주 예수를 영원한 언약의 피로 죽은 자 가운데서 이끌어 내신 평강의 하나님이 모든 선한 일에 너희를 온전하게 하사 자기 뜻을 행하게 하시고 그 앞에 즐거운 것을 예수 그리스도로 말미암아 우리 가운데서 이루시기를 원하

노라 영광이 그에게 세세무궁토록 있을지어다 아멘

2) 형제들아 내가 너희를 권하노니 권면의 말을 용납하라 내가 간단히 너희에게 썼느니라
3) (디모데에 관한 소식) 우리 형제 디모데가 놓인 것을 너희가 알라 그가 속히 오면 내가 그와 함께 가서 너희를 보리라
4) (문안과 축복) 너희를 인도하는 자들과 및 모든 성도들에게 문안하라 이달리야에서 온 자들도 너희에게 문안하느니라 은혜가 너희 모든 사람에게 있을지어다

---

1. 성도의 바른 생활을 위한 교훈(1-9절)

이 단락에서는 히브리서 저자가 성도들을 향한 여러 권면의 말을 기록하고 있다. 1-3절은 사회생활에 관한 권면을 담고 있고, 4-6절은 개인 생활에 관한 권면을, 7-9절은 신앙생활에 관한 권면을 담고 있다.

1) 사회생활을 위한 권면(1-3절)

"형제 사랑하기를 계속하고(1절)." 여러분은 서로 형제처럼 꾸준히 사랑하라. 사랑은 기독교의 실천 강령이다. 특히 주 안에서의 형제 사랑은 유대교의 끈질긴 유혹과 이단사상들의 침입으로부터 형제를 지키는 데 중요한 역할을 한다. 히브리서 저자는 교인들끼리 서로 형제처럼 대하며 중단하지 말고 계속(keep on) 사랑하라 했다. 한번은 사랑을 표할 수 있지만 계속해서 사랑하기란 얼마나 어려운가를 보여준다. 어렵고 힘들어도 지속적으로 사랑하라는 말씀이다. '그럼에도 불구하고' 의 사랑이다.

"손님 대접하기를 잊지 말라 이로써 부지중에 천사들을 대접한 이들이 있

었느니라(2절).” 여기서 손님은 나그네들(strangers)이다. 집을 떠난 사람들이니 춥고 배고프고 외롭다. 사람들은 그들을 잊기 쉽고, 그들의 사정을 알지 못한다. 하지만 그리스도인들은 그들의 아픔과 필요에 민감해야 한다는 말이다. 나그네를 대접하는 일을 소홀히 하지 말라.

나그네를 대접하다가 자기도 모르는 사이에 천사를 대접한 사람도 있었다. 당시에는 각지를 돌아다니며 전도하는 사람이 많았다. 따라서 나그네에 대한 대접은 필요한 일 가운데 하나였다. 구약에서는 아브라함이 천사들을 대접한 일이 있었다. 구약을 보면 하나님의 사자들이 사람의 모습으로 나타난다. 아브라함이 그들을 대접하는 모습을 창세기에서 읽을 수 있다. 그런데 히브리서에서의 상황, 곧 신약시대에도 공히 적용된다는 것이다. 지금도 예외가 아니니 그리하라는 말씀이다.

“너희도 함께 갇힌 것 같이 갇힌 자를 생각하고 너희도 몸을 가졌은즉 학대 받는 자를 생각하라(3절).” 감옥에 갇혀 있는 형제가 있으면 여러분도 함께 갇혀 있다는 심정으로 그들을 생각하라. 학대받는 사람들이 있으면 여러분도 같이 학대를 받고 있는 심정으로 그들을 생각하라. 대박해시에 갇힌 자를 위해 기도하고 찾아가며 동정하는 일은 형제 사랑의 실천 방법 가운데 하나였다(히 10:34). 그들이 주님을 위해 갇히고 학대를 받는다면 더 말할 나위 없다.

여기서는 특별히 그들을 어떻게 생각해야 할까를 가르치고 있다. 갇힌 자는 감옥에 갇혀 있는 자를 말한다. ‘너희도 함께 갇힌 것 같이 갇힌 자를 생각하고’는 ‘당신이 마치 함께 갇혀있는 동료처럼 생각하고(as if you were their fellow prisoners)라는 말씀이다. 물론 당신은 갇힌 자가 아니다. 하지만 갇힌 자의 마음으로 그들을 생각하고 보살피라는 말이다. 학대받는 자의 경우도 마찬가지다. 학대받는 자란 인간적인 대우를 받지 못하는(mistreated, ill-treated)

자이다.

인간 이하로 취급을 받는다든지, 폭압정권으로 인해 자유를 상실한 상태에 있는 경우가 이에 속한다. 인권에 관한 한 문제가 많다. 그들을 생각할 때 마치 우리 스스로도 같은 고통을 당하고 있다는(as if you yourselves were suffering) 심정으로 그들을 생각하며 기도하라는 것이다. 한 마디로 긍휼(compassion)의 마음을 가지라는 말이다.

2) 개인생활을 위한 권면(4-6절)

"모든 사람은 결혼을 귀히 여기고 침소를 더럽히지 않게 하라 음행하는 자들과 간음하는 자들을 하나님이 심판하시리라(4절)." 누구든지 결혼을 존중하고 부부의 잠자리를 더럽히지 않도록 하라. 하나님은 음란한 사람들과 간음하는 사람들을 심판하실 것이다.

히브리서 기자는 결혼의 순수성을 강조한다. 혼인을 귀히 여긴다는 것은, 우리 모두가 결혼의 삶을 존중해야(honor) 한다는 말이다. 서로가 서로의 결혼생활을 존중하지 않는다면, 즉 결혼생활의 질서가 깨진다면 윤리와 도덕은 순식간에 무너질 것이다. 성도덕을 철저히 지키라는 것으로 이것은 구약 때부터 이어져 온 전통이다. 결혼은 기혼자나 미혼자 모두에게 신성하고 귀중한 것이며 존중되어야 한다.

침소를 더럽히지 말라는 것은 침실을 깨끗하게 유지하라는 것이다. 청결하라는 말이 아니고 순결 하라, 곧 성적으로 문란한 행동을 하지 말라는 것이다. 음행하는 자(whoremongers)는 여러 형태의 난잡한 성행위에 탐닉하는 자를 말하고, 간음하는 사람(adulterers)은 부부의 정조를 더럽히는 성행위에 빠진 자를 말한다. 음행이나 간음 등 성적으로 문란한 행위에 대해 하나님이 심판하실 것이라는 말씀은 우리의 성적인 행위도 심판의 대상임을 보여준다.

"돈을 사랑하지 말고 있는 바를 족한 줄로 알라 그가 친히 말씀하시기를 내가 결코 너희를 버리지 아니하고 너희를 떠나지 아니하리라 하셨느니라(5절)." 돈을 사랑하지 말고 가진 것으로 만족하라. 하나님은 "내가 절대로 너를 떠나지 않고 너를 버리지 않겠다."고 하셨다. 이 말씀은 신명기 31:6, 창세기 28:15, 여호수아 1:5, 역대상 28:20 등 여러 구절을 자유롭게 인용한 것이다. 5절은 성욕에 이어 재물에 대한 욕심을 다스리도록 했다.

돈에 대해서는 두 가지 사항을 명심하도록 한다. 하나는 돈을 사랑하지 않는 것이다. 즉 돈 사랑으로부터 자유 하라는 것이다(keep your lives free from the love of money). 다른 하나는 있는 것으로 족한 줄 아는 것이다(be content with what you have). 이 두 가지는 서로 연관되어 있다. 있는 것으로 족한 줄 알면 돈 사랑으로부터 자유 할 수 있기 때문이다. 자족하지 못할 때 문제가 생긴다. 돈을 사랑하면 돈의 노예가 된다. 이웃을 돕는데도 인색하게 될 것이고, 돈만 있으면 모든 것이 해결된다며 자신의 쾌락을 위해 허비할 수도 있다.

히브리서 저자는 이 짧은 말씀 속에서 "이웃을 사랑하라"는 하나님의 정신을 우리 삶에서 어떻게 실천해야 하는가를 구체적으로 보여주었다. 돈과 성의 문제뿐 아니라 나그네, 갇힌 자, 학대 받는 자의 아픔에 동참하도록 했다. 히브리서 기자가 볼 때 이것은 우리가 당연히 해야 할 일이지만 일상에서 실천하기 어려운 일임을 간파했다. 인간은 연약한 존재요 너무나 이기적이기 때문이다. 그래서 그 일을 잘 이뤄내기 위해서는 하나님의 도우심이 절실히 필요하다는 것을 인식하고, 구약의 말씀을 재인용한 것이다.

"내가 결코 너희를 버리지 아니하고 너희를 떠나지 아니하리라." 결코 우리를 떠나지 않고(never leave you), 결코 버리지 아니하신다(never forsake you). 하나님은 이 순간에도 우리를 지켜보시고, 주의 말씀이 우리 삶에서 성취되기를 바라신다.

"그러므로 우리가 담대히 말하되 주는 나를 돕는 이시니 내가 무서워하지 아니하겠노라 사람이 내게 어찌 하리요 하노라(6절)." 그래서 우리는 담대히, 곧 '자신을 가지고(with confidence)' 말할 수 있다. "주는 나를 돕는 자시니 내가 무서워 아니하노라 사람이 내게 어찌 하리요." 이 말씀은 시편 56:4, 11과 시편118:6을 인용한 것이다.

시편 118편은 자신의 곤고함(anguish)을 "열방이 나를 에워싸고" 등 전쟁 상황으로 표현하였다. 이 세상에서 이웃을 사랑하는 일은 자신과의 싸움이다. 구약은 외부와의 전쟁으로 묘사하면서 "여호와는 내편이시라 내게 두려움이 없나니 사람이 내게 어찌 하리요" 했지만 히브리서 기자는 자신과의 싸움을 선포하면서 "사람이 내게 어찌 하리요"라 했다. 이 때 '사람' 은 자신이다. 물론 외부와의 관계를 포함하고 있다. 그는 이 힘든 과정을 하나님의 도우심으로 승리할 것을 확신한다.

오늘도 우리는 싸움터로 나간다. 오늘의 싸움터(today's war zone)는 이기적인 나를 이기고 이웃사랑으로 나가는 것이다. 사랑하기 어려운 형제를 사랑하고, 그동안 갇힌 자나 학대받는 자에게 무관심했던 나를 변화시켜 그들에 대한 민감성을 키우며, 성적으로는 자신뿐 아니라 이웃의 성결을 도모하고 지켜주며, 돈의 노예가 되지 않는 삶을 사는 것이다. 이 싸움에서 모두 승리하기 바란다. "여호와는 내편이시라 내게 두려움이 없나니 사람이 내게 어찌할꼬"

3) 신앙생활을 위한 권면(7-9절)

"하나님의 말씀을 너희에게 일러 주고 너희를 인도하던 자들을 생각하며 그들의 행실의 결말을 주의하여 보고 그들의 믿음을 본 받으라(7절)." '너희를 인도하던 자들' 은 하나님의 말씀을 전해 준 지도자(your leaders)를 말한다. 그들을 기억하고 그들의 최후, 곧 믿음 생활의 결과(the outcome of their way of life)를 생각하며 그들의 믿음을 본 받으라는 것이다. 그들이 어떻게 믿음으로 살다가 죽었는지 살펴보고 그들의 믿음을 본받아 당당하게 살라는 말이다.

"예수 그리스도는 어제나 오늘이나 영원토록 동일하시니라(8절)." 원문은 "예수 그리스도는 어제나 오늘이나 바로 그분이시오 영원히 또한 그러하다." 이다. 우리의 믿음의 대상이신 예수 그리스도는 어제나 오늘이나 영원히 똑같은 분(the same)이시다. 과거나 현재나 앞으로도 영원토록(yesterday and today and forever) 변하지 않으시는 궁극적인 존재이시다.

"여러 가지 다른 교훈에 끌리지 말라 마음은 은혜로써 굳게 함이 아름답고 음식으로써 할 것이 아니니 음식으로 말미암아 행한 자는 유익을 얻지 못하였느니라(9절)." 구약에는 부정한 식물과 정한 식물에 관한 규례가 있다. 음식에 관한 말이 나오는 것은 이것을 반영한다. 히브리서 저자는 먼저 여러 가지 다른 교훈(all kinds of strange teachings), 곧 이상한 교훈에 속지 말라 한다. 여기서 다른 교훈이란 넓게는 예수 그리스도의 희생 제사를 부인하고 옛 언약을 고집하는 율법주의적 유대주의의 가르침을 가리키고, 좁게는 음식(ceremonial foods)에 관한 여러 율법주의적 교훈을 가리킨다. 이것에 끌리지 말라는 것은 그런 규정에 매달리지 말라는 것이다. 음식에 관한 규정을 지키는 것보다 은총으로 마음을 튼튼하게 하는 것이 더 좋기 때문이다. 음식에 관한 규정에 얽매인 사람들이 그것을 지킴으로 이득을 본 일은 없다(no value to those who eat them). 그럼에도 불구하고 그 규례를 지키라고 가르친다면 그것은 다른 교훈이 된다.

2. 그리스도인의 새 제단과 하나님이 기뻐하시는 제사(10-17절)

"우리에게 제단이 있는데 장막에서 섬기는 자들은 그 제단에서 먹을 권한이 없나니(10절)." 우리에게도 제단(an altar)이 있다. 그런데 성막에서 섬기는 사람들(those who minister at the tabernacle), 곧 유대교의 성막 성소에서 제사를 드리는 제사장들은 우리 제단의 제물을 먹을 권리가 없다(have no right to eat).

여기서 제단이란 희생 제사를 뜻한다. 그리스도의 영원한 희생 제사다. 아론 계통의 구약 제사제도를 완결시킨 십자가를 가리킨다. 그들은 구약의 제사장은 대속죄일의 희생제물을 먹을 수 없었다. 그러나 우리는 그 제물, 곧 예수의 피와 살을 먹을 수 있는 자들이 되었다(요 6:48-58). 따라서 우리의 특권은 구약의 제사장이 가진 특권보다 우월하다는 것이다.

"이는 죄를 위한 짐승의 피는 대제사장이 가지고 성소에 들어가고 그 육체는 영문 밖에서 불사름이라(11절)." 이 말씀은 구약의 대속죄일 규례에 관한 것이다(레 16:27). 짐승의 피는 대제사장이 지성소 안으로 가지고 들어가 죄를 없애기 위한 속죄 제물로 바친다. 하지만 짐승의 몸은 진 밖에서(outside the camp) 태우게 되어 있었다. 보통 제사 때의 제물은 제사장의 소유가 되었지만 대속죄일의 속죄물의 경우 진영 밖에서 태워야 했다. 그래서 그것을 먹을 권리조차 없었다.

"그러므로 예수도 자기 피로써 백성을 거룩하게 하려고 성문 밖에서 고난을 받으셨느니라(12절)." 이와 같이 예수님도 당신의 피로 백성을 거룩하게 만드시려고 예루살렘 성문 밖에서 십자가의 고난을 당하고 죽으셨다. 이것은 이스라엘 진영 밖에서 희생 짐승의 몸을 불에 태워 속죄하듯 그리스도 역시 영문 밖에서 속죄의 사역을 감당하셨다는 것이다. '거룩하게 하려고(hagiazo, to make holy, consecrate, sanctify)' 는 우리의 죄책을 완전히 제거하고 하나님과 화목케 하며 그분을 섬길 수 있는 위치에 이르도록 하셨다는 뜻이다.

이 점에서 바울 서신이 윤리적 측면에서 '거룩하게 하다'는 말을 사용한 것과 비교된다.

"그런즉 우리도 그의 치욕을 짊어지고 영문 밖으로 그에게 나아가자(13절)." 그러므로 우리도 영문 밖에 계신 예수님에게 나아가서 그분이 겪은 치욕(the disgrace)을 함께 겪자는 것이다. 우리도 교회의 울타리 안에 머물지 말고 세상에 나가 주와 함께 자기를 희생하는 삶을 살라는 말이다.

"우리가 여기에는 영구한 도성이 없으므로 장차 올 것을 찾나니(14절)." 우리가 사는 이 땅에는 우리가 거할 영원한 도성(an enduring city)이 없다. 우리는 다만 앞으로 올 도성(the city that is to come)을 바라고 있을 뿐이다. 그리스도를 따라 영문 밖으로 나간 자들에게는 영문 안에는 영원히 거할 처소가 없다. 다만 임시 처소에 거하며 장차 올 영원한 도성을 기다리며 바라보고 있다. 우리는 하나님 나라의 백성으로 이 땅은 우리가 머물러야 할 영원한 처소가 아니란 말이다. 영원한 처소는 따로 있다.

"그러므로 우리는 예수로 말미암아 항상 찬송의 제사를 하나님께 드리자 이는 그 이름을 증언하는 입술의 열매니라(15절)." 그러므로 예수님을 통해서 언제나 하나님께 찬양의 제사(a sacrifice of praise)를 드리자. 계속해서 드리자(let us continually offer to God)는 것이다. 이것은 그분의 이름에 감사하고 고백하는(confess his name) 우리 입술의 열매(the fruit of lips)이다. 감사와 고백과 찬양이 있는 제사다. 찬송의 제사는 그리스도의 속죄에 감사하여 자신의 모든 삶을 하나님께 드리겠다는 마음을 음악으로 표현해 드리는 제사다.

"오직 선을 행함과 서로 나누어 주기를 잊지 말라 하나님은 이 같은 제사를 기뻐하시느니라(16절)." 나아가 선을 행하는 일과 서로 나눠 주는 것을 잊지 말라. 하나님께서는 이런 제사를 기뻐하신다. 찬양의 제사도 중요하지만 하나님의 자녀로서 좋은 일을 하고 서로 돕는 일을 게을리 하지 않을 때 하나님께서는 이런 것을 제물로서 기쁘게 받아 주신다. 이 같은 제사는 찬미의 제사와 선행의 제사를 말한다. 선행의 제사는 개인의 구체적인 삶 속에서 하나님의 사랑을 행동으로 나타내 보이는 삶의 제사를 말한다. 삶의 제사에 대해서는 야고보서(약 1:27), 베드로 서신(벧전 2:5), 바울의 여러 서신(롬 12:1)에서도 잘 나타나 있다.

"너희를 인도하는 자들에게 순종하고 복종하라 그들은 너희 영혼을 위하여 경성하기를 자신들이 청산할 자인 것 같이 하느니라 그들로 하여금 즐거움으로 이것을 하게하고 근심으로 하게 하지 말라 그렇지 않으면 너희에게 유익이 없느니라(17절)." 영적 지도자들의 말을 잘 듣고 그들의 권위에 순복하라. 그들은 경성하여, 즉 정신 바짝 차려 여러분의 영혼을 돌보아 주고 있다. '자신들이 청산할 자(men who must give an account)인 것 같이,' 즉 자기 것을 계산하는 자인 것처럼 성도들을 알뜰하고 정확하게 돌보아주고 나아가 자기들이 한 일을 하나님께 낱낱이 보고하는 사람들이다. 영적 지도자들은 자기의 한 일에 대하여 선악 간에 하나님 앞에서 계산을 해야 할 책임이 있는 사람들이다. 그러므로 그들이 이 일을 근심, 곧 짐(a burden)이나 괴로운 마음으로 하지 않고 기쁨(a joy)으로 할 수 있게 하라. 그렇게 하지 않으면 여러분에게 아무런 도움도 되지 못할 것이다.

3. 기도의 요청(18, 19절)

"우리를 위하여 기도하라 우리가 모든 일에 선하게 행하려 하므로 우리에게 선한 양심이 있는 줄을 확신하노니(18절)." 히브리서 저자는 서신의 결론을 맺기에 앞서 우리를 위해 기도해 달라고 했다. 이렇게 기도를 요청할 자격이 어디에 있는가? 저자는 두 가지를 제시했다. 하나는, 선한 양심(a clear conscience)

을 가지고 있기 때문이다. 그리고 다른 하나는, 모든 일에 바르게 살려는 욕망(desire to live honorably in every way)을 가지고 있기 때문이다. 이에 대한 확신이 있기 때문에 당당히 기도해 달라 한 것이다. 저자는 무슨 일에나 정직하게 살려하고, 양심에 거리끼는 일이 하나도 없음을 확신하고 있다.

"내가 더 속히 너희에게 돌아가기 위하여 너희가 기도하기를 더욱 원하노라(19절)." 저자는 자신을 위해 특별 기도를 부탁했다. 그것은 자신이 속히 여러분에게 돌아갈 수 있도록 기도해 달라는 것이었다. 이를 위해 더욱 간곡히 기도해 달라는 것이다.

4. 축복과 작별 인사(20-25절)

"양들의 큰 목자이신 우리 주 예수를 영원한 언약의 피로 죽은 자 가운데서 이끌어 내신 평강의 하나님이(20절)." 자신을 위해 기도해달라고 했던 저자가 20-21절에서 교인들을 향해 축복의 기도를 한다. 양들의 큰 목자(great Shepherd of the sheep)가 되신 주 예수님을 영원한 언약의 피(the blood of the eternal covenant)로 죽은 사람들 가운데서 다시 살리신 분은 평화의 하나님(the God of peace)이시라는 고백과 함께 그 하나님의 축복을 빈 것이다. 예수님은 자신을 양의 목자로 비유하셨다. 주님은 자신을 생명을 내어주심으로 그의 양들에게 영원한 생명을 주셨다. '영원한 언약의 피' 는 예수 그리스도께서 단번에 영원한 제사를 드리신 것을 말한다. 그로 인해 세워진 새 언약은 옛 언약과 질적으로 다르다. '죽은 자 가운데서 이끌어 내신(brought back from the dead)' 은 그리스도의 부활을 의미한다. 그 하나님은 죄인과 화평을 이루신 평강의 하나님이시다. '평강의 하나님' 은 축복 기도에서 자주 나타나는 하나님의 칭호이다.

"모든 선한 일에 너희를 온전하게 하사 자기 뜻을 행하게 하시고 그 앞에 즐거운 것을 예수 그리스도로 말미암아 우리 가운데서 이루시기를 원하노라 영광이 그에게 세세무궁토록 있을지어다 아멘(21절)." 나아가 바로 이 하나님이 여러분에게 온갖 선한 것(everything good), 곧 좋은 것을 공급해 주셔서 당신의 뜻을 행하게 하시고 우리가 예수 그리스도를 힘입어 하나님이 기뻐하시는 일(what is pleasing to him)을 우리 안에서 할 수 있게 해주시기(may he work in us)를 빌었다. 그리고 하나님께 길이길이 영광이 있기를 바랐다. '아멘(Amen)'은 '참으로(truly),' '그렇게 되기를 빈다(So be it truly)'는 뜻이다. 히브리서 전체의 결말을 장식한 이 말은 로마서 11:36과 같다.

"형제들아 내가 너희를 권하노니 권면의 말을 용납하라 내가 간단히 너희에게 썼느니라(22절)." 이 서신을 통해 몇 마디 짧은 편지를 써서 보내지만 부디 자신이 권면한 말(my word of exhortation)은 명심해 달라는 것이다. 그가 권면한 말은 그리스도를 떠나는 것이 아니라 더 성숙한 신앙의 자리로 나아가라는 것이다. '간단히(only a short letter)'는 그리스도의 우월성에 대해 논증할 말이 많지만 여기서는 대략적으로 썼다는 것이다.

"우리 형제 디모데가 놓인 것을 너희가 알라 그가 속히 오면 내가 그와 함께 가서 너희를 보리라(23절)." 저자는 믿음의 형제 디모데(Timothy)가 풀려나온 것을 알렸다. 그리고 그가 곧 오게 되면, 즉 때를 맞추어 오면 자신이 그와 함께 여러분에게 가겠다고 약속했다. 디모데는 이 편지를 받는 이들에게 잘 알려져 있었고, 저자가 이 편지를 기록할 당시에 디모데는 이미 석방된 상태에 있었음을 알 수 있다.

"너희를 인도하는 자들과 및 모든 성도들에게 문안하라 이달리야에서 온 자들도 너희에게 문안하느니라(24절)." 저자는 여러분의 모든 지도자들과 모든 성도들(all God's people)에게 문안해 줄 것을 부탁했다. 그리고 이탈리아(Italy)

에서 온 사람들이 여러분에게 문안인사를 드린다고 했다. 히브리서 저자가 이 글을 쓸 당시 이탈리아에서 온 성도들이 있었음을 말해준다.

"은혜가 너희 모든 사람에게 있을지어다(25절)." 하나님의 은혜(grace)가 여러분 모두와 함께 하기를 기도합니다. 이 은혜는 우리를 향한 하나님의 배려이자 사랑이다. 이 은혜로 우리는 하나님으로부터 보호를 받고 인도함을 받는다. 이 은혜로 인해 우리는 하나님의 무한한 사랑을 느끼며 이 험한 세상을 넉넉히 이길 수 있다.

히브리서의 이해

Hebrews

제 2 편
히브리서의 중심 개념

제 1 장

예수님의 오심과 인간의 구원

히브리서 저자는 예수 그리스도의 위대성과 뛰어나심에 관심을 두었다. 저자는 유대인들이 영적 존재로 여기는 천사, 지도자로서 율법을 선포한 모세, 그리고 모든 제사에 있어서 지도적 역할을 하는 대제사장에 집중하여 그보다 크고 위대하신, 그리고 비교 불가한 예수 그리스도를 소개하였다. 또한 제사장 멜기세덱을 예수 그리스도를 예표 한다고 했다. 그러나 그 무엇보다 예수님은 구원의 창시자라는 점이다. 주님이 십자가에서 단번에 드리신 제사로 인해 우리가 구원을 얻었기 때문이다. 그러므로 예수 그리스도의 이 땅에 오심과 인간의 구원은 예수 그리스도가 우리 믿음의 근원임을 밝혀주고 있다.

예수님은 왜 오셨는가? 누가복음 5장 30-32절은 죄인을 불러 회개케 하기 위하여 오셨다고 명기하고 있다. 결론적으로 말하여 죄인을 구원하시기 위하여 이 땅에 오신 것이다.

바리새인들과 서기관들은 예수님이 세리 및 죄인들과 먹고 마시는 것에 대하여 불만을 가지고 있었다. 왜 자기들처럼 의로운 사람들과 함께 하지 않고 보잘것없는 사람으로 취급되는 그런 사람들과 어울리는가 하는 것이었다. 세리나 죄인들은 비종교적이고 이스라엘 사람들로부터 소외된 사람들임에 비하여 바리새인과 서기관들은 종교적이고 세력을 가진 사람들이었다.

예수님은 내가 의인을 부르러온 것이 아니라 죄인을 불러 회개케 하기 위해 왔다고 선언하신다. 하나님 앞에서 의인은 아무도 없다(롬 3:10). 따라서 바리새인들도 회개하는 양심을 가지고 주님 앞에 왔어야 했는데 끝까지 자기의 의를 내세운 것이다.

파스칼은 말한다. "자신을 의롭게 여기는가? 그러면 그는 죄인이다." 죄인이 죄인인 줄 모르며 오히려 자기의 잘난 것을 내세우는 바리새인들의 모습이 바로 우리들의 모습이다. 죄인을 구원하기 위해 오셨다는 주님의 말씀은 세리와 죄인들에게만 해당되는 것이 아니라 당대에 믿음 있다고 자부하며 사는 바리새인과 서기관 모두에게 해당되는 구원의 말씀이다.

1. 구원에 대한 이스라엘 사람들의 열망

어떤 종교든지 자기를 구원하는 자를 두고 있다. 이교의 경우 시간과 장소에 따라 신(구주)이 나타나 전쟁, 혁명, 재해, 질병, 위험에서 구원한다. 포세이돈(Poseidon)이나 아르테미스(Artemis) 등은 이 같은 전문가적 신에 해당한다. 헬레니즘에서도 용사, 장군, 도시창설자, 인격적 구호자가 나타나 도시를 위험에서 구원한다. 우리나라의 경우 불교는 관세음보살이, 유교는 조상이, 토속종교는 각종 신들이 그 역할을 맡고 있다.

이스라엘도 하나님의 구원사건과 연관된 역사를 가지고 있다. 430년 동안 이집트에서의 노예생활로부터의 구원인 출애굽은 그 대표적 보기이다. 하나님의 구원을 기다리는 그들은 이름을 지을 때도 이와 관련된 이름을 지었다. 여호수아는 '여호와는 구원이시다' 라는 뜻을 가지고 있으며 이사야도 '여호와의 구원' 이라는 뜻을 가지고 있다.

이 이름들은 자기백성을 구원하시기를 기뻐하시는 하나님을 나타낼 뿐 아니라 하나님을 의지해야 구원이 있음을 보여주고 있다. 이것은 하나님과 백성 사이의 관계가 불가분의 관계임을 입증하고 있다. 여호수아의 헬라식 명칭인 예수도 '여호와는 구원이시다' 라는 뜻을 가지고 있다. 예수님 탄생이전에 이 이름을 가진 사람들이 많이 있었는데 이것은 헬라와 로마의 연이은 지배를 받으면서 그들로부터의 해방을 희구하는 열망이 얼마나 강했는가를 보여주고 있다. 주후 2세기부터는 이 이름이 줄어들었다.

예수님 당시 예수라는 명칭이 흔했다는 것은 여러 사실에서 입증되고 있다.

유대사가 요세푸스는 그의 책에서 예수라는 동명이인을 스무 명이나 언급하고 있다. 주전 35년에서 주후 63년까지 예수라는 이름을 가진 제사장만도 네 사람이나 있었다.

성경에서도 예수님과 이름이 같은 동명이인들이 소개되고 있다. 사도행전 7:45과 히브리서 4:8의 예수, 예수님 조상가운데 있는 예수(눅 3:29), 바라바의 두 번 째 이름인 예수(마 27:16이하), 바울의 동반자 예수(골 4:11), 마술사 바예수의 아버지 예수(행 13:6)는 동명이인들이다.

이처럼 예수의 이름이 흔하여 우리가 섬기는 예수님을 부를 때 구별할 필요가 있다. 예수님의 정식명칭은 당시의 방식대로 족보와 거주지가 들어있는 '요셉의 아들 나사렛 예수(요 1:45)' 였다. 공적 사역기간에 일반적으로 부른 이름은 나사렛 예수였고 그밖에 선생님, 주님, 주 예수(눅 17:13), 다윗의 자손 예수(막 10:47)였다.

부활 후 예수님을 주로 고백하면서 예수 그리스도, 주 예수 그리스도로 불렀다. 베드로가 예수님을 가리켜 주는 그리스도시요 살아 계신 하나님의 아들이라고 신앙고백을 한 것은 예수님이 그들 마음속에 그리스도로서 자리를 잡아가고 있음을 보여주고 있다.

구원에 대한 이스라엘 사람들의 열망은 그들이 처한 억압을 풀어주는 정치적인 것이 대부분이었다. 그러나 주님은 이러한 세속적 열망과는 아무 관련이 없는 죄로부터의 구원을 강조하심으로써 하나님의 구원계획이 사람들이 생각하는 것과는 전혀 속성이 다른 것임을 보여 주었다. 그러므로 우리는 우리에 대한 하나님의 구원이 죄의 문제에 대한 궁극적인 해결을 통해 우리를 하나님 나라의 백성으로 만드는데 있는 것이지 세상 욕구를 충족시키는데 있는 것이 아님을 알아야 한다.

2. 구원에 대한 이스라엘 사람들의 오해

구원에 대해 이스라엘 사람들이 크게 잘못 생각하고 있는 점은 두 가지이다. 첫째는 그들의 구원관이 현세 지향적이라는 점이며 둘째는 이기주의적이라는 점이다.

그들의 구원관이 현세 지향적이라는 것은 그들의 구원관이 이방인들이 가진 구원관과 전혀 다를 바가 없었다는 점이다. 그들은 이방인과 마찬가지로 위험, 재난, 정치적 억압, 가난으로부터의 해방을 희구했고 그 열망의 정도가 높아짐에 따라 물질주의적으로 변화되어갔다. 이 때문에 그들은 역사적으로 보면 하나님도 섬기고 이방신도 섬기는 종교적 간음, 곧 혼합주의에 빠질 수 있었다. 예수님 당시에는 정치적 억압, 가난, 질병이 그들의 문제였다.

그들의 구원관이 이기주의적이라는 것은 하나님의 구원은 이스라엘에만 국한된다는 자기 민족중심적 신앙에 문제가 있음을 드러내는 것이다. 이것은 그들이 가진 선민의식에 뿌리를 두고 있다. 선민의식은 이기주의, 집단주의, 민족주의를 불러 일으켜 편협성을 가져오게 한다.

이 같은 사상은 자기 외에 남을 비천하게 보는 일종의 특권의식을 낳는다. 바리새인이나 사두개인들이 자기들은 다른 사람들과 다르다고 생각하고 세리나 죄인 그리고 비천한 계층을 배척하는 것은 이스라엘 내에서조차 특권의식이 있음을 보여준다.

하나님은 절대로 편협성을 원치 않으신다. 하나님은 어느 특정 집단이나 민족을 내세우기보다 하나님중심의 나라를 이루어 나가고자 하신다. 이스라엘이 선택된 것은 이스라엘을 통해 하나님 나라의 모형을 세우기 위한 하나님의 구원계획이 있었기 때문이다. 이스라엘이 다른 어떤 민족보다 우월해서나 더 사랑하기 때문은 아니다. 하나님은 연약한 자를 더 들어 쓰신다는 것을 기억해야 한다.

하나님에게는 민족보다 하나님을 신뢰하고 믿으며 살아가는 사람이 더 중요하다. 이방인일지라도 하나님을 믿으면 이스라엘 사람으로 살게 하고 그들에게 동등한 권한을 부여한 것은 이 때문이다.

마태복음 1장의 예수 그리스도의 세계(족보)에 관한 소개는 단순한 혈통의 소개가 아니라 믿음의 계보를 소개한 것이다. 다말, 라합, 룻, 우리아의 아내 밧세바와 같은 이방인이 그 족보에 끼어있는 것이나 족보가운데 믿음이 모범이 되지 않는 대는 잘라 여러 대를 건너뛰는 것은 그리스도의 세계가 혈통중심이 아니라 믿음중심인 것을 보여준다.

예수님은 이방인이 많이 사는 갈릴리나 사마리아 지역에 대한 전도를 집중적으로 하셨고 바울은 이방전도의 문을 크게 열어놓아 로마를 통해 세계를 복음화 하는 계기를 만들었다. 우리도 자기 가정, 자기 교회, 우리나라만으로 좁히는 편협성을 버려야 한다. 선교는 편협성을 버리게 하는 가장 좋은 약이다.

3. 질적으로 다른 예수님의 구원관

예수님의 구원관은 이스라엘 사람들의 구원관과 전혀 다른 것이었다. 물질이 아니라 죄로부터의 구원이었고 이스라엘만의 구원이 아니라 이 세상 모든 사람에 대한 구원이었다.

예수님은 물질의 풍요나 정치적 해방을 위해 오신 것이 아니라 온 백성들을 죄로부터 구원하시기 위해 이 땅에 오셨다. 그분이 구주가 되심은 우리를 죄로부터 구원하셨기 때문이다. 이 죄는 원죄를 가리킨다. 태초에 인간은 하나님의 형상으로서 선하게 창조되었으나 사단의 작용으로 죄가 침투하자 악해졌다. 죄의 침투는 결국 하나님과의 단절(no communication)을 초래했다. 목숨은 살아있다 해도 사실상 죽은 것이나 다름이 없었다.

하나님은 관계회복의 방법을 제시했다. 구약에 따르면 하나님은 이렇게 하면 축복을 받고 이렇게 하면 저주를 받는다는 것을 명확히 해주었으며 제사를 통해 죄 씻음을 가르쳐 주었다. 제사는 끊임없이 반복되었으나 죄지음은 계속되었다. 그들은 제물조차 흠 없는 것 대신에 병든 것이나 저는 것 등 온전치 못한 것을 제물로 드림으로써 하나님마저 속이려 하였다.

하나님은 인간 스스로 죄의 문제를 해결할 수 없음을 인식하시고 직접 이 문제에 개입하시기로 작정하셨다. 하나님의 인간에 대한 한계인식과 하나님의 직접적인 개입은 오직 인간에 대한 하나님의 사랑에서 비롯된 것이다. 그 개입이 바로 예수님의 오심이다.

그의 오심은 죄의 문제를 궁극적으로 해결하기 위해 하나님 자신이 육신의 몸을 입고 이 땅에 오심이며 가장 흠 없는 어린양으로써 원죄에 대한 대속 제물로 오심이다. 그분은 십자가에서 죽으심으로써 단번에 우리의 모든 죄의 문제를 해결해 주셨다. 주님은 평소에도 죽임을 당할 것을 말씀하셨다. 자신이 죽어야 한다는 것이다. 주님이 이 땅에 오시고 죽으신 사건은 우리에 대한 하나님의 사랑을 입증하는 사건이다.

예수님은 어떤 특정 계층이나 한 민족만을 구원하시기 위해 오신 것이 아니다. 인류전체가 가고 있던 바르지 못한 길을 다시 바른 길로 인도하시기 위해서, 만민을 하나님께 돌아오도록 하기 위해서 오신 것이다(요 4:42;요일 4:14;딤전 2:4).

이스라엘 사람들은 하나님을 이스라엘만을 구원하시는 하나님으로 착각하였다. 이러한 생각은 같은 이스라엘 사람가운데서도 율법을 지키는 자에게만 구원을 받을 수 있다는 오만함으로 바뀌어졌다. 죄인을 구원하신다는 것에 생각이 미치지 못하는 것도 이러한 종교적 오만함의 결과이다.

예수님은 이스라엘만의 구원을 위해 이 세상에 오신 것은 아니다. 만 백성을 죄로부터 구원하시기 위해 오신 것이다. 하나님을 모르고 죄 가운데 사는 이방인들을 하나님의 백성으로 만들기 위해 오신 것이다. 이 때 이방인이라 함은 이스라엘 백성이라 할지라도 하나님 밖에 있으면 이방인일 수밖에 없다는 의미에서 이방인이다. 하나님은 이스라엘의 이방화를 원치 않으셨으며 오히려 이방인의 하나님 백성화를 원하셨다.

인간은 누구나 예수 그리스도의 구원이 필요하다. 이를 위해서는 예수를 구주로 시인하고 사단의 자녀가 아니라 하나님의 자녀로 사는 것이다. 성경은 바로 이것의 필요성을 강조하고 있다.

복음과 구원

1. 원래의 인간상태

에덴의 삶

하나님 ———— 인간

하나님과 교제 / 하나님의 형상 소유

2. 인간의 범죄와 타락

하나님		인간
천국	죄	아담과 하와의 범죄
	사단	하나님과의 단절

3. 다른 길은 없음

하나님		인간
하나님의 나라	선행	원죄해결 불가능
	철학	율법을 다 지킬 수 없음
	종교	

4. 하나님만이 문제 해결

하나님		인간
하나님의 나라	예수님	하나님의 자녀
		하나님과의 관계회복

4. 예수님의 당부

예수님은 이 땅에 오셔서 우리로 하여금 종전과 다른 삶을 살도록 하신다. 주님이 우리에게 원하시는 삶이 무엇인가를 살펴보면 다음과 같다.

1) 더 이상 죄의 노예가 되지 말라

주님의 오심으로 우리는 죄로부터 해방되었다. 주님은 죄인을 부르시고 죄인 편에 서시며 죄인을 붙드셨다. 그분은 우리가 죄 때문에 죽어지내는 것을 원치 않으신다. 죄 속의 삶은 하나님 나라의 삶이 아니라 사단의 삶이기 때문이다.

주님은 "내게 오라 내가 너희를 편히 쉬게 하리라." 하심으로 죄의 멍에를 풀고 구원받도록 하신다. 주님은 의인을 부르러 온 것이 아니라 죄인을 불러 회개시키러 왔다고 하심으로써 죄인의 편에 섰다. 그리고 너희와 영원히 함께 하겠다고 말씀하심으로써 우리를 계속 붙드시는 임마누엘의 하나님임을 보여 주셨다.

2) 변화된 삶을 살아라

주님은 우리의 삶이 변화되기를 바라신다. 거듭나라는 말씀이다. 거듭남은 예수 그리스도로 인해 옛 사람이 새 사람으로 변화되는 것을 의미한다. 죄인의 삶이 아니라 의인의 삶이요 물질위주의 삶이 아니라 믿음중심의 삶이요 세상의 삶이 아니라 영적인 삶이며 불확실한 삶이 아니라 본래의 것을 회복한 확실한 삶의 선택이다. 이 선택은 우리가 모래 위가 아니라 반석 위에 터를 잡은 것이요 계속 목마른 샘이 아니라 영원히 목마르지 아니한 샘을 갖는 것이다.

3) 하나님 아버지께 가까이 나아오라

사단은 우리로 죄를 짓게 함으로써 하나님으로부터 멀어지게 한다. 그러나 예수님은 그의 죽으심으로 우리의 죄를 깨끗하게 하심으로써 하나님께 더 가까이 나가게 하신다. 예수님이 죽으실 때 성전 휘장이 찢어진 것은 주님이 대제사장만 들어갈 수 있는 지성소의 장벽을 무너뜨리고 우리를 하나님께 가까이 나아가도록 만드신 것이다. 우리가 하나님을 아바 아버지라고 부를 수 있게 된 것은 하나님과 우리 사이에 커뮤니케이션이 회복되었음을 의미한다.

참다운 커뮤니케이션의 회복은 회개와 용서에서 비롯된다. 우리의 기도는 바로 하나님과의 커뮤니케이션이자 대화이다. 우리가 하나님을 아버지라 부름은 죄 때문에 생긴 대화의 벽이 무너지고 아버지께 기쁘게 나갈 수 있음을 나타낸다. 그러므로 우리의 기도는 기가 죽은 기도가 아니라 생기가 넘치고 하나님에 대해 정감이 넘치는 기도여야 한다.

우리가 주의 백성이 되고 주안에서 평안을 누릴 수 있게 된 것은 우리가 무엇을 잘했기 때문이 아니라 오직 하나님이 우리의 약함을 아시고 예수 그리스도를 이 땅에 보내시고 대속의 피를 흘리게 했기 때문이다. 이것은 전적으로 하나님의 은혜이다. 그러므로 우리는 우리 자신을 자랑할 것이 아니라 오직 예수 그리스도를 자랑하고 그리스도안에서의 삶을 자랑하는 그리스도인이 되어야 한다.

우리가 그리스도를 따르고 그의 나라와 의를 구하는 생활을 하게 될 때 주님은 우리의 필요한 것도 채우신다. 설령 채워주시지 않는다 해도 주님으로 인해 기뻐하는 삶을 사는 차원 높은 신앙을 가져야 한다. 다윗은 '내 영혼이 여호와로 자랑하리니(시 34:2)' 하였고 하박국은 '비록 외양간에 소가 없을지라도 나는 여호와를 인하여 즐거워하며 나의 구원의 하나님을 인하여 기뻐하리로다(합 3:17, 18)' 라고 말할 정도로 높은 수준의 신앙을 유지하였다.

주님은 왜 오셨는가? 주님은 우리를 더 이상 죄의 노예로 사는 것을 원치 않으셨기 때문이다. 주님은 우리를 하나님의 자녀로 삼으시고 하나님 나라의 중요한 존재로서 살아가도록 만드시기 위하여 이 땅에 오셨다. 그러므로 그의 오심은 우리에게 죄로부터의 해방이 선포되는 기쁜 구원의 날이 되는 것이다.

크리스마스는 바로 이러한 주님을 기뻐하고 자랑하는 우리 모두의 날이자 주님의 날이다. 먹고 마시고 환락에 빠지는 날이 결코 아니다. 우리가 지금 아무리 어려운 삶을 산다할지라도 예수 그리스도만으로 만족하고 예수 그리스도만을 자랑하는 삶을 살 수 있는 것은 바로 그의 오심의 의미가 너무 크고 감사하기 때문이다.

도움말

사람을 살린 쪽지

동아일보 독자란에 실린 어느 독자의 체험적 이야기다. 그는 공사장에서 감리사로 일하는 사람이었다.

공사장에 차를 세워둔 다음 일을 마치고 자기 차 있는 곳으로 돌아왔다. 그런데 멀리서 보니 주차위반과 같은 쪽지가 차 앞에 붙어있어 기분이 언짢았다. 읽어보니 그것은 의외에도 '당신의 차 밑에서 한 사람이 자고 있으니 시동을 걸기 전에 꼭 확인을 하십시오' 라는 내용의 쪽지였다.

놀라서 차 밑을 살펴보니 아니나 다를까 한 사람이 정신 없이 자고 있었다. 소리를 쳐 깨우려 해도 막무가내였다. 마침 경찰이 지나가자 도움을 청하였다. 겨우 잠을 깨워 차 밖으로 끌어내다 시피 하였다.

그러자 그 사람은 '곤하게 자는데 왜 참견이냐' 고 되레 고함을 질렀다. 그는 술에 취해 거의 정신이 없었다. 감리사는 만약 그 쪽지를 보지 않고 시동을 건 다음 운전을 했다면 그 사람이 어떻게 되었을까 생각하니 아찔하였다. 그 작은 쪽지가 한 생명을 살린 것이다. 한 사람의 주의 깊은 관심이 그를 살린 것이다.

하나님이 우리에게 주신 성경은 우리를 죄에서 구원하시기 위한 쪽지와 같다. 우리를 향한 하나님의 사랑이 우리를 죄에서 구원하고 영혼을 살린다.

제 2 장
새 언약과 언약의 피

1. 언약의 의미

언약 또는 계약(covenant)은 원래 두 당사자가 서로를 위해 어떤 일을 하기로 한 구속력을 가진 약속(testament)이다. 신학적으로 볼 때 언약은 하나님과 사람 사이의 관계에 대해서 사용되며 인간의 행복을 위해서, 특히 하나님의 약속들을 믿고서 이 약속 안에 포함된 의무를 수행하는 사람들을 위해 하나님께서 체결하신 은혜로운 약속이다.

이 언약은 하나님이 인간을 위해 정하신 하나님의 뜻(will)이기도 하다. 언약을 구약에서는 '베리트(berit)' 로, 신약에서는 '디아데케(diatheke)' 로 사용하고 있는데 그 의미를 살펴보면 다음과 같다.

(1) 베리트의 의미

구약에서 언약은 히브리어로 '베리트' 라는 말을 줄곧 사용하고 있다. 이 단어의 원래 의미는 '족쇄' 나 '의무' 이다. 이것의 어근은 '바라(bara)' 로서 '구속하다' 는 뜻을 담고 있다. 베리트는 두 당사자가 상대방을 위해 서로 어떤 일을 해주겠다고 약속하는 결속 관계를 의미하고 있다.

이 말이 처음 사용된 것은 노아 때이며 '셈의 장막에 거하시는 하나님의 언약,' 곧 홍수 후의 언약이 그것이다. 이 말은 노아 뿐 아니라 아브라함, 그리고 모세에서도 사용된다. 다윗에서는 이 말이 사용되고 있지 않지만 메시아 왕국이 언약의 의미를 대신하고 있다.

(2) 디아데케의 의미

신약에서 언약은 헬라어로 '디아데케' 라는 단어를 사용하고 있다. 이 말은 '하나님께서 일방적으로 맺었음' 을 강조하고 있다는 점에서 언약이 하나님과 사람이 동등한 입장에서 계약을 맺지 않았음을 분명히 밝히고 있다. 하나님과 사람이 동등한 입장에서 계약을 맺을 경우 디아데케가 아니라 '쉰데케(suntheke)' 라는 단어를 사용해야 한다. 그러므로 디아데케는 베리트의 경우보다 훨씬 더 한 편이 우월한 권한을 가지고 계약조건을 체결하고, 다른 편은 단지 그것을 받아들이든지 거절할 수밖에 없는 것을 뜻하고 있다.

헬라인들은 디아데케를 '뜻' 또는 '유언' 으로 해석하기도 했다. 히브리서 9:15-17는 유언은 그 유언자가 죽어야 효과가 발생한다고 말함으로써 언약의 유언적인 의미를 강조하고 있다. 그러나 대부분의 경우는 유언의 의미보다 하나님의 주권적인 뜻을 강력히 선포하는 의미에서의 언약이 강조되고 있다.

2. 언약의 성격

언약은 다음과 같은 성격을 띠고 있다.

1) 영원불변한 구속성

계약을 체결한 당사자들은 그 계약이 파기될 경우 하나님의 형벌을 받는다는 조건아래서 각자 계약의 조건들을 이행할 의무가 있다. 계약은 이처럼 법적인 구속력을 가지고 있다. 그러므로 하나님과 사람 사이에 맺어진 계약은 하나님도 그것을 깰 수 없음을 나타내고 있다. 흔히 계약을 'bond' 라고 말하는 것은 깰 수 없음을 보여주고 있다.

2) 일방성

계약을 체결할 때 한 편이 다른 편보다 우세할 경우 일방성이 있다. 권세를 가지고 있는 사람이 그 권세 아래 있는 사람들에게 자기가 가장 좋다고 생각되는 법령을 통보하거나 아래 있는 사람이 그 법령을 기꺼이 받아들이겠다는 의사를 표시할 뿐이다. 하나님께서 그의 백성과 맺으신 계약의 경우 계약의 일방성은 더욱 두드러지게 나타난다. 신분의 차이가 너무 현저하기 때문이다.

이 경우 계약이란 하나님께서 자신의 은택을 믿음으로 받아들이고 자신에게 절대적으로 복종하는 사람들에게 그 은택을 주시겠다는 하나님의 거룩하신 뜻을 선포하는 것이다. '나는 그들의 하나님이 되고, 그들은 나의 백성이 될 것이다' 는 말씀(렘 11:4; 겔 11:20; 슥 8:8)은 그 보기이다. 이 말씀은 하나님께서는 자신을 아낌없이 자기 백성에게 줄 터이니 그들도 자신들을 하나님께 주어야 한다는 것을 의미한다.

3) 조건성과 무조건성의 이중성

여호와께서 우리에게 주신 은혜의 언약은 믿는 자 모두를 위한 언약이라는 점에서 무조건적이다. 그러나 주신 약속들은 그 조건들이 완전히 이루어지면 반드시 성취되는 선언적인 성격을 띠고 있으며 특히 약속에 대한 혜택은 단지 참되고 생동적인 신앙생활을 하는 사람에게만 주어진다는 점에서 조건적이다. 즉, 하나님의 백성 모두에게 적용된다는 점에서 무조건적이지만 그분의 음성을 청종하고 그 계명을 지키는 자에게만 궁극적으로 축복이 주어진다는 점에서 조건적이다.

3. 새 언약

예레미야는 때가 되면 하나님께서 유다 집과 이스라엘 집에 새 언약을 세우실 것을 예언한 바 있다. 그는 새 시대에는 옛 언약인 모세의 율법 언약을 새롭게 갱신하여 더 완전한 언약으로 세울 것을 선언했다. 옛 언약에서는 법적인 강제성이 우선되었으나 새 언약에는 의무적인 순종이 아니라 자발적인 순종을 하게 하는 요소가 보강된다.

하나님은 새 언약을 소개하시면서 "나의 법을 그들의 속에 두며 그 마음에 기록하여 나는 그들의 하나님이 되고 그들은 내 백성이 될 것이라 너는 여호와를 알라 하지 아니하리니 이는 작은 자로부터 큰 자까지 다 나를 앎이니라 내가 그들의 죄악을 사하고 다시는 그 죄를 기억하지 아니하리라(렘 31:31-34)" 말씀하신다.

과거 옛 언약에서의 모든 불순종과 패역함이 새 언약아래서 하나님을 향한 신실함과 충성으로 바뀌진다. 이를 위해 그리스도를 통한 사죄의 은혜가 주어진다. 이 언약은 출애굽 때 맺은 내용과 전혀 차원이 다르다. 하나님의 백성을 속박하는 근본적인 세력인 죄악의 권세로부터 해방을 시킨다는 점에서 차원이 아주 다른 제2의 출애굽이기도 하다.

이 해방을 통해 하나님의 백성은 하나님을 진정으로 섬길 수 있게 되고 하나님은 명실 공히 그들의 하나님으로 합당한 영광과 존귀 찬양을 받을 수 있게 된다. 이런 의미에서 옛 언약은 파기되는 것이 아니라 새 언약을 통해 완성된다(사 59:20, 21; 렘 32:37-40; 겔 16:60-63; 37:21-28; 히 8:6-12). 신약의 모든 하나님의 백성은 이런 새로운 관계에 들어간다. 이 모든 사역은 성령에 의해 구체화된다.

예수님은 제자들과 함께 유월절을 지키시면서 새 언약에 대해 선언하셨다. 예수님께서는 최후의 만찬석상에서 잔을 가지고 축사하신 다음 '너희가 다 이것을 마시라 이것은 죄 사함을 얻게 하려고 많은 사람을 위하여 흘리는바 나의 피 곧 언약의 피니라' (마 26:27-28; 막 14:24) 하셨다.

바울은 언약의 피를 새 언약으로 소개하였다. 즉, 떡을 가지시고서는 "이것은 너희를 위한 내 몸이니 이것을 행하여 나를 기념하라" 하셨고, 잔을 가지시고서는 "이 잔은 내 피로 세운 새 언약이니 이것을 행하여 나를 기념하라" 하신 것이다(고전 11:23-25). 이것은 새 언약이 주님의 피의 언약임을 가르쳐 준다.

주님이 세우신 새 언약은 구약의 전 역사에 걸쳐 제시되었던 모든 언약을 최종적으로 완성했다. 모든 구약 역사가 바로 주님이 세우신 새 언약을 위해 준비되고 전개되었기 때문이다. 주께서 세우신 새 언약은 무엇보다도 자신의 피에 근거한 것이었다(마 26:28). 즉, 새 언약의 핵심은 피, 곧 죽음에 있다. 이는 주님만 하실 수 있는 일로서 주님은 대속의 죽음을 당하셔야 했다.

언약의 피는 하나님께서 시내 산에서 이스라엘에게 세우신 언약(출 24:8)에서 공식화되었지만 그것은 지극히 제한적이었다. 주님이 십자가상에서 대속물로 죽으시는 것은 백성을 죄로부터 구하시기 위해 필히 감당해야 할 것이었다. 주님은 결국 자신의 피로 모세 언약이 해결하지 못한 죄의 문제를 단번에 해결하셨다(히 9:11-15). 주님이 제자들에게 주셨던 떡과 잔은 바로 자신의 살과 피를 상징한다(요 6:56, 57). 성찬의 떡과 잔은 주님의 죽으심, 더 이상 속죄 제물이 필요 없음, 주님의 피를 힘입어 죄로부터 구원 얻은 사실, 그리고 그리스도와 연합되어 있음을 재확인하는 것이다. 이런 사실에 근거해서 성찬에 참여하는 우리는 죄로부터 벗어나는 자유를 만끽할 수 있다.

우리는 여기에서 새 언약의 헬라어적 의미에 관심을 집중시킬 필요가 있다. 성경은 새 언약을 헬라어로 '카이네 디아데케(kaine diatheke)' 라 하였다. 카이네는 '카이노스(kainos)' 로서 '크로노스(chronos)' 와는 다르다. 크로노스는 시간적 차이를 강조하지만 카이노스는 질적인 차이를 강조한다. 그러므로 새 언약은 첫 언약과는 단지 시간적으로 차이가 있다는 것을 강조하기보다 질적으로 새로운 언약임을 강조하고 있다. 즉, 우리의 피가 아니라 그리스도의 흘린 피로써 죄를 사하고 그의 택한 백성들을 구원하시려는 은혜의 언약이다.

그리스도의 피로 세운 이 언약은 이렇듯 종래의 언약과는 질적으로 차이가 있으며 이 언약에 들어온 자는 질적으로 달라지지 않으면 안 된다는 것을 가르쳐 주고 있다. '이 떡을 먹으며 이 잔을 마실 때마다 주의 죽으심을 오실 때까지 전하는 것' 이나 '누구든지 주의 떡이나 잔을 합당치 않게 먹고 마시는 자는 주의 몸과 피를 범하는 죄' 가 있는 것은(고전 11:26-27) 그리스도의 죽음이 질적으로 다른 죽음임을 보여주는 것이다.

4. 예레미야 31장의 새 언약

“여호와의 말씀이니라 보라 날이 이르리니 내가 이스라엘 집과 유다 집에 새 언약을 맺으리라(렘 31:31).” ‘날이 이르리니.’ 예레미야서의 이 날은 새 언약을 세우는 날이다.

이 날은 이집트에서 인도하여 내던 날과 다르다고 말씀하신다. “이 언약은 내가 그들의 조상들의 손을 잡고 애굽 땅에서 인도하여 내던 날에 맺은 것과 같지 아니할 것은 내가 그들의 남편이 되었어도 그들이 내 언약을 깨뜨렸음이라(렘 31:32).”

하나님은 이스라엘이 출애굽으로 해방을 만끽할 때 시내 산 계약을 맺었다. 히타이트 제국의 종주권 계약(suzerainty covenant)에 따르면 계약을 통해 나라를 확장해갔다. 속국의 왕은 계약을 통해 안정을 찾는다. 계약을 할 때 증인을 세우고, 언약의식이 끝난 다음 식사를 한다. 계약을 통해 서로 한 식구가 되었음을 선포하고 의를 나누는 것이다. 마찬가지로 우리의 큰 왕이신 하나님은 이스라엘과 언약을 세우셨다. 그 언약 문 가운데 십계명이 있다. 피 뿌림의 언약의식도 있었고, 이스라엘의 대표를 산위에 불러 먹고 마시게 했다(출 24:9-11). 그렇게 세워진 언약은 준수되지 않았다. 그들이 금송아지를 만들어 섬겼기 때문이다. 시내 산 언약이 인간에 의해 파기된 것이다. 인간은 연약하다.

그러나 그 계약은 모압 땅에서 갱신된다. 그들은 광야에서 새로이 태어난 자들이다. 시내 산 계약의 갱신이다. 새 언약이다. 이 계약은 옛것을 가져온 것이지만 전혀 새로운 것이다. 그러나 이것도 갱신된다. 그들이 또 깨뜨렸기 때문이다. 갱신은 세겜에서도 있었고, 요시아 때에도 있었다. 하나님은 자비하시고, 참으신다.

요시아 종교개혁 시 율법 책이 발견되었다. 요시아 왕은 계약을 맺었다. 계약의 형식은 서문, 공표, 증인으로 이루어졌고, 율법이 낭독되었다. 모세계약의 특수성이 반영되었다. 그러나 요시아가 죽자 종교개혁도 사라지고 원상태로 돌아갔다. 그 이유는 내적 개혁이 아닌 형식적인 것, 곧 제사나 유월절 지키는 것에 그쳤기 때문이다. 내적 변화가 아닌 형식만 유지되었다. 이스라엘 백성들은 성전과 율법을 가지고 있기 때문에 망하지 않는다고 생각했다. 잘못된 신앙이다. 교회는 언제나 형식에 빠지는 것을 경계해야 한다. 제사(형식)보다 순종이 중요하다.

"보라 날이 이르리니." 이 날은 신명기에 나타난 갱신 개념이 예레미야에서도 보인다. 인간이 실패했을 때 주어지는 갱신개념이다. 그러나 하나님은 과거와는 다른 계약을 하시겠다고 하신다. "그러나 그 날 후에 내가 이스라엘 집과 맺을 언약은 이러하니 곧 내가 나의 법을 그들의 속에 두며 그들의 마음에 기록하여 나는 그들의 하나님이 되고 그들은 내 백성이 될 것이라(렘 31:33)." 하나님의 법을 돌 위에 새기지 않고 그들의 마음에 기록하겠다는 것이다. 마음을 변화시켜 주님 앞으로 나오게 하겠다는 말씀이다. 형식이 아니라 마음이다. 우리 마음을 움직이게 하시겠다는 것이다. 형식만으로는 한계가 있음을 아신 것이다.

시내 산에서도 계약이 주어졌고, 모압 땅에서도 계약이 주어졌다. 요시야 때도 시내산과 모압의 계약 개념을 반복해보았다. 그 결과 오늘날, 곧 지금까지 인간 스스로 계약을 파기했다. 예레미야의 결론은 인간은 선을 행할 수 없다는 것이었다. "너는 이 모든 말로 유다 성읍들과 예루살렘 거리에서 선포하여 이르기를 너희는 이 언약의 말을 듣고 지키라 [--] 너희는 내 목소리를 순종하라 하였으나 그들이 순종하지 아니하며 귀를 기울이지도 아니하고 각각 그 악한 마음의 완악한 대로 행하였으므로(렘11:6-8)." 제일 사악한 것은 인간의 마음이다. 계약을 지킬 수 있을 만큼 변하지 않았다. 인간은 무능하다. 갱신해도 안 된다. 하나님이 우리에게 새 마음을 주어야 가능하다. 그 때서야 비로소 우리가 이 계약을 지킬 수 있게 된다.

새 마음의 '새' 는 히브리어로 '하다쉬(chadash)' 로 전혀 새롭다는 의미를 가지고 있다. 이것은 갱신의 의미를 담고 있다. 하다쉬는 물질적인 경우 '황폐

한 성읍을 중수할 것이며' 의 '중수,' 비물질적인 경우 "내 안에 정직한 영을 새롭게 하소서"의 '새롭게' 에서 사용되었다. 이전 것과는 질적으로 전혀 다른 것이라는 의미에서는 '새 하늘과 새 땅' 이 있다.

옛 언약이나 새 언약은 하나님이 세우셨다. 하나님이 주도하신 것이다. 그 계약으로 인해 "나는 그들의 하나님이 되고 그들은 내 백성이 된다." 아브라함 때도, 모세 때도, 다윗 때도 그랬다. 그리고 율법을 지키도록 되어 있다. 이 점이 옛 계약이나 새 계약이나 같다.

그러나 지금 옛 계약과 새 계약이 서로 다른 점이 있다. '날이 이르리니.' 그 날은 여호와의 날이다. 심판 개념 속에 소수에 대한 축복의 개념이 담겨 있다. 저주의 심판 날이 오면 모두 죽는다. 공의의 개념이다. 그러나 그 날에 살아남을 자가 있다. 새 마음을 가지고 주께 복종하는 자다. 하나님의 사랑과 자비가 있다. 새로운 마음으로 재창조된 사람들. 주님은 그들의 죄를 다시는 기억하지 않는다. "나의 법을 그들의 속에 두며 그 마음에 기록하여." 하나님의 법은 변함이 없다. 하지만 일하는 양식이 달라진다. 마음에 기록된 법을 준행할 때 하나님은 즉시 우리 마음을 아신다. 하나님은 말씀하신다. "그들이 다시는 각기 이웃과 형제를 가리켜 이르기를 너는 여호와를 알라 하지 아니하리니 이는 작은 자로부터 큰 자까지 다 나를 알기 때문이라 내가 그들의 악행을 사하고 다시는 그 죄를 기억하지 아니하리라(렘 31:34)." 우리 죄를 사해주시고 다시는 기억하지 아니하시는 하나님, 놀라운 변화다.

5. 히브리서의 새 언약

히브리서에 나타난 새 언약의 주제는 대제사장이신 예수 그리스도다. 그 주님이 이스라엘과 새 언약을 맺으신다. "그들의 잘못을 지적하여 말씀하시되 주께서 이르시되 볼지어다 날이 이르리니 내가 이스라엘 집과 유다 집과 더불어 새 언약을 맺으리라(히 8:8)."

이스라엘이 첫 언약을 지켰다면 문제가 없었다. "저 첫 언약이 무흠하였더라면 둘째 것을 요구할 일이 없었으려니와(히 8:7)." 그러나 결코 무흠하지 않았다. 그러므로 새로운 갱신이 필요하다. "새 언약이라 말씀하셨으매 첫 것은 낡아지게 하신 것이니 낡아지고 쇠하는 것은 없어져 가는 것이니라(히 8:13)."

이 언약은 더 나은 언약이다. "그는 더 좋은 약속으로 세우신 더 좋은 언약의 중보자시라(히 8:6)." 이 언약은 더 좋은 약속으로 세우셨다. 흠이 없는 새 계약이 옴으로 옛 계약은 더 이상 유효하지 않다는 말이다. 옛날에는 효과가 있었지만 예수님이 오심으로 이제는 효과가 없어졌다. 실체(soma)가 나타나면 그림자(skia)는 사라진다. 먹고 마시는 규약의 규례, 곧 옛 계약은 개혁할 때까지만 유효하다. 이 새 언약은 예수와 관계 되고, 옛 언약보다 더 낫다. 이 계약은 예수로 말미암아 주어졌다. 그리스도가 중보가 되었다. 주님이 보증(guarantor)이 되었다는 말이다.

중보(mesites)는 법적인 용어다. 두 상대 사이에서 문제를 해결하는 사람이다. 예수님은 하나님이 보낸 아들로 하나님과 사람 사이에서 일하신다. 구약의 동물의 피가 아니라 그리스도 자신이 중보자가 되어 우리를 위해 간구하신다. 중보사역은 그리스도의 인격과 사역을 나타낸다. 또한 중보는 예수로 계약이 실체화됨을 의미한다. 상징이 아니고 실제 이루어진 것이다. "하늘에 오르사 우리를 위해 하나님 앞에 나타나시고(히 9:24)." 십자가 사역도 중보사역이다. 이로 인해 더 아름다운 직분을 얻는다. 구원을 완성하시고, 새로운 세계를 우리에게 주셨다.

보증은 엥기오스(egguos), 곧 후원자란 말이다. 엥기오스는 새 계약의 효과다. 그리스도 자신이 보증이 되었기 때문이다. 이미 시작되었지만 완성이 안 되었으므로 보증이 필요하다. 완성이 안 되었다는 것은 해결이 안 된 문제가 있고, 마지막 남아있는 시점이 있다는 말이다. 이것은 우리로 하여금 종말론적 긴장을 갖게 한다.

나아가 이 언약은 과거의 언약과 다르다. "이 언약은 내가 그들의 열조의 손을 잡고 애굽 땅에서 인도하여 내던 날에 그들과 맺은 언약과 같지 아니하도다(히 8:9)." "내가 이스라엘 집과 맺을 언약은 이것이니 내 법을 그들의 생각에 두고 그들의 마음에 이것을 기록하리라 나는 그들에게 하나님이 되고 그들은 내게 백성이 되리라(히 8:10)." 하나님의 법을 마음에 기록하는 언약이다. 새 마음의 언약이다.

6. 언약의 피

새 계약은 그리스도의 피와 연결되어 있다. 옛 계약에서는 계약을 맺으며 피를 뿌린다. 그러나 그리스도의 피는 역사를 새롭게 만들었다. 피는 새 언약을 만들었다. "피로 언약을 세우시고" 자신이 어린 양이 되어 죽으신 것이다. 그로 인해 우리는 죄 사함을 받았고, 거룩하게 되었다. 그 피로 더 좋은 계약, 영원한 계약의 보증이 되고 중보가 되었다. 예수의 피가 단 번에 그리고 영원히 속죄를 이루었다. 우리가 언약 범한 죄과를 대신 치른 것이다. 그리고 우리 죄를 깨끗이 도말하고 기억하지 아니하신다. 언약의 효력이 발휘된 것이다.

예수님이 말씀하신 나의 피는 언약의 피다. "너희가 다 이것을 마시라 이것은 죄 사함을 얻게 하려고 많은 사람을 위하여 흘리는바 나의 피 곧 언약의 피니라(마 26:27-28)." 주님은 이 잔을 피하지 않으셨다. "양들의 큰 목자이신 우리 주 예수를 영원한 언약의 피로 죽은 자 가운데서 이끌어 내신 평강의 하나님(히 13:20)"께 감사와 영광을 돌릴 수밖에 없다.

주님은 배반하는 제자들이 있을 것을 아심에도 불구하고 최후의 만찬을 베푸시고 이 떡과 잔을 먹고 마시라 하셨다. 언약의 식사다. 끝까지 사랑하시는 주님의 모습을 보라. 그리고 십자가를 지셨다. 십자가 위해서 그의 피가 뿌려졌다. 그로 인해 우리는 영원히 구원을 얻었고, 거룩한 그리스도인이 되었다. 자신의 피를 담은 높이 드신 주님. 이 잔을 보라, 아니 이 잔을 받으라. 언약의 피다. 이 잔을 받은 자는 그의 죽음을 받아들이는 것이다.

하나님은 말씀하신다. "이 아들을 보라." 누구에게나 보여주고 싶은 자랑스러운 아들이다. 우리는 바로 이 자랑스러운 하나님의 아들 예수 그리스도의 사랑과 희생을 전한다. 우리는 주님이 주신 새 마음으로 주님께 나아간다. 그리스도를 소유한 사람은 천국을 소유한 사람이다. 이 모두는 언약의 피로 가능해졌다. 보혈의 피가 없다면 우리는 없다.

7. 첫 언약과 새 언약의 차이

구약의 언약은 첫 언약(first covenant), 옛 언약(old covenant, old testament), 율법의 언약 등 여러 이름으로 불리고 있다. 이에 반해 신약의 언약은 새 언약(new covenant, new testament), 그리스도의 언약 등으로 불리고 있다. 히브리서 8장과 9장에서는 그 차이에 대해 상세히 언급하고 있다.

첫 언약은 일종의 행위언약으로서 계명 중심의 언약이다. 이 계명은 돌에 기록되었다. 백성들은 기록된 계명을 지키도록 명령을 받았으나 실패했다. 그들은 속죄함을 받기 위해 동물의 피를 이용한 제사를 끊임없이 드려야 했다. 이것은 일시적인 육체의 예법에 불과했다. 죄인의 한계를 드러낸 것이다.

새 언약은 그리스도의 피로 영원한 속죄를 이룬 것에 바탕을 두고 있다. 그리스도는 첫 언약 때 범한 죄를 속하려고 죽으셨으며 그 공로를 믿는 모든 자에게 영원한 기업의 약속을 얻게 하셨다. 우리의 공로가 아니라 그리스도의 공로로 구속함을 입은 것이다. 그래서 그리스도의 피가 우리의 양심을 죽은 행실에서 깨끗하게 하고 살아 계신 하나님을 온전히 섬기게 하는 것이다.

이제 언약은 단지 돌에 기록된 것이 아니라 마음에 기록되어 우리 마음속에 영원히 남아있다. 하나님의 언약을 신실하게 믿고 따르는 사람들에게 하나님은 영원한 보장이 되신다.

첫 언약과 새 언약의 차이

	첫 언약	새 언약
중심	성막과 십계명	그리스도의 법
기록	돌에 기록	마음에 기록
영속성	일시적	영원
피	동물의 피	그리스도의 피

첫 언약과 새 언약은 이처럼 차이가 나지만 두 언약 모두 피로 세운 언약이라는 점에서는 공통된다. 모세는 모든 계명을 온 백성에게 말한 후 동물의 피를 취하여 율법의 책, 곧 언약의 책과 성막, 성전기물, 그리고 온 백성에게 뿌리며 "이것은 하나님이 너희에게 명하신 언약의 피라(출 24:6-8)" 하였다. 그리고 "율법을 좇아 거의 모든 물건이 피로써 정결케 되나니 피 흘림이 없은즉 사함이 없느니라(히 9:22)" 하였다. 그러나 피라 할지라도 첫 언약의 피는 동물의 피임에 비하여 새 언약의 피는 그리스도의 피라는 점에서 차이가 있다. 그리스도는 자신을 단번에 드림으로써 죄를 없게 하셨다.

히브리서 8장은 새 언약이라 말씀하셨으므로 첫 것은 낡아지게 하신 것이며 낡아지고 쇠하는 것은 없어져 가는 것임을 분명히 하고 있다(히 8:13). 이것은 새 언약의 위치와 중요성을 나타내는 중요한 말씀이다. 율법에 의한 제사를 불완전한 제사로 보고 그리스도의 제사를 영원한 제사로 보는 것도(히 10장) 이 때문이다.

8. 새 언약아래 있는 사람들이 해야 할 일

새 언약아래 있는 사람들은 이 땅에 살면서 그리스도의 법을 성취하고, 그리스도께서 원하시는 삶을 살아야 한다. 히브리서 기자는 우리에게 다음과 같은 삶의 태도를 가지라고 가르치고 있다.

1) 하나님의 법을 항상 마음에 두라(히 10:16)

히브리서 기자는 "저가 한 제물로 거룩하게 된 자들을 영원히 온전케 하셨느니라(히 10:14)." 라고 전제하고 있다. 새 언약아래 있는 사람들은 그리스도를 통해 영원히 온전케 된 사람들이라는 뜻이다.

성령의 증거에 따르면 주님은 "그 날 후로 저희와 세울 언약이 이것이라 내 법을 저희 마음에 두고 저희 생각에 기록하리라 저희 죄와 저희 불법을 내가 다시 기억하지 아니하리라(히 10:15-17)." 하셨다. 그러므로 성경은 무엇보다 하나님의 법을 항상 마음에 두는 것이 중요한 일이며 죄 사함을 받았으므로 다시금 죄를 위하여 제사드릴 것이 없다고 가르치고 있다.

2) 참 마음과 온전한 믿음으로 하나님께 나아가라(히 10:22)

우리는 예수의 피를 힘입어 성소에 들어갈 담력을 얻게 되었다. 주님이 우리를 위해 휘장가운데로 열어놓으신 길은 새롭고 산길이다. 우리는 하나님의 집을 다스리시는 큰 제사장이신 예수님이 계신다는 것을 믿고 참 마음과 온전한 믿음으로 하나님께 나아가야 한다.

우리는 약속을 주신 하나님의 미쁘심을 의지하고 믿는 도리의 소망을 굳게 잡고 나아가야 한다. 우리가운데 흔들리는 신앙을 가지는 사람이 없도록 서로 돌아보고 권해야 한다.

3) 담대하라(히 10:35)

하나님의 언약을 가진 백성은 더 낫고 영구한 산업을 소유한 사람들이다. 따라서 이 땅의 산업에 연연하지 않는다. 이 땅의 산업이 빼앗기는 고통이 있다 해도 하늘의 것으로 인해 기뻐한다. 우리는 빛의 약속을 받은 자이므로 이 땅에서 고난의 큰 싸움이 있다 해도 보다 담대함을 버려서는 안 된다. 이 담대함이 결국 큰상을 얻게 한다.

4) 인내하라(히 10:36)

언약의 자녀들은 하나님의 뜻을 행한 후 약속한 것을 그대로 받을 사람들이다. 그러므로 우리는 뒤로 물러가지 않는 신앙을 가지고 있어야 하며 따라서 보다 인내할 필요가 있다. 성경은 말한다. "잠시 잠깐 후면 오실 이가 오시리니 지체하지 아니하시리라 오직 나의 의인은 믿음으로 말미암아 살리라 뒤로 물러가면 내 마음이 저를 기뻐하지 아니 하리라 우리는 뒤로 물러가 침륜에 빠질 자가 아니요 오직 영혼을 구원함에 이르는 믿음을 가진 자니라(히 10:37-39)."

도움말

비처의 스톤강의

비처가 프린스턴 스톤 강의(Stone lecture)에서 한 강연은 구약과 신약 사이에 존재하는 언약에 대해 잘 묘사하고 있다. 다음은 그 연설 내용이다.

> "성경은 하나의 유일한 언약을 중심적 교리로 계시하는 특수한 집합이다. 하나님은 아브라함에게 언약을 주셨다. 그리고 그를 통하여 모든 인간에게 언약을 주셨다."

제 3 장
믿 음

윌리엄 해밀턴(William Hamilton)은 「그리스도는 누구인가?」라는 책을 통해 현대 프로테스탄트 교회가 갖추어야 할 세 가지 요소가 있다고 주장했다.

• 우리가 믿는 신앙에 대해 더 많이 알아야 한다.
• 우리가 믿는 신앙에 대해 더 많은 확신을 가지고 있어야 한다.
• 우리가 믿는 신앙에 대해 더 많이 전도해야 한다.

이것은 우리의 신앙에 있어서 문제가 있음을 보여주고 있다. 성경의 여러 곳에서 나타나는 바와 같이 예수님께서도 당시 여러 제자들을 가리켜 '믿음이 적은 자들아' 라는 말씀을 통해 믿음이 없음을 경고하신 것을 보아 믿음은 예나 지금이나 문제되는 영역임에 틀림없다.

1. 하나님의 신실하심과 믿음의 관계

우리는 믿음을 사람으로부터 출발하려고 하지만 믿음은 무엇보다 하나님의 신실하심으로부터 출발되어야 한다. 한자의 '신(信)' 은 '사람의 말' 에 대한 신뢰를 나타내고 있다. 그러나 믿음은 '하나님과 그분의 말씀(神言)' 에 대한 전적인 신뢰성에 바탕을 두어야 한다. 왜냐하면 하나님은 본질적으로 미쁘신 하나님이시며 그 신실하심이 그분의 본질적인 성격이기 때문이다. 하나님은 자신을 가리켜 '신실한 나 여호와(사 49:7)' 라 말씀하셨으며 바울도 '하나님은 미쁘시도다(고전 1:9)' 라고 적고 있다. 하나님은 진실하시기 때문이다(롬

3:3,4).

성경은 하나님에 대해 이렇게 기록하고 있다.

- 주는 미쁘사 너희를 굳게 하시고 악한 자에게서 지키시리라(살후 3:3).
- 너희를 부르시는 이는 미쁘시니 그가 또한 이루시리라(살전 5:24).
- 우리가 우리 죄를 자백하면 저는 미쁘시고 의로우사 우리 죄를 사하시며 모든 불의에서 우리를 깨끗케 하실 것이요(요일 1:9).
- 오직 하나님은 미쁘사 너희가 감당치 못할 시험을 허락지 아니하시고(고전 10:13).
- 우리 구세주는 자비하고 충성된 제사장(히 2:17).

이러한 고백적 기록을 통해 우리가 확실히 알 수 있는 것은 우리가 신뢰해야 할 분은 오직 하나님 한 분이라는 사실이다.

하나님의 신실하심은 하나님으로만 끝나는 것이 아니다. 하나님께서 신실하시다는 것은 하나님의 형상을 지닌 우리도 신실해야 한다는 것을 의미한다. 우리의 신실함은 무엇보다 하나님에 대하여 충성되게 나타나고, 사람들 사이에서도 성실하게 나타나야 한다.

바울은 '모든 것 중에서 단 한 가지 하나님이 우리에게 구할 것은 충성(고전 4:2)' 이라고 하였다. 이것은 우리가 하나님에 대해 신실해야 함을 보여주는 것이다. 하나님을 믿는 우리가 하나님의 형상인 이웃들에게 신실함을 보여주어야 하는 것은 당연하다.

2. 믿음이란 무엇인가

우리는 편의주의적 그리스도인들을 경계해야 한다. 편의주의적 그리스도인이란 단순히 무엇을 얻기 위해 신앙을 가짜로 고백한 사람들이다. 선교사들이 주는 쌀 한 가마니 때문에 믿노라 하든가, 마음에 드는 신부를 얻기 위해 믿노라고 거짓 고백하는 것을 말한다. 믿음은 이런 편의주의와는 거리가 있다.

1) 믿음은 인간 자신보다 하나님을 전적으로 신뢰하는 것이다

믿음(faith)은 희랍어로 '피스티스(pistis)' 이다. 이것은 하나님과 그분의 말씀, 그리고 예수님의 증거에 대한 확신, 신뢰, 믿음, 충실을 뜻한다. 라틴어의 '피데스(fides)' 도 믿음을 나타낸다. 히브리어의 '에무나(emunah)' 는 '신실함,' '진실함' 을 나타내는 말로 주로 하나님을 언급할 때 사용되고 있다.

믿음을 나타내는 단어와 의미

언어	단어	의미
희랍어	pistis	말씀과 증거에 대한 확신, 신뢰, 믿음, 충실
라틴어	fides	믿음, 신뢰
히브리어	emunah	신실함, 진실함

인간은 모두 '믿을 건 나밖에 없다' 며 자기만을 위하고 자기만을 신뢰하며 살아간다. 그러나 성경은 이러한 삶의 방식이 틀렸다고 말한다. 연약한 인간이 믿음의 대상이 될 수 없으며 오직 하나님 한 분만이 믿음의 대상일 뿐임을 가르치고 있다. 성경은 기본적으로 믿음은 오직 성부 성자 성령 하나님을 전적으로 신뢰하고 그 말씀에 전적으로 충실해야 함을 강조한다.

예수님과 관련해서도 우리는 그분을 이 땅에 보내신 자를 믿어야 한다는 사실로 귀결된다. 믿음의 원천은 하나님이시다. 그분이 예수 그리스도를 이 땅에 보내셨음으로 예수를 믿는 것은 바로 하나님을 믿는 것이다. 더욱이 예수님은 하나님의 현현이라는 점에서 예수님에 대한 믿음은 하나님에 대한 믿음임을 알 수 있다.

성경은 이것을 확실히 증거하고 있다. 그래서 예수님은 "그 말씀이 너희

속에 거하지 아니하니 이는 그의 보내신 자를 믿지 아니함이라(요 5:38)" 하셨다. 예수 그리스도를 믿지 아니하는 것은 우리 속에 하나님의 말씀이 거하지 아니하기 때문이라는 것이다. 이것은 우리의 믿음의 대상이 하나님이자 예수 그리스도라는 것을 가르쳐 주고 있다. "이제 내가 육체가운데 사는 것은 나를 위하여 자기 몸을 버리신 하나님의 아들을 믿는 믿음 안에서 사는 것이라(갈 2:20)"고 말하는 바울의 고백도 이를 입증한다. 예수 그리스도를 화목제물로 세우사 우리를 위해 흘리신 보혈을 믿는 믿음을 가져야 하며(롬 3:25) 그분을 이 땅에 보내신 하나님을 믿어야 한다.

우리가 이 하나님을 전적으로 믿고 신뢰하며 나아갈 때 아무 두려움이 없게 된다. 우리는 주로 자신의 문제로 염려하고 걱정하며 산다. 이것은 믿음의 대상이 하나님이 아니라 자기임을 보여주는 것이다. 자기에 대한 믿음이 흔들리기 때문에 걱정하게 되는 것이다. 자신을 믿고 살아왔는데 자신이 없어지므로 염려하고 걱정하게 되는 것이다. 이것은 우리가 얼마만큼 하나님보다 자신을 믿고 살아왔는가를 보여준다. 그만큼 하나님에 대한 믿음이 없는 것이다. 하나님에 대해 전적인 신뢰를 하지 못하고 아직도 자신을 믿고 있기 때문에 우리 안에서 문제가 발생하는 것이다.

예수님은 우리의 믿음 없음에 대해 이렇게 지적하신다.

- 오늘 있다가 내일 아궁이에 던져지는 들풀도 하나님이 이렇게 입히시거든 하물며 너희일까 보냐 믿음이 적은 자들아(마 6:30).
- 어찌하여 무서워하느냐 믿음이 적은 자들아(마 8;26).
- 믿음이 적은 자들아 왜 의심하였느냐(마 14:31).
- 믿음이 적은 자들아 어찌 떡이 없음으로 서로 의논하느냐(마 16:8).

믿음이 없으면 이처럼 염려하고 걱정하고 의심한다. 이것은 거꾸로 말해서 믿음만이 우리의 물적 필요를 해결해주는 열쇠요 믿음만이 공포를 해결해주는 열쇠가 된다는 것을 가르쳐 준다.

2) 믿음은 가장 확실하고 증거가 명백한 것이다

히브리서 기자는 한마디로 '믿음은 바라는 것들의 실상이요 보지 못하는 것들의 증거(히 11:1)' 라고 정의하고 있다. 믿음은 우리가 바라고 희망하는 것들 가운데 가장 본질적인 것(substance)이다. 그 본질에 대해서 여러 역본은 이렇게 기록하고 있다.

- 확실한 것(confident assurance)
- 확인된 것(confirmation)
- 집문서(title-deed)처럼 확실한 것

나아가 믿음은 보이지 않는 것이지만 그러나 증거(evidence, proof)가 뚜렷하게 있는 실제 사실(real fact)임을 확고히 하고 있다. 히브리서 기자는 그 증거로서 아벨, 에녹, 노아, 아브라함, 모세, 다윗 등 여러 믿음의 영웅들이 어떤 믿음을 가졌고 그들의 결과가 어떠했는가를 증거로서 제시하고 있다.

믿음 때문에 아벨은 의로운 자라는 증거를 얻었고, 에녹은 하나님을 기쁘시게 하는 자라는 증거를 받았으며, 노아는 의의 후사가 되었고, 다윗은 약속을 받았다.

어떤 사람들은 더 나은 본향을 사모한 나머지 돌로 침을 당하고, 투옥되고, 갖은 환난과 학대를 받기도 했다. 그들은 이런 가운데서도 본향을 사모하는 믿음으로 어려움을 이겨나갈 수 있었다. 하박국 선지자가 "의인은 그 믿음으로 말미암아 살리라(합 2:4)"고 외칠 수 있었던 것도 이 때문이다.

3. 믿음은 어떻게 생기나

1) 들음에서 난다

성경은 "믿음은 들음에서 나며 들음은 그리스도 말씀으로 말미암았느니라(롬 10:17)," "하나님의 말씀이 너희 믿는 자 속에서 역사하느니라(살전 2:13)"고 말하고 있다. 신앙은 먼저 하나님의 말씀에 접해야 자신을 하나님께 맡길 수 있고, 그 말씀에 자신을 완전히 맡길 때 그 말씀이 우리 안에 역사할 수 있다. 그래서 우리는 보다 많은 사람에게 복음의 말씀이 전파되도록 해야 한다.

성경은 말한다. "그런즉 저희가 믿지 아니하는 이를 어찌 부르리요 듣지도 못한 이를 어찌 믿으리요 전파하는 자가 없이 어찌 들으리요 보내심을 받지 아니하였으면 어찌 전파하리요 기록된바 아름답도다 좋은 소식을 전하는 자들의 발이여 함과 같으니라(롬 10:14-15)." 따라서 신앙의 성립을 위해서는 하나님의 말씀을 전하는 입과 듣는 귀가 필요함을 알 수 있다.

2) 선한 싸움을 통해 자란다

바울은 "믿음의 선한 싸움을 싸우라 영생을 취하라 이를 위하여 네가 부르심을 입었고 많은 증인 앞에서 선한 증거를 증거하였도다(딤전 6:12)" 고 말하고 있다. 우리는 그가 믿음을 선한 싸움으로 간주했음에 주목할 필요가 있다. 이것은 우리의 믿음이 정체된 것이 아니요 사단과의 계속적인 투쟁이 있어야 한다는 것을 보여준다. 믿음의 시련이 없이 믿음이 성장할 수 없기 때문이다.

우리의 믿음은 단지 '믿음에 관한 것(about belief)' 을 논하는 것이 아니라 '적극적으로 믿고 나아가는 것(believe on)' 이어야 한다. 사도행전 16:31은 '주 예수 그리스도를 적극적으로 믿고 나아가라(believe on the Lord Jesus Christ)' 라고 말하고 있다. 우리의 믿음은 단지 무엇을 믿는다(believe in)는 차원을 벗어나 적극적인 믿음의 행위(believe on)가 중요하다. 야고보가 믿음뿐 아니라 행위를 강조하는 것은 이 때문이다.

유다는 이렇게 말한다. "사랑하는 자들아 내가 우리의 일반으로 얻은 구원을 들어 너희에게 편지하려는 뜻이 간절하던 차에 '성도에게 단번에 주신 믿음의 도를 위하여 힘써 싸우라' 라는 편지로 너희를 권하여야 할 필요를 느꼈노니 이는 가만히 들어온 사람 몇이 있음이라 저희는 우리 주 예수 그리스도를 부인하는 자니라(유 1:3,4)." 적그리스도를 대적하여 믿음의 선한 싸움을 싸우라는 것이다.

베드로는 이 싸움의 결과가 클 것을 예고하고 있다. "너희 믿음의 시련이 불로 연단하여도 없어질 금보다 더 귀하여 예수 그리스도의 나타나실 때에 칭찬과 영광과 존귀를 얻게 하려함이라(벧전 1:7)."

4. 믿음의 결과

1) 구원을 받는다

베드로는 "너희가 예수를 보지 못하나 믿고 말할 수 없는 영광스러운 즐거움으로 기뻐하니 믿음의 결국 곧 영혼의 구원을 받음이라(벧전 1:8,9)" 고 말하였다. 이 말씀은 믿음의 결국은 곧 영혼구원임을 단적으로 명시하고 있다. 예수님은 여리고의 소경 바디매오를 비롯하여 여러 사람들을 향해 "네 믿음이 너를 구원하였느니라." 고 말씀하심으로써 믿음의 결과가 구원임을 명확히 하셨다. 이 때 구원은 고침을 받는 것이지만 구원은 육적인 것에만 해당되는 것은 아니다. 그것은 하나님을 향한 전적인 신뢰의 결과이므로 영적인 것과도 연결된다.

바울은 여러 장 절에서 이를 확인시켜주고 있다. "네가 만일 네 입으로 예수를 주로 시인하며 또 하나님께서 그를 죽은 자 가운데서 살리신 것을 네 마음에 믿으면 구원을 얻으리니 사람이 마음으로 믿어 의에 이르고 입으로 시인하여 구원에 이르느니라(롬 10:9,10)." 그러나 우리는 그 구원이 하나님의 은혜라는 사실을 잊어서는 안 된다. "너희가 그 은혜를 인하여 믿음으로 말미암아 구원을 얻었나니 이것이 너희에게서 난 것이 아니요 하나님의 선물이라(엡

2:8)."

2) 의롭다 함을 얻는다

우리는 누가 의로운 행동을 하면 그를 의인으로 간주한다. 그러나 성경은 행위를 보고 그를 의롭다 할 것이 아니라 믿음으로 의롭게 된다는 것을 강조한다(롬 3:28). 사람이 자기의 행위를 인정받으려 하는 것은 그 의를 자기에게 돌려 자기 영광을 취하려는 것과 같다. 이것은 기본적으로 믿음을 인간에 적용하려한다는 점에서 문제가 있다. 성경은 인간이 의롭게 됨은 자신의 행위를 통해서가 아니라 오직 하나님의 무한하신 사랑과 은혜 때문임을 말한다.

성경은 아브라함이 자기가 아니라 하나님을 전적으로 신뢰함으로 하나님께서 이를 의로 여기셨다고 말씀하고 있다. 바울은 우리가 율법을 잘 지켜서가 아니라 오직 예수님을 믿는 믿음, 곧 성자 하나님을 전적으로 신뢰함으로 말미암아 의롭게 되었음을 강조한다. 이것은 믿음이 우리를 의롭게 한다는 것을 가르쳐 주고 있다. 그렇다고 해서 우리가 의로운 행동을 하지 않아도 된다는 것은 결코 아니다.

3) 영생을 얻는다

예수님께서는 다음과 같이 말씀하신다. "내 말을 듣고 또 나보내신 자를 믿는 이는 영생을 얻었고 심판에 이르지 아니하나니 사망에서 생명으로 옮겼느니라(요 5:24)." "하나님이 세상을 이처럼 사랑하사 독생자를 주셨으니 이는 저를 믿는 자마다 멸망치 않고 영생을 얻게 하려 하심이니라(요 3:16)." "모세가 광야에서 뱀을 든 것같이 인자도 들려야 하리니 이는 저를 믿는 자마다 영생을 얻게 하려 하심이니라(요 3:14,15)." 이 말씀들은 믿음과 영생이 직결되어 있음을 가르쳐 주는 말씀들이다.

4) 하나님의 아들이 된다

성경은 믿음으로 하나님의 아들이라 칭함을 얻게 된다고 말하고 있다. "너희가 다 믿음으로 말미암아 그리스도 예수 안에서 하나님의 아들이 되었으니(갈 3:26)." 하나님의 아들이 된다 함은 죄로 인해 잃었던 하나님의 형상을 회복하고 하나님의 뜻대로 사는 사람이 된다는 것을 의미한다.

5) 성령을 받는다

갈라디아서 여러 곳에서는 믿음을 통해 성령을 받는다는 것을 가르쳐 주고 있다. 바울은 묻는다. "너희가 성령을 받은 것은 율법의 행위로냐 듣고 믿음으로냐(갈 3:2)." 그는 믿음으로 성령을 받았음을 확실히 함은 물론 '믿음으로 말미암아 성령의 약속을 받게(갈 3:14)' 된다고 하였다. 나아가 그는 "우리가 성령으로 믿음을 좇아 의의 소망을 기다리노니(갈 5:5)"라고 말하였다.

6) 지혜를 얻는다

성경은 믿음의 분량과 지혜의 상관관계를 제시하였다. 바울은 "내게 주신 은혜로 말미암아 너희 중 각 사람에게 말하노니 마땅히 생각할 그 이상의 생각을 품지 말고 오직 하나님께서 각 사람에게 나눠주신 믿음의 분량대로 지혜롭게 생각하라(롬 12:3)"고 말하였다. '믿음의 분량대로'란 '각자가 교회에서 해야 할 일들을 감당할 수 있도록 하나님께서 그들에게 주신 능력대로'라는 뜻을 가지고 있다.

이것은 '그 이상의 생각을 품지 말고'에서 드러나는데 이는 교만하지 말고 겸손 하라는 뜻을 담고 있다. 그러므로 믿음이 있게 되면 주어진 믿음의 분량대로 일할 수 있는 지혜를 갖게 되며 그 이상 교만한 생각을 하지 않게 된다는 것을 알 수 있다. 믿음이 있는 자는 교만하지 말고 보다 겸손한 가운데 지혜롭게 행동할 필요가 있다.

7) 고침을 받는다

예수님은 믿음을 육적인 치료와 연결시키셨다. 백부장이 하인의 병 때문에 예수님을 찾아와 "말씀만 하시면 내 하인이 낫겠나이다."라고 했을 때 '이스라엘 중에서도 이만한 믿음을 만나보지 못하였노라 가라 네 믿은 대로 될지어다' 하시니 그 시로 하인이 나았다. 혈루증 앓는 여인이 예수님의 옷 가만 만져도 나을 줄 알았다는 말을 들었을 때 주님은 '딸아 네 믿음이 너를 구원하였으니 평안히 가라' 하셨다. 두 소경을 고치면서도 '너희 믿은 대로 될지어다' 하셨다. 딸의 죽음 때문에 찾아온 회당장 야이로를 향해서도 믿음을 강조하셨다. "두려워 말고 믿기만 하라."

벙어리 귀신들린 자의 아비가 예수님을 향해 '하실 수 있거든' 이라고 말했을 때 고침을 받으려면 보다 확고한 믿음이 중요함을 말씀하셨다. " '할 수 있거든' 이 무슨 말이냐 믿는 자에게는 능치 못할 일이 없느니라(막 9:23)." 성경은 주님에 대한 확고한 믿음을 가져야 고침을 받을 수 있음을 보여주고 있다.

8) 능력을 얻는다

믿음은 능력을 발휘할 수 있게 한다. 예수님은 이에 대해서 몇 번이나 강조하셨다. "너희가 만일 믿음이 한 겨자씨만큼만 있으면 이 산을 명하여 여기서 저리로 옮기라 하여도 옮길 것이요 또 너희가 못할 것이 없으리라(마 17:20)." "만일 너희가 믿음이 있고 의심치 아니하면 이 무화과나무에게 된 이런 일만 할 뿐 아니라 이 산더러 들려 바다에 던져지라 하여도 될 것이요 너희가 기도할 때 무엇이든지 믿고 구하는 것은 다 받으리라(마 21:21,22)."

의심 없는 확고한 믿음을 가지고 있어야 불가능한 일도 가능하게 될 수 있다는 것이다. 야고보는 이렇게 말하고 있다. "오직 믿음으로 구하고 조금도 의심하지 말라 의심하는 자는 마치 바람에 밀려 요동하는 바다물결 같으니 이런 사람은 무엇이든지 주께 얻기를 생각하지 말라 두 마음을 품어 모든 일에 정함이 없는 자로다(약 1:7-8)."

5. 믿음과 행함

루터는 야고보서를 가리켜 '지푸라기 서신이다' 라고 말하였다. 그는 야고보서가 믿음보다 행함을 강조한다고 생각했기 때문이다. 그러나 칼뱅은 '루터는 성경을 다 읽고 생각지 않았다' 고 비판했다. 그는 성경이 믿음과 행함 모두를 강조하고 있다는 것을 알았기 때문이다. 믿음이 없으면서 행함만 있으면 자기행위만을 자랑하는 것이 되므로 구원과는 관계없어 쓸데없고, 믿음은 있는데 행함이 없으면 그 믿음은 죽은 믿음이므로 쓸데없다.

믿음과 행함, 곧 신앙과 행위는 하나이다. 영혼과 몸이 불가분의 관계를 가지는 것처럼 믿음과 행함은 서로 깊게 연결되어 있다. 믿음이 뿌리라면 행함은 그 열매와 같다. 따라서 믿음은 그 생활에서 나타나야 한다. 그럼에도 불구하고 우리는 종종 행함을 덮어두고 믿음만 강조하는 우를 범하고 있다.

야고보는 믿음에는 크게 행함이 있는 믿음과 행함이 없는 믿음이 있다고 말하고 있다. 야고보는 행함이 있는 믿음과 행함이 없는 믿음의 차이를 말하면서 행함이 없는 믿음은 죽은 믿음, 귀신믿음임에 반하여 행함이 있는 믿음은 온전케 하는 믿음이라고 말하고 있다. 행함이 없는 믿음은 거짓믿음임에 반하여 행함이 있는 믿음은 참 믿음, 산 믿음, 구원하는 믿음이다.

6. 행함이 없는 믿음

1) 죽은 믿음, 그러므로 아무 유익이 없다

행함이 없는 믿음은 아무 쓸데가 없다(약 2:14). 그 이유는 죽은 것이기 때문이다. 성경은 행함이 없는 믿음은 그 자체가 죽은 것(약 2:17,26) 임을 강조하고 있다. 영혼이 없는 몸이 아무 쓸데없는 것과 같이 행함이 없는 믿음은 그 안에 영적인 움직임이 없어 죽은 것이다.

야고보는 죽은 믿음의 보기를 다음과 같이 들고 있다. "만일 형제나 자매가 헐벗고 일용할 양식이 없는데 너희 중에 누구든지 그에게 이르되 평안히 가라, 덥게 하라, 배부르게 하라 하며 그 몸에 쓸 것을 주지 아니하면 무슨 이익이 있으리요(약 2:15,16)." 초대교회에는 이렇듯 가난한 사람들이 많았음(마 25:26;요 21:7)에도 불구하고 실천이 적었던 것으로 보인다.

요한은 다음과 같이 적고 있다. "자녀들아 우리가 말과 혀로만 사랑하지 말고 오직 행함과 진실함으로 하자(요일 3:18)." 참된 믿음의 증거는 구제행위로 나타나야 한다. 바울도 말한다. "내가 예언하는 능이 있어 모든 비밀과 모든 지식을 알고 또 산을 옮길만한 모든 믿음이 있을지라도 사랑(행함)이 없으면 내가 아무것도 아니요(고전 13:2)."

2) 귀신 믿음, 그러므로 헛되다

성경은 죽은 믿음이 자기를 구원할 수 있겠느냐고 묻는다(약 2:14). 물론 행위가 구원의 조건은 아니다. 그러나 성령의 작용하심을 거절함으로 산 믿음이 아니다. 산 믿음이 아니면 구원을 이룰 수 없다. 그래서 성경은 죽은 믿음을 가리켜 단적으로 '헛것' 이라고 말한다(약 2:20). 자기를 구원하지도 못하는 믿음은 그야말로 헛된 것이기 때문이다.

야고보는 그 보기를 귀신의 믿음을 들어 말하고 있다. 귀신도 하나님은 한 분이신 것을 잘 알고 있다. 그러므로 귀신도 이것을 믿고 떤다. 귀신이 하나님이 한 분이신 것을 지식으로 알고 감정적으로 떤다고 해서 구원을 받는 것은 아니다. 왜냐하면 하나님의 뜻대로 행하질 않기 때문이다.

행함이 없는 지식적인 믿음은 안 된다. 지식적으로 아는 것을 믿음이라고 한다면 그런 지식은 마귀도 가지고 있다. 마귀는 예수님뿐 아니라 바울도 알고(행 19:15), 예수님이 '하나님의 거룩한 자' 이신(막 1:24; 3:11; 눅 4:34, 41; 8:28) 것도 잘 알고 있다. 그렇다고 마귀가 예수를 믿은 것은 아니다.

스스로 나와 상관이 없다고까지 말했다(막 1:24). 알고 있으면서도 행동으로 부정하는 실천적 무신론은 믿음이 아니므로 자기를 구원하지 못한다. 우리가 아무리 지식적으로 성경말씀을 잘 알고, 예수님에 대해서 훤히 안다고 해도 예수님을 참으로 믿고 사랑하며 그 말씀대로 행하지 아니하면 구원을 얻지 못한다.

7. 행함이 있는 믿음

1) 온전한 믿음, 행함으로 믿음이 온전케 된다

행함이 있는 믿음은 의롭다 하심을 얻게 한다. 야고보는 아브라함이 믿음과 행함으로 인해 의롭다함을 얻었다고 증거하고 있다(약 2:21). 아브라함이 '하나님을 믿음으로 하나님이 이를 의로 여기고 하나님의 벗이라 칭함을 받게' 된 것은(약 2:23) 이삭을 하나님께 바치기 전이었으므로 사실 믿음으로 의롭다함을 받은 것이다(창 15:6).

그러나 아브라함에게 믿음이 있다는 것이 그의 아들 이삭을 받치는 결단적 행위, 곧 '행함으로' 확증됨(창 22:12)으로써 전에 아브라함이 의롭다하신 말씀이 그대로 입증되었다. '응하였고(약 2:23)' 는 바로 그 믿음이 행동으로 '이루어졌다' 는 것이다. 이루었다는 것은 인정될 수 있게 알려졌다는 것이자 믿음이 행위와 일치되었다는 뜻이다. 아브라함은 믿음과 행위가 별개로 나타나지 않고 함께 나타난 것이다. 성경은 이를 가리켜 '행함으로 믿음이 온전케 되었느니라(약 2:22).' 고 말하고 있다. 그러므로 믿음과 행함은 다 있어야 한다.

2) 믿음 없는 행함이나 행함이 없는 믿음은 모두 온전하지 못하다.

믿음 없는 행함(세상의 윤리)이나 행함 없는 믿음(죽은 믿음)은 모두 온전하지 못하다. 따라서 야고보는 행함이 없는 믿음, 말만의 믿음만으로는 의롭다함을 얻지 못한다는 것을 강조하고 있다. 그가 "믿음으로만 아니니라(약 2:24)"고 단정적으로 말한 것은 행위가 수반되지 않고 단순히 이론적으로 아는 것으로만은 안 된다는 것을 결론적으로 말한 것이다.

야고보는 행함이 있는 믿음을 라합의 경우를 통해 더욱 강조하고 있다. 라합은 가나안 땅이 이스라엘에게 허락된 땅이라는 점과 출애굽 후의 여러 사건을 통해 이스라엘이 승리하리라는 점을 믿고 있었다. 히브리서 11장은 라합이 '믿음으로' (히 11:31) 사자들을 영접하였다는 것을 말함으로써 믿음을 강조하고 있음에 반해 야고보서 2장은 '행함으로' (약 2:25), 곧 사자들을 탈출시킴으로 의롭다함을 받은 사실을 말함으로써 행함을 강조하고 있다.

히브리서는 영접의 상황을 부각시키고 야고보서는 탈출의 상황을 부각시켜 장면의 차이를 보이고 있다. 전자는 다소 수동적인 장면임에 비하여 후자는 아주 능동적인 장면을 보여주고 있다. 성경은 믿음과 행위가운데 어느 것을 강조하느냐에 따라 다른 장면을 소개하고 있지만 믿음과 행위를 분리시킨 것이 아니라 믿음으로 용기 있는 행위가 가능했다는 것을 보여줌으로써 두 가지 모두가 필요하다는 것을 가르쳐 주고 있다.

야고보는 행함이 있는 믿음이야말로 산 믿음이요 구원하는 믿음임을 확신하면서 그 보기로 아브라함과 라합을 들었다. 그들은 행함이 있는 믿음을 통해 그리스도 조상의 반열에 참여하는 영광을 얻었다(마 1:2,5). 두 사람 모두 의롭다함을 얻게 된 내면적인 가르침을 보다 깊게 살펴보면 다음과 같다.

가) 믿음은 남여 모두에게 동일하게 적용된다

아브라함은 남자이고 라합은 여자이다. 우리는 신앙에서마저 남성을 여성보다 위에 두려는 잘못된 생각을 가지고 있다. 그러나 야고보는 행함이 있는 믿음의 보기로서 아브라함과 라합을 보기로 듦으로써 이러한 차별의식을 불식시켰다.

나) 유대인이나 이방인이나 믿음과 행함으로 하나님의 자녀가 된다

아브라함은 히브리인중의 히브리인이요 참 이스라엘 사람이라면 라합은 이방여인이다. 많은 사람들에게 있어서 이방사람, 더욱이 이방여인이 하나님의 자녀가 된다는 것은 생각조차 할 수 없는 일이었다. 그러나 라합이 행함으로 사자를 영접하고 탈출시킴으로써 의롭다함을 얻었다.

다) 경건한 사람이든 타락한 사람이든 믿음과 행함으로 하나님의 사람이 된다.

아브라함은 경건한 사람이었고 기생 라합은 타락한 인물이었다. 인간적으로 볼 때 타락의 상징인 기생이 구원을 받는다는 것은 생각할 수 없을 것이다. 그러나 하나님의 눈은 사람의 눈과 다르다. 경건한 사람이든 타락한 사람이든 믿음과 행함이 있으면 구원을 받게 된다.

야고보는 "나는 행함으로 내 믿음을 네게 보이리라(약 2:18)"라고 말함으로써 행함이 없는 믿음을 비판하였다. 그는 행함으로 믿음이 있음을 보일 것과 행함이 없이 믿음이 있다는 것을 증거 하기가 어렵다는 것을 말함으로써 믿음의 동작성을 가르쳐주었다. 믿음과 행함은 서로 구분된 별개의 것이 아니고 한 몸으로서 그 나타나는 방향만 다를 뿐이다. 그러므로 우리는 믿음을 언제나 생활을 통해 나타나도록 해야 한다. 보이는 형제를 사랑하지 아니하면서 보이지 않는 하나님을 사랑할 수 없기 때문이다(요일 4:20).

8. 하나님이 기뻐하시는 믿음

1) 사랑으로 역사하는 믿음

그리스도 안에서는 할례자나 무할례자가 중요한 것이 아니라 사랑으로 역사 하는 믿음이 중요하다(갈 5:6). 여기서 '사랑으로 역사 하는 믿음'을 강조하는 것은 믿음이란 단순한 지적 동의가 아니라 사랑으로 나타나는 하나님의 은혜를 신뢰하고 살아가는 삶을 의미한다.

2) 굳은 믿음

믿음을 가지는 것만으로 모든 것이 해결되는 것이 아니다. 믿음을 굳게 지키는 것이 무엇보다 중요하다. 바울은 믿음과 선한 양심을 가진 교인들 가운데서도 어떤 이들은 파선한 믿음 그리고 양심을 버린 사람이 있음에 주목하였다(딤전 1:19). 우리는 조금만 풍랑이 일어도 파선되는 모습의 믿음을 가져서는 안 된다. 보다 강하고 굳센 믿음을 가져야 한다.

3) 온전한 믿음

히브리서는 온전한 믿음을 강조하고 그 믿음을 가지고 하나님께 나아가자고 독려하고 있다. "우리가 마음에 뿌림을 받아 양심의 악을 깨닫고 몸을 맑은 물로 씻었으니 참 마음과 온전한 믿음으로 하나님께 나아가자(히 10:22)." 온전한 믿음을 갖기 위해서는 우리의 믿는 도리의 소망을 움직이지 말고 굳게 잡아야 하고 믿음의 주요 또 온전케 하시는 예수를 바라보아야 한다(히 12:2).

9. 하나님이 싫어하시는 믿음

1) 말씀에 화합하지 못하는 믿음

히브리서는 우리에게 말씀에 화합하지 않는 믿음을 경계하고 있다. "저희와 같이 우리도 복음전함을 받은 자이나 그러나 그 들은바 말씀이 저희에게 유익 되지 못한 것은 듣는 자가 믿음을 화합치 아니함이라(히 4:2)." 듣는 자가 믿음을 화합치 아니한다는 말씀은 듣는 자에게 믿음이 결여되어있음을 강조한 것이다. 복음을 듣는 자는 보다 적극적인 믿음으로 그 말씀을 받을 필요가 있다.

2) 행함이 없는 믿음

야고보는 앞서와 같이 행함이 있는 믿음을 강조한다. "내 형제들아 만일 사람이 믿음이 있노라 하고 행함이 없으면 무슨 이익이 있으리요 그 믿음이 능히 자기를 구원하겠느냐 행함이 없는 믿음은 그 자체가 죽은 것이라 영혼이 없는 몸이 죽은 것같이 행함이 없는 믿음은 죽은 것이니라(약 2:14,17,26).”

그에 따르면 믿음이 행함과 함께 일하고 행함으로 믿음이 온전케 된다(약 2:22). 이것은 믿음이 있다고 그것으로 자위해서는 안 된다는 것을 가르쳐준다. 믿음이 있는 자는 마땅히 행함이 따라야 한다. 아브라함의 경우에서와 같이 믿음만으로 구원을 받는 것이 아니라 행함이 있어야 한다(약 2:24). 성경은 행함이 없는 믿음을 가르치지 않는다.

10. 믿음과 율법의 관계

성경은 믿음과 율법의 관계에 대해 명확히 밝히고 있다. 갈라디아서에 따르면 믿음이 오기 전에 우리는 율법아래 매인 바 되었으나 믿음이 온 후에 우리는 율법아래 있지 않다(갈 3:23, 25). 성경이 율법의 역할을 이처럼 격하시킨 것은 우리가 구원을 얻게 된 것은 우리의 행위 때문이 아니라 그리스도를 믿는 믿음 때문인 것을 강조하기 위한 것이었다. 당시 신자들 가운데도 자신들이 율법을 지킴으로써, 즉 자신의 행위를 통해 구원을 받을 수 있다고 생각하는 사람이 많았다.

바울은 우리의 행위 때문이 아니라 우리 죄를 위하여 십자가 위에서 피를 흘려 대속해 주신 그리스도 예수를 믿는 믿음 때문이라는 것을 강조하기 위해 율법의 역할을 ‘우리를 그리스도에게로 인도하는 몽학 선생(갈 3:24)’ 으로 한정한 것이다. “율법의 행위로 그의 앞에 의롭다 하심을 얻을 육체가 없나니 율법으로는 죄를 깨달음이니라(롬 3:20).” 중요한 것은 행위의 법이 아니라 믿음의 법이다(롬 3:27).

그렇다고 믿음이 율법을 무시하거나 폐하는 것은 아니다. 바울은 “그런즉 우리가 믿음으로 말미암아 율법을 폐하느뇨 그럴 수 없느니라 도리어 율법을 굳게 세우느니라(롬 3:31).” 하였다. 믿음은 율법을 무의미하게 하지 않고 오히려 율법을 완성한다(마 5:17).

11. 불신앙에 대한 경고

성경은 불신앙에 대해 강하게 경고하고 있다. "형제들아 너희가 삼가 혹 너희 중에 누가 믿지 아니하는 악심을 품고 살아 계신 하나님에게서 떨어질까 염려할 것이요(히 3:12)." 히브리서 기자는 이스라엘이 광야생활을 할 때 많은 사람들이 가나안에 들어가지 못하고 광야에서 엎드려지게 된 것은 불신앙 때문임을 분명히 하고 있다. "이로 보건대 저희가 믿지 아니하므로 능히 들어가지 못한 것이라(히 3:19)." 우리도 하나님을 전적으로 신뢰하지 않으면 약속된 하나님의 나라에 들어갈 수 없다.

12. 믿음이 약한 자에 대한 우리의 태도

바울은 다음과 같이 말한다. "믿음이 연약한 자를 너희가 받되 그의 의심하는 바를 비판하지 말라 어떤 사람은 모든 것을 먹을 만한 믿음이 있고 연약한 자는 채소를 먹느니라(롬 14:1-2)." 여기서 믿음이 연약한 자는 예수 그리스도에 관한 복음의 진리를 잘 깨닫지 못하고 구약의 율법을 잘 지키면 믿음이 강한 신자로 생각하는 율법주의 신자를 가리킨다. 그들은 율법이 금지한 고기대신 채소를 먹음으로써 금욕적으로 살았고 주일보다 안식일을 따져 지켰다. 그러나 복음의 도리를 아는 사람들은 율법에서 금지된 고기를 자유롭게 먹었다.

바울은 그들이 다 같은 하나님의 백성이므로 서로 비판해서는 안 된다고 하였다. "먹는 자는 먹지 않는 자를 업신여기지 말고 먹지 못하는 자는 먹는 자를 판단하지 말라 이는 하나님이 저를 받으셨음이니라(롬 14:3)."

믿음이 약한 자에 대해 우리가 해야 할 태도는 그들의 믿음이 강해지도록 기도하는 일이다. 예수님은 만찬 중에 제자들이 서로 '누가 크냐' 고 인간적인 싸움을 하고 있을 때 베드로의 믿음을 위해 기도했다고 말씀하셨다. "시몬아

시몬아 보라 사단이 밀 까부르듯 하려고 너희를 청구하였으나 그러나 내가 너를 위하여 네 믿음이 떨어지지 않기를 기도하였노니 너는 돌이킨 후에 네 형제를 굳게 하라(눅22:32)."

귀신들린 아이의 아버지는 예수님으로부터 믿음이 부족하다는 사실을 지적당한 후 이렇게 외친다. "내가 믿나이다 나의 믿음 없는 것을 도와주소서(막 9:24)."

예수님의 이러한 지적은 우리에게 그대로 적용된다. 우리는 믿음 없음을 고백함으로써 나 자신과 주님에 대해 보다 솔직할 필요가 있다. 그리고 그분 앞에 겸손히 나아가야 한다. 그 때 주님은 우리의 마음속에 좌정 하실 것이며 하나님과 이웃을 향한 우리의 태도가 달라질 것이다. 믿음, 그것은 신실하신 하나님과 그 말씀을 전적으로 신뢰하는 것이며 주님의 말씀대로 적극적으로 살아가는 것이다.

도움말

사해신앙과 갈릴리신앙

행함이 없는 믿음은 사해신앙이요 행함이 있는 믿음은 갈릴리신앙이다. 사해는 물을 받기만 하고 주지 않음으로 죽은 바다가 되었다. 이에 반해 갈릴리는 물을 받을 뿐 아니라 받은 물을 내어주어 살아있는 바다가 되었다. 사해에는 고기가 살지 못하지만 갈릴리는 물고기가 많다. 믿음은 하나님께서 우리 각자에게 주시는 선물이다.

이에 비해 행함은 받은 선물을 남들에게 내어주는 것이다. 믿음과 행위는 불가분의 것으로 믿음에는 반드시 행함이 따라야 한다. 따라서 믿음을 선물로 받았으면 이것을 행동으로 나타내야 한다. 믿음의 실제화가 되지 않는 신앙은 사해의 고인 물처럼 썩어버린다. 썩은 물이 아무 쓸모가 없듯이 죽은 믿음은 아무 쓸모가 없다.

믿음은 사실을 사실이라 하는 것이다

신앙은 사실을 사실이라 하는 것이다. 사실을 사실대로 믿는 것이다. 불신앙은 사실을 사실이 아니라고 하는 것이다(롬 3:3-4). 통계학적으로 알파에러에 해당한다. 미신은 사실이 아닌 것을 사실이라 하는 것이다(롬 1:23,25). 통계학적으로 베타에러에 해당한다. 신앙이 아닌 것은 모두 에러이다. 그러나 신앙은 과학과 다른 어프로치를 한다. 과학은 봐야 믿는다(seeing is believing). 그러나 신앙은 믿음으로 본다(believing is seeing).

제 4 장
영적 성숙

그리스도인은 영적으로 계속 성숙되어야 한다. 히브리서 저자도 젖만 먹지 말고 단단한 음식을 먹을 수 있을 만큼 장성해야 한다고 했다. 그럼에도 불구하고 많은 그리스도인들은 영적으로 성숙하기보다는 사실상 정체된 삶을 살고 있다. 몇 십 년 교회를 다녀도 처음이나 다름없는 신앙생활을 함으로써 영적으로 성장하지 못하고 있다. 어른아이가 되어있을 뿐 아니라 심지어 기형아의 모습을 하고 있다. 아이가 성장을 하지 못하고 있다면 본인은 물론 부모의 마음은 아플 수밖에 없다. 우리가 그러한 모습을 하고 있다면 하나님께서는 매우 안타깝게 생각하실 것이다. 그런데도 우리 자신은 다 성장한 것으로 착각하거나 별 일 없다는 듯이 살아가고 있다. 하나님은 성장이 멈춘 우리의 미숙한 모습보다는 영적인 면에서 날로 성숙해 가는 모습을 기뻐하신다. 우리는 자신의 영적인 모습을 똑바로 인식하여 바른 신앙생활을 해야 할 것이다.

그리스도인이 영적으로 성숙을 하기 위해서는 크게 세 가지에 주목하지 않으면 안 된다. 첫째는 변화이고, 둘째는 성장이며, 셋째는 열매를 맺는 것이다. 이것은 그리스도인이 영적으로 성숙하기 위해 무엇이 필요한가를 보여주고 있다. 이 세 가지를 살펴보기로 한다.

1. 변화하라

예수님은 변화를 특히 강조하셨다. 변화에는 믿지 않던 사람이 믿는 사람으로 변화하는 것과 신앙생활을 하는 사람이라 할지라도 기계적이고 무의미하며 허식적인 신앙생활을 하는 것으로부터 역동적이고 의미가 있으며 실질적으로 신앙생활을 하는 것 등 크게 두 가지가 있다. 신앙이란 한 마디로 하나님에 대해 보다 긍정적으로 사고하고 적극적인 태도를 가지는 것이다. 기독교에서 신앙이란 하나님과 그분의 말씀을 믿고 이제부터 하나님 쪽에 적극적으로 서며 하나님의 뜻에 따라 그분이 기뻐하시는 대로 실행해 나아가는 삶을 말한다. 하나님을 믿지 않았던 과거의 우리가 믿는 사람으로 변화되었다는 것은 놀라운 변화임에 틀림없다. 그러나 예수님은 하나님을 믿는 사람이라 할지라도 가식적인 신앙생활을 할 것이 아니라 질적으로 변화된 신앙생활을 하지 않으면 안 된다는 것을 강조하신다.

예수님께서 바리새인들을 공격하신 것도 바로 이 때문이다. 바리새인들은 신앙생활에 있어서는 어느 누구보다 열심이 있었던 사람들이었다. 그런데 주님은 '너희들의 신앙적 태도는 한 마디로 틀려먹었다' 고 말씀하신 것이다. 하나님을 사랑한다는 사람들이 자기만 사랑하고 이웃을 사랑하지 않는 형식적이고 가식적인 믿음생활을 하는 것을 신랄하게 지적하고 그것은 하나님을 참으로 사랑한다고 말할 수 없을 뿐 아니라 믿음생활을 한다고 말할 수 없다고 하셨다. 그들의 병든 신앙, 화석화된 신앙을 지적하신 것이다. 주님은 그들의 깊은 회개와 변화된 모습을 보시고자 했다. 그러나 그들은 오히려 주님을 미워하고 죽이고자 했으며 결국 주님을 십자가에 못 박는 주동자들이 되었다.

주님은 지금도 우리의 잘못된 신앙의 모습을 보고 고치라 하신다. 우리는 주님의 경고를 '어찌 할꼬' 하며 기쁜 마음으로 받아들이고 매순간 고쳐나가는 작업을 해야 한다. 주님이 우리의 잘못된 모습을 지적할 때 하나씩 고쳐나가기보다 오히려 싫어하는 마음이 앞선다면 우리도 바리새인들과 똑같이 주님을 미워하고 주님을 십자가에 못 박는 무리에 동참하고 있다는 것을 인식하지 않으면 안 된다.

2. 성장하라

바울은 우리의 믿음이 성장하지 않으면 안 된다는 것을 강조하고 있다. 바울은 에베소교인들에게 "우리가 다 하나님의 아들을 믿는 것과 아는 일에 하나가 되어 온전한 사람을 이루어 그리스도의 장성한 분량이 충만한 데까지 이르리니 이는 우리가 이제부터 어린아이가 되지 아니하여 사람의 궤술과 간사한 유혹에 빠져 모든 교훈의 풍조에 밀려 요동치 않게 하려함이라 오직 사랑 안에서 참된 것을 하여 범사에 그에게까지 자랄지라 그는 머리니 곧 그리스도라(엡 4:13-15)"고 말하였다. 그는 교인들에게 우리의 믿음이 성장하되 '그리스도의 지배를 완전히 받는 데까지 성숙하라, 계속 어린 아이로 있지 말라, 모든 일에 그에게까지 자라라' 라고 강조하고 있다. 우리의 신앙이 성장하지 않으면 안 된다는 것이다.

히브리서 기자는 다음과 같이 말하고 있다. "때가 오래므로 너희가 마땅히 선생이 될 터인데 너희가 다시 하나님의 말씀의 초보가 무엇인지 누구에게 가르침을 받아야 할 것이니 젖이나 먹고 단단한 식물을 못 먹을 자가 되었도다 대저 젖을 먹는 자마다 어린아이니 의의 말씀을 경험하지 못한 자요 단단한 식물은 장성한 자의 것이니 저희는 지각을 사용하므로 연단을 받아 선악을 분변하는 자들이니라 그러므로 우리가 그리스도 도의 초보를 버리고 죽은 행실을 회개함과 하나님께 대한 신앙과 세례들과 안수와 죽은 자의 부활과 영원한 심판에 대한 교훈의 터를 다시 닦지 말고 완전한 데 나아갈지니라(히 5:12-6:2)."

이 말씀은 우리가 영적으로 계속 성장하지 못하고 지진아처럼 믿음생활을 하고 있는 것을 경책한 말씀이다. 믿음생활을 하면 할수록 성장한 모습을 보여주어야 할 터인데 도무지 그러한 모습이 보이지 않고 처음의 어린아이 수준에 그대로 머물러 있다는 것이다. 초등학생이 그 과정을 지나면 중학교에 가고, 그 다음 고등학교에 가며, 그 다음에는 대학교에 가야할 터인데 계속 초등학교 수준을 넘어서지 못하고 있다는 것이다.

초보상태를 벗어나 열매를 맺는 단계로 넘어가야 한다. 그런데도 지금도 회개가 무엇인가, 세례란 무엇인가, 부활은 무엇인가를 듣고 앉아만 있다는 것이다. 물론 이 도를 아는 것은 매우 중요한 일이다. 이것은 신앙을 가지고자 하는 초보자들에게는 없어서는 안 될 단계이다. 그래서 초신자들에게 교리도 가르치고 성경을 공부하도록 지도하는 것이다. 그러나 몇 십 년 동안 신앙생활을 한다는 사람들이 계속 이러한 초보상태에 머물러 영적으로 성장하지 못하고 있다면 그것은 참으로 문제가 아닐 수 없다. 초등학교 때 구구단을 외는 것은 중요하다. 그 구구단은 중학교에 가고 고등학교에 가면서 활용하는데 아주 중요한 것이다. 그런데 고등학생이 되어서도 그것을 활용할 줄 모르고 초등학교 학생처럼 계속 구구단을 외고만 있다면 문제가 아닐 수 없다. 히브리서 기자는 우리가 계속 젖만 먹는 아이로 머물러 있지 말고 연단된 신앙생활, 곧 성장하여 단단한 식물을 먹을 줄 아는 신앙인으로 성장하고 남도 가르칠 수 있을 만큼 성숙하라고 말하고 있다.

우리가 어떤 기도를 하고 있는가를 살펴보면 우리의 신앙이 얼마나 성장했는가를 가장 쉽게 알 수 있다. 기도는 우리가 얼마나 영적으로 성장했는가를 적나라하게 보여준다. 기도가운데 우리가 영적으로 성장하지 못하고 있음을 단적으로 보여주는 가장 대표적인 기도가 바로 '주시옵소서' 라는 기도이다. 성장한 사람이면 '주시옵소서' 라는 기도보다는 자신을 드리는 기도를 자주 한다. 그런데도 우리는 처음 믿을 때나 지금이나 변함없이 '주시옵소서' 라는 기도만을 하고 있다. 어린아이처럼 계속 조르기만 하고 있는 것이다. 심지어 하나님 아버지도 계속 조르는 자녀의 기도를 결국 들어주시지 않겠느냐고 예수님께서 말씀하셨다고 하면서 이 말씀에 따라 끈질긴 기도의 중요성만을 강조한다.

그러나 중요한 것은 그 끈질긴 기도도 하나님의 뜻에 합당한 기도여야 하고 보다 성숙한 기도여야 한다는 점을 잊어서는 안 된다. 우리의 이기적이고 잘못된 '주시옵소서' 만의 기도는 안 된다. 케네디 대통령은 "당신은 조국이 당신에게 무엇을 해줄 것인가를 묻지 말고 당신이 조국을 위해 무엇을 할 수 있는가를 물으라." 는 위대한 말을 남겼다. 성숙한 시민은 자기의 이익만을 차리는 사람들이 아니라 조국을 위해 힘써 일을 하는 사람이라는 것이다. 하나님 나라도 마찬가지이다. 영적으로 성숙한 성도는 '주시옵소서' 라는 기도보다 '어떻게 하면 하나님과 이웃을 위해 나의 몸과 마음 모두를 드릴 수 있을까' 를 생각하게 된다.

3. 열매를 맺으라

영적인 성장의 마지막은 결실이다. 우리의 믿음은 모든 생활의 양식에서 결실의 모습으로 나타나야 한다. 예수님께서도 여러 비유의 말씀을 통해 한 달란트 받은 자가 두 달란트, 다섯 달란트, 심지어 열 달란트를 남기는 작업, 그리고 '30배, 60배, 100배' 의 결실을 강조하셨다. 신앙생활에서 그 결실은 일반적으로 성령의 열매들로 나타난다. 성령의 열매는 성령 충만한 믿음생활의 결과로 나타나기 때문이다. 그러므로 우리는 결실이 있는 성령 충만한 믿음생활이 되도록 노력할 필요가 있다.

그러나 성령 충만에 관한 한 짚고 넘어갈 부분이 있다. 한국 기독교인들은 '성령 충만하게 하옵소서' 라는 기도를 많이 한다. 우리는 성령에 관해서 매우 잘못된 관념을 가지고 있다. 우리는 성령을 소유할 수 있는 것으로 잘못 생각하고 있는 것이다. 이것은 기본적으로 우리가 성령을 물건으로 취급하고 있음을 보여주는 것이다. '성령을 받으라' 는 부흥사의 외침이 떨어지자마자 성령을 서로 많이 주어 모으려는 듯한 성도들의 반응, 성령을 어떤 뜨끈뜨끈한 감정으로 생각하는 것, 방언을 해야 성령을 받은 것으로 생각하는 것, 심지어 '성령 나가신다 문 닫아라' 하며 성령이 예배당 안에 들고 나가는 것으로 말하는 것, 성령의 충만한 모습을 사진에 담았다고 보여주는 것 등 모두는 한마디로 성령을 물건 취급하는 것이다. 그래서 우리는 성령 충만을 성령을 자기 창고에 풍성히 쌓아 둘 수 있는 것쯤으로 여기고 있다.

성령은 주고받는 물건도 아니요 목사가 줄 수 있는 것도 아니다. 뜨끈뜨끈한 것도 아니며 창고에 가득 쌓아 둘 수 있는 것도 아니다. 성령은 하나님이시다. 영이신 하나님이시다. 그 영이신 하나님을 우리 마음대로 주고받거나 창고에 쌓아 두려 하는 것은 하나님에 대한 중대한 도전행위가 아닐 수 없다. 그런데도 우리는 서슴없이 성령을 우리 마음속에 가득 채우고 싶다고 말한다. 그 심정을 이해하지 못하는 것은 아니다. 그러나 성령에 대한 우리의 관념이 고쳐지지 않으면 안 된다.

성령 충만은 우리가 성령에 대해서 어떻게 하겠다는 것이 아니라 오히려 우리가 성령의 완전한 지배아래 복종하겠다는 의미를 가지고 있다. 다시 말하면 성령 충만은 성령께서 우리를 얼마나 소유하고 지배하고 계시는가를 나타내는 말이다. 그러므로 우리가 성령이 충만하도록 기도하는 것은 앞으로 자신이 '완전히 성령의 지배를 받아 성령이 기뻐하시는 대로 신앙생활을 하겠다'는 하나님에 대한 자신의 맹서이다. 다시 말하면 성령 하나님을 나의 왕, 나의 대통령으로 삼고 하나님의 명령에 충실한 삶을 살겠다는 것이다. 그러므로 성령 충만한 사람은 내가 얼마나 많이 성령을 소유하느냐에 관심을 두어야 할 것이 아니라 내가 얼마나 많이 성령의 통치를 받아 그분의 뜻에 따라 살고 있느냐에 관심을 두어야 한다.

성령 충만한 사람은 무엇보다 성령 하나님의 지배를 받기 위해서 그리고 그분의 뜻을 바로 알기 위해서 말씀을 사모하게 된다. 성령 충만이 말씀 충만이라 함은 이 때문이다. 성령 충만한 사람은 무엇보다 하나님의 말씀에 복종하고 그분의 뜻을 최우선으로 하는 삶을 산다. 에베소서 5장과 6장은 성령 충만한 사람들이 어떠한 삶을 살고 있는가를 구체적으로 보여주고 있다.

이에 따르면 성령 충만한 사람은 하나님을 본받는 자가 되어 음행과 탐욕을 멀리하고 빛의 자녀들처럼 행하며 항상 "무엇으로 주님을 기쁘시게 할까"를 생각하고 찬양과 감사의 생활을 하며 그리스도를 경외함으로 피차 복종하고 자녀들은 주안에서 부모를 순종하고 부모는 자녀를 주의 교양과 훈계로 양육하며 종은 주님을 섬기듯 상전을 성실과 단 마음으로 섬기고 상전은 자기 위에 하늘의 상전이 있다는 것을 생각하여 진심으로 종을 사랑한다. 이러한 모든 것은 성령 충만이 단순한 느낌이 아니라 말씀에 바탕을 둔 올바른 실행에 있다는 것을 가르쳐 준다. 즉, 이러한 삶을 살아가는 것이 바로 성령 충만이다. 그래서 바울은 성령 충만한 삶을 살게 되면 사랑, 희락, 화평, 오래 참음, 자비, 양선, 충성, 온유, 절제 등 성령의 아홉 가지 열매(갈 5:22, 23)를 맺게 된다고 말한다.

우리의 신앙생활에서 참으로 잘못된 것 가운데 하나는 성령의 열매를 맺기보다 성령의 은사를 더 많이 받고자 한다는 점이다. 이것은 우리가 얼마나 이기적이고 소유 중심인가 하는가를 보여준다. 그러나 아무리 방언과 예언을 잘한다 해도, 아무리 오래 교회를 다녔다 해도 성령의 열매를 맺지 못하는 생활을 한다면 그러한 사람은 결코 성령이 충만한 사람일 수가 없다는 점을 잊어서는 안 된다. 그러므로 우리는 '성령의 은사를 주시옵소서' 라고 소리 높여 간구하기보다 '나의 나날의 삶 속에서 성령의 열매를 맺게 하시고 그 열매를 이웃과 기쁨으로 나눌 수 있게 해 달라' 고 기도해야 한다. 주님은 '그의 열매로 그들을 알리라' 고 말씀하셨으며, 야고보도 '행함이 없는 믿음은 그 자체가 죽은 것' 이라고(약 2:17) 하였다.

고린도전서를 보면 고린도 교회는 성령의 은사를 받았는지 몰라도 영적으로 볼 때 성숙하지도 않았고 성령의 열매를 맺지 못한 것이 분명하다. 바울은 그들을 향해 "내가 신령한 자들을 대함과 같이 너희에게 말할 수 없어서 육신에 속한 자 곧 그리스도 안에서 어린 아이들을 대함과 같이 하노라 내가 너희를 젖으로 먹이고 밥으로 아니하였노니 이는 너희가 감당치 못하였음이거니와 지금도 못 하리라 너희가 아직도 육신에 속한 자로다 너희가운데 시기와 분쟁이 있으니 어찌 육신에 속하여 사람을 따라 행함이 아니리요(고전 3:1-

3)"고 말했다. 이것은 그들이 얼마나 영적으로 미성숙하고 열매를 맺지 못하고 있는가를 입증하고 있다.

우리도 결코 고린도 교인과 다르지 않다. 다르다고 생각한다면 그것은 우리 스스로 얼마나 교만한가를 입증할 뿐이다. 우리는 하나님 보시기에 그들보다 더 기형적인 모습을 하고 있을지 모른다. 우리는 영적으로 변화되어야 하고, 영적으로 성장해야 하며, 영적으로 결실을 맺어야 한다. 주님은 이 순간도 우리의 영적 신앙이 보다 성숙되기를 기대하고 있다.

제 3 편
히브리서의 단편 묵상

제1장
참 안식은 주 안에 있다

"그런즉 안식할 때가 하나님의 백성에게 남아 있도다(히 4:9)."

같은 구절을 공동번역은 이렇게 말한다. "그러므로 하느님의 백성에게는 아직도 참 안식이 그대로 남아 있는 것입니다." 우리에게는 참 안식이 남아있다는 것이다. 그것은 하나님이 우리에게 주시고자 하는 진정한 안식(sabbath-rest)이다.

하나님은 6일 창조 후 7일에 안식하셨다. 여호와의 안식이다. 6일 창조 후 하나님은 "심히 좋았더라." 하셨다. 완벽한 창조일 뿐 아니라 창조주와 피조물과의 관계가 너무 좋았다. 피조물이 지으신 목적대로 움직였다. 온 우주가 하나님의 지으심을 노래하고 경배했을 것이다. 더 일하실 필요도 없을 만큼 만족하셨다. 그 안식은 참 안식이었다.

하나님은 안식일을 정하시고, 우리로 하여금 그 날 안식하도록 하셨다. 하나님이 만드신 안식일이다. 그것은 우리로 하여금 참 안식으로 들어가도록 하기 위함이었다. 그러나 인류는 참 안식을 얻지 못했다. 하나님 앞에서 죄를 범했기 때문이다. 안식이 깨진 것이다. 죄가 있는 한 참 안식은 없다. "심히 좋았더라."의 관계 속으로 들어갈 수 없다.

예수님이 이 땅에 오셔서 말씀하셨다. "수고하고 무거운 짐 진 자들아 다 내게로 오라 내가 너희를 쉬게 하리라(마 11:28)." 진정한 안식으로 들어오라는 것이다. 주님은 자신을 가리켜 '안식일의 주인' 이라 하셨다. 우리를 죄로부터 구원해 참 안식으로 인도하실 분은 오직 주님뿐이라는 말씀이다. 진정한 안식은 예수 그리스도 안에 있다. 주님이 십자가를 지심으로 우리를 죄에서 구원하시고 참 안식을 회복하도록 하셨다.

초대교인들은 하나님의 풍성하심을 예수 그리스도 안에서 깨달았다. 그 풍성함이 지금 우리에게 전해지고 있다. 주 안에서 구원을 얻은 사람들은 하나님이 만드신 안식일의 그 깊은 맛을 이 땅에서 체험한다. 복음적 안식이다. 그때마다 우리는 찬송한다. "나는 예수님만으로 참 만족을 누리네. 세상 영광 다 준데도 주님과 못 바꾸네." 이것은 참 안식을 맛본 자들이 주님께 드리는 감사요 찬송이다.

히브리서 기자는 "그의 안식에 들어갈 약속이 남아 있을지라도 너희 중에는 혹 이르지 못할 자가 있을까 함이라(히 4:1)" 말하고, "저 안식에 들어가기를 힘쓸지니(히 4:11)" 권면한다. 영원한 안식, 참 안식에서 탈락되지 않도록 믿음을 강하게 하라, 말씀에 순종하라는 것이다.

하나님은 우리에게 무엇을 주시고자 하는가? 그것은 하나님 안에서의 참 안식이다. 안식일은 단순한 안식이 아니다. 참 안식의 의미를 새기며 그 안으로 들어가는 것이다. 참 안식에 있을 때 우리는 세상이 줄 수 없는 안식을 맛보게 된다. 잃어버린 안식을 되찾는 방법은 간단하다. 주 안에 있으면 된다.

제2장
의의 말씀을 경험하라

"이는 젖을 먹는 자마다 어린 아이니 의의 말씀을 경험하지 못한 자요 단단한 음식은 장성한 자의 것이니 그들은 지각을 사용함으로 연단을 받아 선악을 분별하는 자들이니라(히 5:13, 14)."

히브리서 저자는 어린 아이와 장성한 자, 젖과 단단한 음식, 하나님의 말씀을 경험하지 못한 자와 경험한 자를 구분한다. 젖을 먹는 어린 아이는 하나님의 말씀을 경험하지 못한 자와 같다. 어른이 되어서도 계속 어린이처럼 젖만 고집한다면 뭔가 잘못되었다는 말이다.

어른이 되면 성인음식을 먹는다. 단단한 음식이다. 영적으로 말하면 삶의 여러 경험을 통해 하나님의 말씀대로 사는 것이 얼마나 유익한가를 아는 것이다. '지각을 사용함으로 연단을 받아' 는 의식 수준도 높아졌음을 의미한다. 그래서 선악을 분별하는 자가 된다. 말씀에 따라 무엇이 악하고 무엇이 선한가를 경험적으로 알게 된다. 그 경험을 바탕으로 영적으로 보다 성숙한 경지로 들어서게 된다.

그러나 젖만 먹는 어린 아이의 신앙을 가진 사람은 아직도 의존적이 되어 말씀을 경험하고 적용할 기회를 스스로 놓친다. 성숙의 기회를 놓치는 것이다. '경험하지 못한(inexperienced)' 은 헬라어로 '아페이로스(apeiros)' 다. '아(a)' 는 부정(not)을 뜻하는 말이고 '페이로스(peiros)' 는 '시험(test, trial)' 을 뜻하는 '페이라(peira)' 에서 나온 말이다. 시험을 할 때(시련이 닥쳤을 때) 적절하게 테스트를 하지 않거나 성공적이지 못함을 나타낼 때 사용한다. 고대 희랍어에서 아페이로스는 적합한 기술이나 지식이 결핍되어 있고, 이로 인해 그 문제에 대해 익숙지 않아 실패하는 사람을 말할 때 사용되었다. 젖 먹는 어른은 하나님의 말씀을 삶에 적용하려 해도 그에 대한 지식과 적용능력이 없어 실패를 거듭하게 된다.

아페이로스는 경험을 하지 못한 사람을 말한다. 경험하지 못한 이유는 관심이 없었거나(ignorant) 문제를 해결함에 있어서 숙련되지 못했기(unskillful) 때문이다. 문제에 관심을 갖고 문제해결을 위해 숙련기술을 쌓는 노력이 필요하다. 그렇지 않을 경우 늘 '경험하지 못한(without experience of)' 상태에서 벗어날 수 없다.

시편에 "너희는 여호와의 선하심을 맛보아 알지어다 그에게 피하는 자는 복이 있도다(시 34:8)."는 말씀이 있다. 이것은 '의의 말씀을 경험하라'는 히브리서의 말씀과 맥을 같이 하고 있다. 의의 말씀을 경험하라는 것은 하나님의 참된 말씀을 경험하라는 것이다. 말씀을 경험하면 선악을 분별하게 된다. 이 때 경험은 악의 경험과 선의 경험을 통해 옳고 그름이 입증되는 것(a putting to proof)을 의미한다. 이것을 '페이라조(peirazo)'라 한다. 선과 악을 경험하면서 하나님의 선하심과 사단의 악함을 맛보아 알게 된다. 우리 삶의 역경이나 시험을 통해 하나님의 말씀이 진짜 생명의 말씀이고, 하나님의 선하심이 얼마나 귀한지, 그 말씀이 얼마나 중한지 알게 된다. 이 경험을 통한 입증이 바로 페이라조다.

'에크 페이라조(ekpeirazo)'는 말이 있다. 이 말은 '철저히 경험하라(test thoroughly)'는 말이다. 하나님의 선하심을 철저히 경험하라. 의의 말씀을 철저히 경험하라. 그러면 당신은 그 어떤 단단한 환경에 처한다 해도 더 이상 스트레스를 받지 않고 능히 소화시킬 능력을 갖게 된다. 하나님을 경험할수록 당신은 더욱 하나님을 사랑하게 된다.

제 3장
당신의 격려가 사람을 살린다

"서로 돌아보아 사랑과 선행을 격려하며(히 10:24)."

히브리서에 있는 말씀이다. 이것을 공동번역으로 읽어보자. "서로 격려해서 사랑과 좋은 일을 하도록 마음을 씁시다." 하나님은 우리로 하여금 격려하며 살도록 하신다.

괴테는 "사람을 현재의 모습으로 대해주면 그는 현재의 모습에 그대로 머물러 있게 된다. 그러나 마땅히 되어야 할 모습, 곧 바람직한 미래의 모습으로 대한다면 그는 더 크고 훌륭한 사람이 될 수 있다."고 했다. 사람이 자라고 크기 위해서는 격려가 필요하다는 말이다.

사람은 누구나 성숙하기를 원한다. 이를 이루기 위해 긍정적인 끈을 잡으려 한다. 이 때 가장 필요한 것이 격려다. 그의 존재를 인정하고 그에게 기대를 걸면 더 분발 한다. 칭찬과 격려는 사람에게 무엇이든지 할 수 있다는 자신감을 심어주고, 잃었던 용기도 다시 회복시키는 놀라운 힘이 있다.

마음의 안정을 잃고 방황하고 있는 선수에게 "당신은 할 수 있다. 당신은 세계 최고의 선수가 될 것이다"라는 말 한 마디에 재기한 선수가 한 둘이 아니다. 슬럼프에 빠진 부하가 "난 당신을 믿어."라는 상사의 말 한 마디에 생기가 돋고, 실의에 빠진 남편도 아내의 따뜻한 말 한 마디에 일어선다. 성공한 사람들 뒤에는 언제나 격려하는 사람들이 있다. 지금 아주 자신만만하게 걷고, 시간을 성공적으로 보내고 있다면 그들 마음속에 격려의 말이 아직도 살아 움직이고 있다는 증거다.

격려는 아무나 할 수 있는 것이 아니다. 가정 사역자 캐롤 래드는 어려서부터 격려의 능력을 키우는 것이 중요하다 한다. 격려하는 습관이 몸에 밸 때까지 자녀들의 감정 연료 탱크에 칭찬을 가득 채운다. 독특한 표현으로 상황에 적합한 칭찬의 말을 미리 생각해둔다. 메모지나 카드에 한두 문장을 써 아이들의 베게 위, 도시락 안, 신발 속, 방문, 이불 속, 교과서나 성경 갈피에 끼워두며 창의적으로 칭찬을 한다. 아이는 엄마의 칭찬과 격려를 먹고 산다. 받은 격려가 그의 삶을 좌우하고, 다른 사람과의 관계도 바로 세워지게 된다.

파스칼에 따르면 인간에게는 3가지 조화가 필요하다. 자신과의 조화, 이웃과의 조화, 하나님과의 조화다. 이 조화를 이루는 데 필수요소가 격려다. 우리는 하나님의 사랑과 격려를 먹고 사는 사람들이다. 이제 그것을 이웃과 나눠야 한다. 당신의 자녀, 직장 동료, 거리에서 만나는 모든 사람도 당신의 격려를 필요로 한다. 격려하라. 그 순간 당신의 사랑이 드러나고, 사회가 달라질 것이다. 사람을 성장시키는 것은 비난이 아니라 격려요 훈계가 아니라 인정이다. 마른 뼈에 생기를 돋게 한다. 아니 사람을 살린다.

제 4장
뒤로 물러가지 말라

"나의 의인은 믿음으로 말미암아 살리라 또한 뒤로 물러가면 내 마음이 그를 기뻐하지 아니하리라 하셨느니라(히 10:38)."

그리스도인은 믿음으로 살아야 하고, 뒤로 물러가는 삶을 살아서는 안 된다는 말씀이다. 왜 그런가? 답은 그 다음 39절의 말씀에 있다. "우리는 뒤로 물러가 멸망할 자가 아니요 오직 영혼을 구원함에 이르는 믿음을 가진 자니라." 뒤로 물러가 멸망할 자가 아니란 말이다. 그렇다. 우리는 이미 구원 받은 백성이다. 뒤로 물러간다는 것은 무슨 말일까? 영어론 'shrink back,' 'draw back' 이다. 앞서 가지 못하고 움츠러든다는 말이다. 믿음의 전진이 아니라 후퇴다. 그러므로 이 말씀은 그리스도인이라면 믿음에 관한 한 퇴보가 아니라 전진하는 삶을 살아야 한다는 것을 의미한다.

뒤로 물러가지 않는 모습을 가장 대표적으로 보여준 분은 바로 예수님이시다. 요한복음 13장을 보면 최후의 만찬 장면이 나온다. 주님은 가룟 유다가 배신할 것을 아셨고, 베드로가 자신을 세 번이나 부인할 것도 아셨다. 떡 조각을 받은 유다가 밖으로 나갔다. 배신이 시작된 것이다. 그 뒤 사건은 빠르게 진행된다. 예수님은 그 일이 얼마나 고통스러운 것인가를 아셨다. 만찬이 끝난 다음 제자들을 데리고 감람산으로 가셨다. 그리고 기도하셨다. "아버지여 만일 아버지의 뜻이거든 이 잔을 내게서 옮기시옵소서 그러나 내 원대로 마시옵고 아버지의 원대로 되기를 원하나이다(눅 22:42)." 그 때 천사가 하늘로부터 예수께 나타나 힘을 더하여 주었다 했다. 얼마나 힘드셨을까. 인간적으로 감내하기 어려운 고통이 앞에 놓여 있다. 주님은 힘쓰고 애써 더욱 간절히 기도했다. 성경은 땀이 땅에 떨어지는 데 핏방울 같이 되었다 했다. 예수님은 결국 붙잡히셨고, 유대종교지도자들의 모욕거리가 되셨다. 베드로가 세 번이나 자신을 부인하는 것을 보았을 때 마음이 움찔했다. 이 모든 과정은 인간이라면 얼마든지 뒤로 물러날 상황이다.

하지만 예수님은 그러지 않으셨다. 그 모든 과정을 이기고 십자가의 길로 나아가셨다. 결코 뒤로 물러가지 않은 것이다. 예수님은 어두운 터널과 죽음의 과정을 견디고 결국 우리에게 빛과 생명을 주셨다. 주님이 승리하신 것이다. 만일 주님이 뒤로 물러가셨다면 우리는 아직도 구원받지 못하고 죄 가운데 있을 것이다.

예수님은 어떻게 이것을 참고 견디실 수 있었을까? 그것은 말씀의 성취와 십자가 후에 있을 영광을 알았기 때문이다. 우리도 마찬가지다. 세상에서의 고난은 잠간이지만 주님과 함께 할 영광은 영원하다. 이 사실을 안다면 우리는 결코 뒤로 물러나 침륜에 빠질 자, 곧 멸망할 자가 되어서는 안 된다. 고난당하신 주님을 생각하며 견디고, 영광 중에 계신 주님을 생각하며 소망을 가져야 한다. 뒤로 물러가면 주님이 기뻐하지 않으신다. 쫄지 말라.

제 5장
우리의 본향은 이 땅이 아니라 천국이다

"이 사람들은 다 믿음을 따라 죽었으며 약속을 받지 못하였으되 그것들을 멀리서 보고 환영하며 또 땅에서는 외국인과 나그네임을 증언하였으니 그들이 이같이 말하는 것은 자기들이 본향 찾는 자임을 나타냄이라(히 11:13, 14)."

바나 리서치 그룹의 조사에 따르면 미국인 조사 대상 중 대부분이 천국과 지옥의 존재를 믿었다. 죽음 뒤에 또 다른 삶이 계속되고, 자신이 천국에 갈 것으로 믿는 사람들도 3분의 2에 달했다. 지옥에 떨어질 것으로 믿는 사람은 아주 소수에 불과했다. 그만큼 천국 입성에 낙관적이었다.

천국은 어떤 곳일까? 조사를 보면 천국은 하나님이 있는 곳에서 영원히 사는 것이요 죽은 다음 영혼이 휴식과 보상을 받는 곳이다. 이에 반해 지옥은 신의 존재로부터 영원히 격리되는 곳이며, 죽은 뒤 영혼이 고뇌와 고통을 당하는 곳이다. 일부는 천국과 지옥은 단지 상징일 뿐이라 했고, 일부는 사후세계가 존재하지 않거나 모른다 했다.

기독교 응답자 가운데는 기독교를 받아들이지 않고서도 선행을 통해 구원을 얻고 영생을 누릴 수 있다고 답했다. 무신론자나 불가지론자라 답한 사람들 가운데서도 절반은 인간에게 영혼이 있으며 천국과 지옥이 존재하며 죽음 뒤에도 삶이 존재한다고 했다.

바나 리서치는 이 결과를 해석하면서 미국인들이 다양한 종교적 견해와 세속적 관념을 뒤섞어 각자의 신앙체계를 만들어내고 있으며, 한 가지 특정 견해를 고집하고 교리를 따르기보다 텔레비전, 영화, 친구와의 대화 등 여러 소재를 혼합해 관점을 엮어나가고 있다고 평가했다. 성경적이라기보다 혼합적이라는 말이다.

히브리서에 따르면 천국은 하늘에 있는 우리의 본향이다. 하나님의 백성이라면 마땅히 사모해야 할 나라이다. 13절에 소개되는 '이 사람들' 은 아벨, 에녹, 노아, 아브라함 등 믿음의 선조들이요 천국을 사모하다 간 사람들이다. 그들은 천국을 환영하며(welcome) 이 땅에서 나그네로 살았다.

C. S. 루이스는 말한다. "그리스도인들이 더 이상 천국을 생각하지 않게 되었을 때 교회는 세상에서 힘을 잃게 된다. 그리스도인이 세상에 마음을 향하면 천국도, 세상도 잃어버릴 것이다. 그러나 천국을 사모하면 천국도 세상도 얻을 것이다." 헛된 세상의 유혹에 속지 말자. 천국을 받을 자격이 없지만 그 나라를 선물로 주신 주님께 감사하고 찬양하며, 이 땅에서도 그 나라의 삶을 살자. 하늘나라의 당당한 시민으로 세상을 밝히며 살자. 절대 기죽지 말자.

제 6 장
더 나은 본향을 사모하라

> "그들이 이제는 더 나은 본향을 사모하니 곧 하늘에 있는 것이라 이러므로 하나님이 그들의 하나님이라 일컬음 받으심을 부끄러워하지 아니하시고 그들을 위하여 한 성을 예비하셨느니라(히 11:16)."

히브리서 11장엔 아벨, 에녹, 노아, 아브라함 등 믿음의 사람들이 소개되고 있다. 이들의 공통된 특징 하나가 있다. 바로 더 나은 본향, 곧 천국을 사모한 사람들이라는 것이다. 이것은 우리가 이 땅에서 어떤 마음가짐으로 살아야 하는가를 가르쳐 준다.

천국은 어떤 곳일까? 성경은 천국이 어떤 곳인가를 자세히 설명하지 않는다. 그러나 몇 가지 힌트가 보인다. 무엇보다 천국은 혁명적인 방법으로 오는 것 아니다. 쿠바 인디오 지도자 한 사람이 침략자에 저항하다 처형장에 섰다. 그는 마지막으로 크게 외쳤다. "당신들이 말하는 천국에 당신들이 있다면 나는 거기에 가지 않겠다." 십자군 전쟁 때 무력을 사용했다. 무슬림이 기독교를 싫어하게 된 배경에는 이런 역사가 담겨 있다. 천국은 인간적인 방법으로 빼앗는 것이 아니다. 천국은 심령이 가난한 자, 온유한 자, 의에 주리고 목마른 자의 것이다.

쿠바는 시가가 유명하다. 어떤 이는 이런 말을 했다고 한다. "천국에 시가가 없다면 나는 천국에 가지 않겠다." 천국에는 하늘도 있고 땅도 있으며 사람도 있어 마치 이 세상과 다르지 않다는 주장도 있다. 그렇다고 천국에 쿠바산 시가가 있을 것이라 생각하지 말라. 그곳은 만물이 새로워진 곳이다. 새 하늘, 새 땅, 새 사람이라는 것이다. 만물을 새롭게 하시는 하나님이 우리 몸도 새롭게 하신다. 우리도 예수님의 인격을 닮아 이 세상과는 차원이 다른 삶을 산다.

천국은 저주가 없는 곳이며, 이 세상에서 누리지 못한 완전함을 누리며 사는 곳이다. 하나님은 우리의 눈물도 씻어주신다. 아우구스티누스에 따르면 천국은 지침 없이 찬양하고 끊임없이 하나님을 바라보는 곳이다. 하나님을 바라보면 찬양하지 않을 수 없다.

C. S. 루이는 말한다. "역사적으로 볼 때 이 세상을 위해 가장 일을 많이 한 사람은 그리스도인들이다. 그들은 천국을 생각한 사람들이다. 그리스도인들이 더 이상 천국을 생각하지 않게 되었을 때 교회는 세상에서 힘을 잃게 되었다. 그리스도인이 세상에 마음을 향하면 천국도, 세상도 잃어버릴 것이다.

그러나 천국을 사모하면 천국도 세상도 얻을 것이다." 는 더 나은 본향을 사모하라.

제 7 장
믿음의 사람은 기억 된다

"믿음으로 야곱은 죽을 때에 요셉의 각 아들에게 축복하고 그 지팡이 머리에 의지하여 경배하였으며(히 11:21)."

히브리서 기자는 11장에서 믿음이 무엇인가를 말하고, 성경 가운데 믿음의 선두주자들을 소개하였다. 21절은 바로 야곱의 믿음을 드러내는 부분이다.

야곱이 죽을 때 요셉의 각 아들에게 '믿음으로' 축복하는 모습과 또 '믿음으로' 지팡이에 의지하여 경배하는 모습은 상상만 해도 진지하고 엄숙하다.

또한 그가 나이 많아 그의 지팡이 머리를 의지하여 경배했다고 했다. '그 지팡이 머리에 의지하여' 는 B.C. 3세기 경 희랍어로 번역된 70인 역에 따른 것이다. 지팡이는 히브리어로 침상을 의미하는 '하마타' 나 지팡이를 의미하는 '하마테' 로 읽을 수 있다. 70인 역은 이 가운데 후자를 택한 것인데, 우리 말 성경도 이를 따른 것이다. 만약 하마타로 읽는다면 침상의 머리를 의지하여 경배하는 모습이 될 것이다.

여러 영어 성경은 '경배하였으며' 를 '예배를 드렸으며(worshiped)' 로 번역하고 있다. 예배를 드렸다는 말이다. 지난날의 삶을 돌아볼 때 그저 감사한 것뿐이다. 평안한 삶을 살아서 그런가? 아니다. 야곱이 바로 왕을 만났을 때 자신을 이렇게 소개했다.

"내 나그네 길의 세월이 백삼십 년이니이다 내 나이가 얼마 못 되니 우리 조상의 나그네 길의 연조에 미치지 못하나 험악한 세월을 보내었나이다(창 47:9).”

이 가운데 ‘험악한 세월’ 은 그의 평생을 한 단어로 줄인 말이다. 힘든 삶, 어려운(difficult) 삶을 살았다는 말이다. 하나님을 믿는다 해도 이 세상에서 하나님의 사람으로 산다는 것은 결코 녹록치 않음을 보여준다.

그러나 이제 죽음 앞에서 그는 자손을 축복하는 위치에 섰다. 그는 젊었을 때 아버지 이삭으로부터 축복을 받기 위해 온갖 수단을 다 동원했다. 그만큼 하나님의 축복을 바란 것이다. 요셉의 두 아들의 머리에 손을 얹는다. 만감이 교차했을 것이다.

그리고 지팡이 머리(top of his staff)에 의지하여 하나님께 경배를 드린다. ‘지팡이 머리에 의지하여’ 를 다른 번역 성경에서는 ‘지팡이에 기대어,’ ‘지팡이를 의지하여’ 라고 했다. 꼭 지팡이 머리 부분만 의지한 것이 아니란 말이다. ‘의지하여’ 는 ‘기대어(leaned on)’ 다. 몸을 그쪽으로 기운다는 말이다. 기대는 상대가 그를 받쳐줄 것이다. 야곱의 생애에서 그가 의지한 지팡이는 사실 이 나무 지팡이가 아니다. 그는 오직 하나님을 의지했다. 그래서 그는 믿음의 조상 반열에 올랐다.

다윗이 적과 싸우러 나갈 때 백성들과 제사장이 승리를 간구했던 기도문이 있다. 시편 20편이다. 다윗의 시다. 다윗은 그 소절에서 이렇게 말한다. “환난 날에 여호와께서 네게 응답하시고 야곱의 하나님의 이름이 너를 높이 드시며(시 20:1).” 이 가운데 주목을 끄는 부분이 있다. 야곱의 하나님이다. 다윗이 ‘야곱의 하나님’ 이라 한 것에는 삶의 온갖 시련가운데서도 주님을 의지한 사람이 바로 그였기 때문이었으리라. 믿음의 사람은 언제나 기억된다.

제8장
믿음의 눈으로 멀리 보라

"이 사람들은 다 믿음으로 말미암아 증거를 받았으나 약속된 것을 받지 못하였으니(히 11:39)."

히브리서 11장을 가리켜 '믿음 장' 이라 한다. 아벨로부터 시작해서 에녹, 노아, 아브라함, 이삭, 야곱, 모세, 라합, 다윗, 사무엘 등 믿음의 선진들을 소개하고 있기 때문이다.

18절을 개역한글 성경으로 보면 "아브라함은 시험을 받을 때에 믿음으로 이삭을 드렸으니 저는 약속을 받은 자로되 그 독생자를 드렸느니라." 하였다. 아브라함이 그 독생자 이삭을 제물로 드렸다고 했다. 독생자란 'one and only son'을 뜻한다. 하나의 유일한 아들, 곧 외아들이란 말이다. 이스마엘이 있었지만 이삭은 그에게 약속된, 아주 특별한 아들이었다. 또한 그를 제물로 드리지는 못했지만 기꺼이 제물로 드리고자 했으니 드린바 된 것이다. 훗날 하나님께서 자신의 독생자 예수를 보내 십자가에서 우리 죄를 위해 희생의 제물이 되신 것을 생각하면 지나칠 수 없는 구절이다.

13절을 보면 그들이 약속을 받지 못하였다고 기록하고 있다. "이 사람들은 다 믿음을 따라 죽었으며 약속(things promised)을 받지 못하였으되 그것들을 멀리서 보고 환영하며 또 땅에서는 외국인과 나그네임을 증언하였으니." 그들에게는 하늘의 별처럼, 바닷가 모래처럼 후손들이 번창하게 될 하나님의 약속이 있었다. 이 약속은 믿음의 후손들, 곧 구원에 관한 것이다. 하지만 그들 당대엔 그 약속이 이루어지는 것을 보진 못했다. 그러나 그들은 그 약속들이 이뤄질 것을 믿었다. '멀리서 보고 환영' 한 것이다. 믿음의 조상들은 멀리

보는 눈을 가졌다. 그리고 그것이 이뤄질 미래를 생각하며 기뻐했다. 역시 그들은 달랐다. 그러나 지금 우리 주변을 둘러보라. 얼마나 많은 사람들이 믿음 가운데 있는가. 하늘의 별처럼, 바닷가 모래처럼 빛나고 있다.

39절의 말씀도 13절의 반복이다. 아브라함을 비롯한 많은 믿음의 조상들이 하나님의 약속을 증거로 받았지만 당대엔 그 약속된 것(what had been promise)을 받지는 못했다. 그렇다고 받지 못한 것인가? 그렇지 않다. 하나님의 약속은 예수 그리스도의 오심을 통하여, 그의 희생을 통하여 변화의 전기를 맞게 되었다. 우리 죄가 씻기고, 하나님의 나라가 선포되었다. 많은 사람들이 믿기 시작했다. 주님의 품에 안길 때 우리는 천군천사와 함께 별처럼 많은 수의 성도들을 보게 될 것이다.

하나님의 나라는 꼭 죽어서 가는 곳이 아니다. 지금 주님 말씀을 받고 그대로 살면 이 땅에서도 그 나라를 이루며 살 수 있다. 주님은 우리를 향해 "너희는 그 나라와 그 의를 구하라" 하셨다. 그 말씀을 믿고 바로 살면 우리도 믿음을 따라 산 선배들처럼 기쁘게 살 수 있다. "믿음은 바라는 것들의 실상이요 보지 못하는 것들의 증거니 선진들이 이로써 증거를 얻었느니라(히 11:1,2)." 우리도 그 증거자가 되어야 한다. 믿음의 눈으로 멀리 보라.

제9장
장차 누릴 기쁨을 내다보라

> "믿음의 주요 또 온전하게 하시는 이인 예수를 바라보자 그는 그 앞에 있는 기쁨을 위하여 십자가를 참으사 부끄러움을 개의치 아니하시더니 하나님 보좌 우편에 앉으셨느니라(히 12:2)."

이 말씀은 히브리서 기자가 예수님이 어떻게 십자가의 고통을 참으셨는가를 보여준다. 될 일을 미리 알지 않고서는 불가능한 경지다. 전지(omniscience)하신 주님이심을 보여준다. 새번역으로 다시 생각해보자. "믿음의 창시자(author)요 완성자(perfecter)이신 예수를 바라봅시다. 그는 자기 앞에 놓여 있는 기쁨을 내다보고서, 부끄러움을 마음에 두지 않으시고, 십자가를 참으셨습니다. 그리하여 그는 하나님의 보좌 오른쪽에 앉으셨습니다."

다음은 현대인의성경이다. "그리고 우리 믿음의 근원이시며 우리 믿음을 완전케 하시는 예수님을 바라봅시다. 그분은 장차 누릴 기쁨을 위하여 부끄러움과 십자가의 고통을 참으셨으며 지금은 하나님의 오른편에 앉아 계십니다." 그 앞에 있는 기쁨이란 예수님 앞에 놓여 있는 기쁨이요 주님이 장차 누릴 기쁨이다. 지금 지신 십자가는 고난이지만 그 뒤에는 영광스러운 기쁨이 기다리고 있다는 것이다.

예수님은 이것을 아시고 종종 제자들에게 말씀하셨다. "그리스도가 이런 고난을 받고 자기의 영광에 들어가야 할 것이 아니냐 하시고(눅 24:26)." 고난 뒤에 들어가야 할 영광의 자리가 기다리고 있다는 것이다. 이 말씀은 히브리서의 말씀과 맥을 같이 한다.

그 영광스런 기쁨의 크기는 현재 당하는 고통이나 부끄러움의 크기와 비교할 수 없다. 너무나 영광스럽고 귀하다. 그만큼 가치가 있다. 이것은 궁극적으로 주님의 구원사역이 얼마나 값진 것인가를 보여준다. 이런 때 생각나는 말이 있다. 에콰도르에서 순교한 선교사 짐 엘리엇의 말이다. "영원한 것을 얻고자 영원할 수 없는 것을 버리는 자는 바보가 아니다." 그는 영원한 것과 영원할 수 없는 것이 무엇인지 알았다.

십자가의 고난은 영원하지 않다. 잠시다. 그러나 그 고난 뒤에는 영원한 영광이 기다리고 있다. 죄인을 어둠에서 구원하는 일이다. 그리고 구원자이신 주님은 하늘 보좌로 영광스럽게 복귀하신다. 그 영원한 기쁨을 안다면 십자가를 참지 못할 이유가 없다.

성경은 이미 그렇게 되리라는 것을 미리 말씀해 놓았다. "하나님이 모든 선지자의 입을 통하여 자기의 그리스도께서 고난 받으실 일을 미리 알게 하신 것을 이와 같이 이루셨느니라(행 3:18)." 말씀의 성취다. 그뿐 아니다. "자기 속에 계신 그리스도의 영이 그 받으실 고난과 후에 받으실 영광을 미리 증언하여 누구를 또는 어떠한 때를 지시하시는지 상고하니라(벧전 1:11)." 이것은 성령께서 증언하셨다는 말씀이다. 하나님의 자녀는 이 비밀을 알고 있다. 그리고 우리가 어떻게 될 것도 알고 있다. 그러니 어찌 기쁘지 아니한가. 장차 주님과 함께 누릴 영광의 기쁨을 내다보라.

제10장
믿음을 지키기 위해 피 흘리는 당신이 아름답다

> "너희가 죄와 싸우되 아직 피 흘리기까지는 대항하지 아니하고(히 12:4)."

이 말씀처럼 우리는 진정 피 흘리기까지 자신의 믿음을 지키고 있는가? 심각한 물음이다. 에이든 토저(A. W. Tozer), 그는 시대에 아부하지 않고 교회의 순수성을 지키고자 한 인물이다. 그는 교회가 세속의 물결에 휩쓸리는 것을 싫어했다. 교인수를 늘릴 수만 있다면 주저하지 않고 대중의 인기에 영합하고, 대기업의 경영방식을 무차별적으로 도입하며, 할리우드 엔터테인먼트 방식을 예배에 도입하며, 심리학인지 설교인지 구분이 가지 않는 행위를 맹렬히 비난했다. 그에게 '우리 시대의 예레미야' 라는 별칭이 붙은 이유가 있다.

그는「네 믿음이 어디 있느냐」에서도 쓴 소리를 쏟아냈다. 그는 한 마디로 기독교는 먹기 좋게 한 입에 쏙 들어가는 말랑말랑한 종교가 아니라고 말한다. 얼마나 질길까? 하나님께서 지금 우리에게 모든 것을 바치라고 요구하실 정도이다. 네 부모와 형제를 버리고, 네 목숨까지도 바치라 하신다. 그리스도인이 된다는 것은 이 질긴 고기를 소화할 수 있을 만큼 강한 믿음을 가져야 한다.

그럼에도 불구하고 타락하고 암울한 이 시대에 교회들은 말랑말랑한 고기만 주며 두 마음을 품은 자들의 마음을 최대한 편하게 해주려 하고 있다. 현재 기독교는 그만큼 상업적인 경박함에 물들어 있다. 예수님을 영접해주기만 하면 전과 똑같이 살아도 아무 문제가 안 되는 것처럼 대한다. 그래서 현대의 많은 교회들은 '어중간한 기독교'를 전하고 있다. 이런 의미에서 오늘날 기독교는 이교와 다를 것이 별로 없다. 교회가 그만큼 가벼워졌다.

교인도 온전한 그리스도인이 아니라 부분적인 그리스도인으로 전락하고 있다. 자신의 삶 일부만 그리스도께 드리고, 나머지는 그리스도의 통제밖에 두는 것이다. 온전한 제자가 아니라 절반만 제자인 셈이다.

그는 제품을 대량생산하는 것처럼 복음을 기계적으로 제시하는 것도 싫어한다. 어떤 사람들은 "이런 것을 믿어야 합니다." 혹은 "저런 것을 믿어야 합니다."라고 말하는 데 솔직히 말해서 그런 말을 듣는 것이 이젠 지겹다고 한다. 이런 사람들은 누구에게나 앵무새처럼 자기 말을 따라 하라고 시키기 때문이다. 심지어 영접기도를 따라하라 한다. 그래서 그는 반문한다. "믿어주는 것이 믿음인가?"

그러면 토저에게 있어서 믿음은 어떤 것인가? 그에 따르면 믿음은 우리의 전 인격이 예수님을 붙잡겠다는 뜨거운 열병에 걸려 "제가 피를 흘리고 죽는다 할지라도 저는 주를 붙잡겠습니다. 제 친구들을 다 잃는다 해도, 직업이나 지위나 신분을 잃는다 해도 저는 주님을 붙잡겠습니다." 라고 외치는 것이다. 피 흘리는 자리까지 나아가라는 말이다. 이것이 믿음이다. 믿음을 지키기 위해 철철 피 흘리고 있다면 당신처럼 아름다운 사람은 없다.

제 11장
그의 치욕을 짊어지고 영문 밖으로 나아가자

> "그러므로 예수도 자기 피로써 백성을 거룩하게 하려고 성문 밖에서 고난을 받으셨느니라 그런즉 우리도 그의 치욕을 짊어지고 영문 밖으로 그에게 나아가자(히 13:12, 13)."

"죄를 위한 짐승의 피는 대제사장이 가지고 성소에 들어가고 그 육체는 영문 밖에서 불사름이라(11절)." 이것은 구약의 속죄일의 규례를 언급한 것이다. 짐승의 피는 죄를 없애기 위한 제물이다. 이 피는 대제사장이 지성소 안으로 가지고 들어간다. 하지만 짐승의 몸, 곧 속죄제물은 진영(camp) 밖에서 완전히 태우게 되어 있다.

"그러므로 예수도 자기 피로써 백성을 거룩하게 하려고 성문 밖에서 고난을 받으셨느니라(12절)." 예수님도 자기 백성을 '거룩하게 하려고' 성문(city gate) 밖, 곧 예루살렘 성문 밖에 있는 골고다에서 속죄의 사역을 감당하셨다. '거룩하게 하다' 는 헬라어로 '하기아조(hagiazo)' 다. 우리의 죄책을 제거하고 하나님을 섬길 수 있는 위치에 이르도록 하였다는 것이다. 주님이 성문 밖에서 십자가의 고난을 당하고 죽으신 것은 이스라엘 진영 밖에서 속죄의 희생 제물을 완전히 태워버리듯 우리의 죄를 없애기 위해 고난을 받으셨다는 것이다.

"그런즉 우리도 그의 치욕을 짊어지고 영문 밖으로 그에게 나아가자(13절)" 고 한다. 우리도 영문밖에 계신 그분께 나아가서 그분이 겪으신 치욕(disgrace)을 함께 겪자고 호소한다. 치욕은 남을 업신여기어 욕보이는 것을 말한다. 존경과는 거리가 멀다. 우리 주님이 우리를 위해 그토록 엄청난 치욕을 당하셨다는 말이다. 그러니 교회의 울타리 안에만 편안히 머물러 있지 말고 세상에 나가 주와 함께 자기를 희생하는 삶을 살라는 것이다.

"우리가 여기에는 영구한 도성이 없으므로 장차 올 것을 찾나니(14절)." 그리스도를 따라 영문 밖으로 가간 자들에게는 영문 안에는 처소가 없다. 이 세상은 우리가 영원히 거할 곳이 아니다. 우리는 잠시 이 땅에 머무르며 장차 올 영원한 도성(an enduring city)을 바라보며 사는 존재들이다.

"그러므로 우리는 예수로 말미암아 항상 찬송의 제사를 하나님께 드리자 이는 그 이름을 증언하는 입술의 열매니라(15절)." 그리스도를 생각하며 이 땅에서 희생의 삶을 사는 자는 예수님을 통해서 언제나 하나님께 찬양의 제사를 드려야 한다. 이것은 그분의 이름을 높이고 감사하는 우리 입술의 열매이다.

"오직 선을 행함과 서로 나누어 주기를 잊지 말라 하나님은 이 같은 제사를 기뻐하시느니라(16절)." 선을 행하는 일과 서로 나눠 주는 것을 잊어선 안된다. 나눠주는 것은 교제, 구제, 헌금 등 여러 뜻이 있다. 신약 성도들이 드려야 할 제사 중에는 사람에 대한 선행과 구제가 포함된다. 이런 제사를 하나님이 기뻐하신다.

교회가 세상에 보여주어야 할 것은 우리도 주님처럼 그분이 당했던 치욕을 기쁘게 받아들이고 세상에 나가 고난의 십자가를 기쁘게 지는 것이다. 그리스도인은 자신의 영광을 위해 사는 존재가 아니다. 주님은 영문 밖에 계시고, 오늘도 그곳에서 우리를 기다리고 계신다. 그에게 나아가자.

제12장

하나님이 기뻐하시는 제사는 다르다

"오직 선을 행함과 나누어주기를 잊지 말라 하나님은 이 같은 제사를 기뻐하시느니라(히 13:16)."

여기서 말하는 제사는 우리의 생활 제사다. 생활 예배에서 하나님께 기쁨을 드려야하는 데 그것이 바로 선을 행하는 것과 나눔의 삶을 사는 것이다. 이것이 진정한 예배라는 것이다. 교회에 나가 설교를 듣는 것만으로는 충분치 않다는 말씀이다.

바울은 말한다."너희는 이 세대를 본받지 말고 오직 마음을 새롭게 함으로 변화를 받아 하나님의 선하시고 기뻐하시고 온전하신 뜻이 무엇인지 분별하도록 하라(롬 12:2)." 그는 하나님이 기뻐하시는 것이 무엇인지를 아는 분별력 있는 삶을 강조하였다. 멋대로, 자기 생각대로 살지 말라는 말이다.

그 중에 하나가 예배에 관한 것이다. "그러므로 형제들아 내가 하나님의 모든 자비하심으로 너희를 권하노니 너희 몸을 하나님이 기뻐하시는 거룩한 산제사로 드리라 이는 너희의 드릴 영적 예배니라(롬 12:1)." 우리가 드려야 할 영적 예배는 우리 몸, 곧 삶에서 거룩함을 드러내는 것이어야 하고, 그것을 하나님이 기뻐하신다는 말씀이다.

잠언에 이런 말씀이 있다. "악인의 제사는 여호와께서 미워하셔도 정직한 자의 기도는 그가 기뻐하시느니라(잠 15:8)." 하나님은 정직한 자의 기도를 왜 기뻐하실까? 그 이유는 간단하다. 의의 하나님은 정직을 기뻐하시기 때문이다. "나의 하나님이여 주께서 마음을 감찰하시고 정직을 기뻐하시는 줄을 내가 아나이다 내가 정직한 마음으로 이 모든 것을 즐거이 드렸사오며 이제 내가 또 여기 있는 주의 백성이 주께 자원하여 드리는 것을 보오니 심히 기쁘도소이다(대상 29:17).” 정직을 삶에서 드러내라는 것이다. 그것이 참 예배가 되고, 하나님께 영광을 돌리는 삶이 된다.

바울은 우리를 위해 이렇게 기도한다. “이러므로 우리도 항상 너희를 위하여 기도함은 우리 하나님이 너희를 그 부르심에 합당한 자로 여기시고 모든 선을 기뻐함과 믿음의 역사를 능력으로 이루게 하시고(살후 1:11).” 그가 우리에게 바라는 것은 하나님의 부르심에 합당하게 살 것, 모든 선을 기뻐할 것, 그리고 성령이 주시는 능력으로 믿음의 역사를 이룰 것이다.

그리스도인은 오늘도 어떻게 하면 하나님을 기쁘시게 할까를 생각하는 사람들이다. 그렇다면 삶의 모습이 달라야 하지 않겠는가. 하나님은 우리에게 바라는 제사도 다르다. 모든 일에 선을 행하고, 나눔의 삶을 살며, 정직을 드러내며 사는 것이다. 이것이 하나님이 기뻐하시는 제사요 참다운 영적 예배다.